拼多多美工全攻略

主图优化+视频制作+直播封面+海报设计+详页展示

蒋珍珍◎编著

中国铁道出版社有限公司
CHINA RAILWAY PUBLISHING HOUSE CO., LTD.

图书在版编目（CIP）数据

拼多多美工全攻略：主图优化+视频制作+直播封面+海报设计+详页展示/蒋珍珍编著. —北京：中国铁道出版社有限公司，2022.10

ISBN 978-7-113-29436-6

Ⅰ. ①拼…　Ⅱ. ①蒋…　Ⅲ. ①网店-设计　Ⅳ. ①F713.361.2

中国版本图书馆CIP数据核字（2022）第134496号

书　　名：拼多多美工全攻略
——主图优化 + 视频制作 + 直播封面 + 海报设计 + 详页展示
PINDUODUO MEIGONG QUANGONGLÜE: ZHUTU YOUHUA+SHIPIN ZHIZUO+ZHIBO FENGMIAN+HAIBAO SHEJI+XIANGYE ZHANSHI
作　　者：蒋珍珍

责任编辑：张亚慧　奚　源　**编辑部电话**：（010）51873035　**邮箱**：lampard@vip.163.com
编辑助理：张　明
封面设计：宿　萌
责任校对：安海燕
责任印制：赵星辰

出版发行：中国铁道出版社有限公司（100054，北京市西城区右安门西街 8 号）
印　　刷：三河市兴博印务有限公司
版　　次：2022 年 10 月第 1 版　2022 年 10 月第 1 次印刷
开　　本：700 mm×1 000 mm　1/16　**印张**：16.5　**字数**：278 千
书　　号：ISBN　978-7-113-29436-6
定　　价：79.00 元

版权所有　侵权必究

凡购买铁道版图书，如有印制质量问题，请与本社读者服务部联系调换。电话：（010）51873174
打击盗版举报电话：（010）63549461

前 言

拼多多平台发布的 2021 年全年度财报显示，截至 2021 年底，拼多多年活跃买家数达到 8.687 亿；平均月活跃用户数为 7.334 亿；全年累计产生了 610 亿件订单，同比增长 59%；年成交额为 24 410 亿元，同比增长 46%。

随着近年来抖音、快手等短视频和直播电商平台的崛起，拼多多平台上的竞争也变得越来越激烈，店铺的美工设计，也就是店铺的装修与广告设计，成为提高客流量与转化率的关键因素。

如何通过图片、文字、视频和直播的恰当搭配与布局，让店铺中的商品从众多竞争对手中脱颖而出，吸引买家点击、浏览并下单购买，是每个拼多多商家在进行店铺装修时都必须要重点考虑的问题。本书主要以拼多多平台为主，从学习拼多多美工设计的基础知识入手，结合大量的精彩实例，循序渐进地为读者讲解了店铺美工设计的重点知识与实操技能。

同时，本书也是笔者多年从事电商美工设计工作和从业体会的一个总结，围绕拼多多店铺美工设计的实操技能，笔者编写了这本集理论方法与实操技能于一体的美工设计核心技术手册，旨在帮助读者掌握拼多多店铺美工装修与设计的精髓，快速提高业务能力。

商家在拼多多平台上成功开店后，通常会通过运营推广和店铺装修两种方式来增加店铺中的商品销量，而通过视觉营销来吸引买家注意，就是一种最为经济实惠的方式。当然，商家想要在此方面有所突破，就不能忽视店铺美工的作用。

如今，拼多多网店对于美工技能的要求越来越高，不仅要实时掌握手机端的店铺装修规则，而且还要紧跟互联网的流行趋势，掌握店铺美工设计所需的各类图片、文案、视频和直播间的设计标准，以及视觉运营技巧和摄影摄像技巧等知识。而本书正是从这些角度出发，帮助读者拓展自己的创意思维，快速提高拼多多店铺美工的设计水平。

特别提示：本书在编写时，是基于当前拼多多平台和相关软件所截的实际操作图片，但书从写作到出版需要一段时间，在这段时间里，相关平台和软件的界面与功能可能会有调整与变化，比如有的内容删除了，有的内容增加了，这是平台所做的更新，请在阅读时，根据书中的思路，举一反三，进行学习。

本书由蒋珍珍编著，参与编写的还有苏高、胡杨等人，在此一并表示感谢。由于作者知识水平有限，书中难免有错误和疏漏之处，恳请广大读者批评、指正，沟通和交流请联系微信：2633228153。

编　者

2022 年 6 月

目　录

第1章

美工入门：做好店铺装修吸引更多流量

店铺装修是拼多多店铺运营中的重要一环，店铺设计的好坏会直接影响买家对店铺的最初印象。首页、主图、详情页等设计得美观、有吸引力，买家才会有兴趣继续了解商品，被商品描述打动了，他们才会产生购买欲望并下单。

1.1 什么是店铺美工

如今，电子商务越来越发达，很多传统行业也在逐步地实现电商化，同时运营方式也在与时俱进，店铺美工就是电商中常用的一种运营方式，它不仅能够帮助商家设计出个性化的专属网店，提升商品销量，还能为商家打造品牌、塑造自身形象做出贡献。

1.1.1 店铺美工装修的定义

店铺美工实际上就是通过整体的设计，将网店中各个区域的图像、文字、视频和直播等内容进行美化，并利用链接方式对店铺页面中各种信息进行扩展。图 1-1 所示为小米官方旗舰店的店铺首页装修风格。

图 1-1 小米官方旗舰店的店铺首页

在拼多多网店中，平台已经对店铺中的某些模块位置进行了初步规划，商家只需对每个模块进行精致的设计与美化，让单一的页面呈现丰富的视觉效果，就是对店铺进行美工设计。

拼多多平台上的网店都是通过一个个单独的网页组合起来的，且每个商品都有一个单独的详情页面，这些页面都需要美化与修饰，需要加入大量的图片和文字信息，通过让买家掌握这些信息来达成交易。店铺美工就是对店铺中商品的图片、文字、视频、直播等内容进行艺术化的设计与编排，使其体现出美的视觉效果。

1.1.2　为什么要进行店铺装修

很多拼多多商家对于装修设计不够重视，店铺装修非常简单，有的甚至都不做装修，他们觉得装修无法为店铺带来收益，而且要付出很多运营成本。下面首先分析为什么要做店铺装修。

人类大脑在消化各种信息时，通常会先消化那些路径划分好的东西，同时视觉冲击可以增强消费欲望。店铺装修可提升买家浏览店铺时的舒适度，进而提升转化效果，促进商家的经营数据上涨。

“装修意识”其实也是一种“运营意识”，那些重视店铺美工的商家通常会形成持续的装修行为。一个优秀的店铺装修页面，能够更好地呈现店铺近期的主推热门款式、店铺的经营范围、店铺公告等信息，以及引导买家完成关注和下单等行为。

店铺装修的意义、目标和内容上一直存在众多不同的观点，然而不论是一个实体店面，还是一个网店，它们作为一个交易进行的场所，其装修核心都是促进交易的进行，主要作用有以下三点。

1. 展示店铺信息，增强买家信任

对于实体店铺来说，装修设计不仅能够丰富店铺的外在形象，同时还可以塑造更加完美的商品形象，加深消费者对店铺的印象，如图 1-2 所示。

图 1-2　精美的实体店铺装修设计

同样，网店的装修设计也可以起到一个品牌识别的作用。商家创建一个拼多多网店，也需要设定出自己店铺的名称、独具特色的Logo、区别于其他店铺的色调和装修视觉风格。

如图1-3所示，在该拼多多店铺首页的装修图片中可提取出很多重要信息——店铺名称、Logo、店铺配色风格、销售的商品等。有规划且独具风格的店铺装修设计，能够给买家带来良好的第一印象，这个第一印象决定了买家对店铺是否信任，而信任感是触发成交的关键因素。

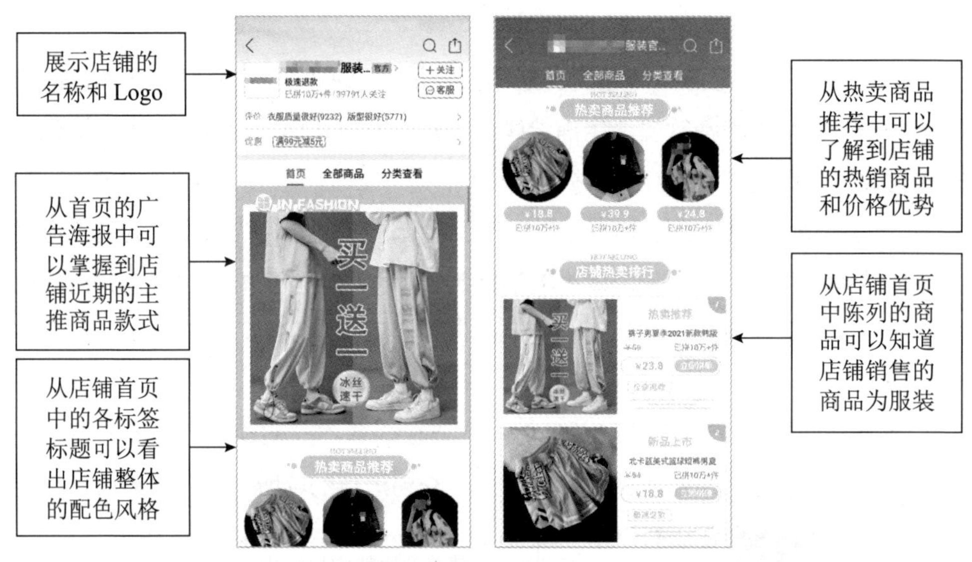

图1-3　从店铺装修中提取到的相关信息

> 专家提醒：通过对店铺Logo和整体装修风格的设计，一方面容易让买家记住该品牌，并产生心理上的认同；另一方面，也可作为一家企业的CIS（Corporate Identity System，组织识别系统），能够让店铺与其他竞争对手产生区别。

2. 展示商品详情，吸引买家购买

在拼多多店铺的装修页面中，买家在首页中能够获得的信息有限，鉴于网络营销的特点，平台对单个商品的展现都提供了单独页面，即商品详情页面（简称商品详情、商详页或详情页）。

商品详情页面的装修会直接影响商品的销售和转换率，买家之所以对某个商品产生购买欲望，通常是因为那些直观的、权威的信息。因此，将一些必要、有效且丰富的商品信息进行组合和编排，能够加深买家对于商品的了解程度。

图1-4分别为两组不同的商品详情页面装修效果，一组是以平铺直叙的方

式呈现商品信息，另一组则通过合理的图片处理和简要的文字说明来表达，通过对比可以发现后者更能打动买家。

通过对商品详情页进行装修，让买家更加直观明了地掌握商品信息，促进买家下单。如图 1-5 所示，买家可以从商品详情页面中了解到衣服的材质、透气性等无法触摸的信息。

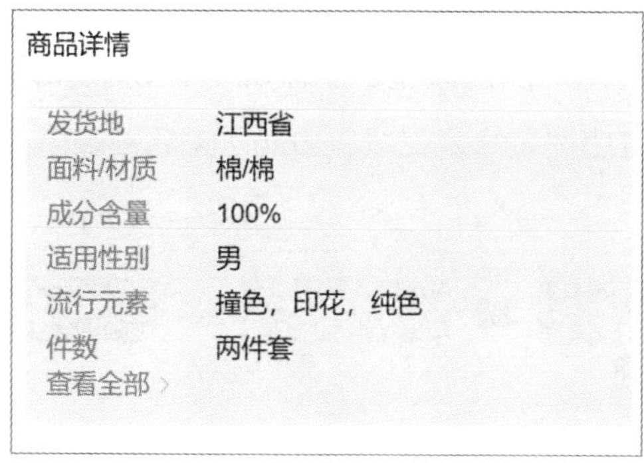

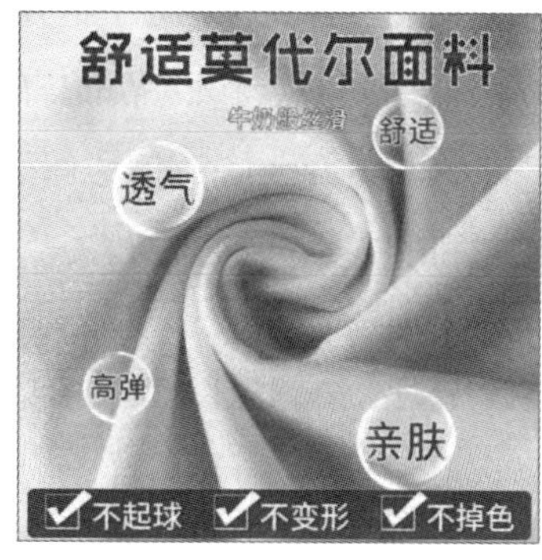

图 1-4　不同类型的商品详情页装修效果

为了实现营销目标，使用模特和道具拍摄的商品，更能吸引买家并激发他们的购买欲望，从而达到销售商品的目的。模特对于品牌服装显得更重要，一个精美的模特实拍图片或视频，可在几秒内吸引买家

精心设计的装修画面让衣服的材质、透气性、面料等特点表现得更为直观

图 1-5　商品详情页中展现的商品信息

专家提醒：对于通过手机购物的买家来说，其花费在购物上的时间是计入其购物成本中的。因此，商家需要像实体店一样增加虚拟店铺空间的利用率，以及提升和买家的有效接触范围，要实现这两个目的，需要做到以下两点。

- 增加店铺空间的使用率，通过装修设计让拼多多店铺能够容纳更多的商品信息，并缩短买家对于信息进行理解的路径。
- 在商品之间的关联和商品分类优化上下功夫，从而给买家提供最大的选购空间。

3. 实现视觉营销，提升店铺转化率

拼多多店铺的转化率，就是所有到达店铺并产生购买行为的人数与所有到达店铺的人数之间的比率。店铺转化率提升了，其店铺的生意也会更上一层楼。

影响店铺转化率的因素主要有：店铺装修、活动搭配、商品展示、客户服务、买家评论等。其中，店铺装修、活动搭配、商品展示等都可以通过装修设计来实现，可见装修能够直接对店铺的转化率产生影响。

在进行店铺装修和商品推广的过程中，商家还要注意如图 1-6 所示的问题。其中，“活动页面”中的信息可通过店铺装修来完成，由此可见店铺装修与店铺转化率之间的关系非常紧密。

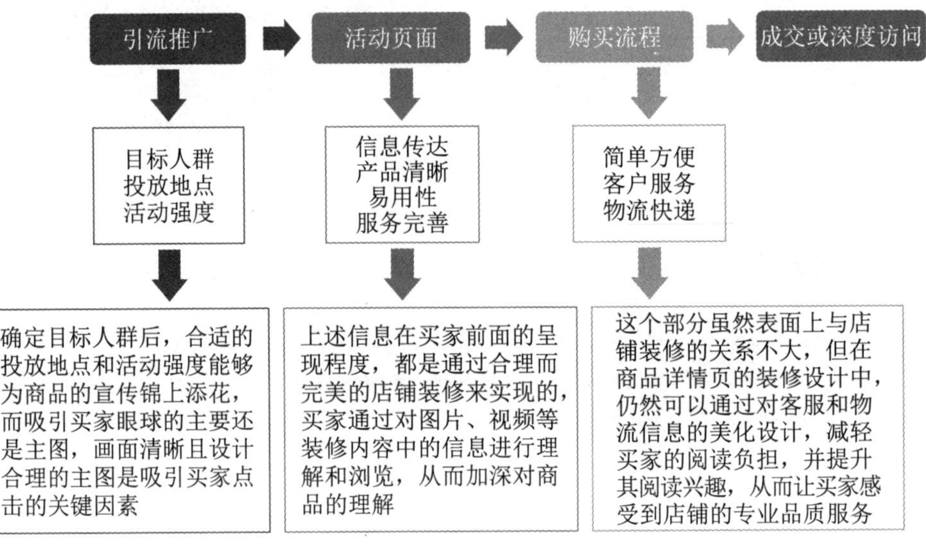

图 1-6 装修和推广的过程中需要注意的问题

由此可见，拼多多商家不能忽视店铺的装修，这会直接影响店铺的跳出率，也就是影响店铺的交易量。因此，商家有必要从各方面考虑店铺装修。好的装修不但能够提升店铺档次，还能让买家感受到在此店铺购物有良好的保障。

1.1.3 了解店铺装修的重要性

拼多多平台上的店铺如果不做装修，也可以照样销售商品，因为每个店铺在创建时就有自己默认的、简单的装修，如图 1-7 所示。这些模块照样可以销售商品，那么有的人会问，既然可以卖东西，为什么还要费尽力气去装修店铺呢？

对拼多多店铺进行装修，主要是由于其购物方式的特殊性。在实体店铺中，

消费者可以用五官去感知商品的特点以及店铺的档次，通过眼睛看、嘴巴尝、手摸、鼻子闻、耳朵听和试穿试用等方式来实现对商品的了解。

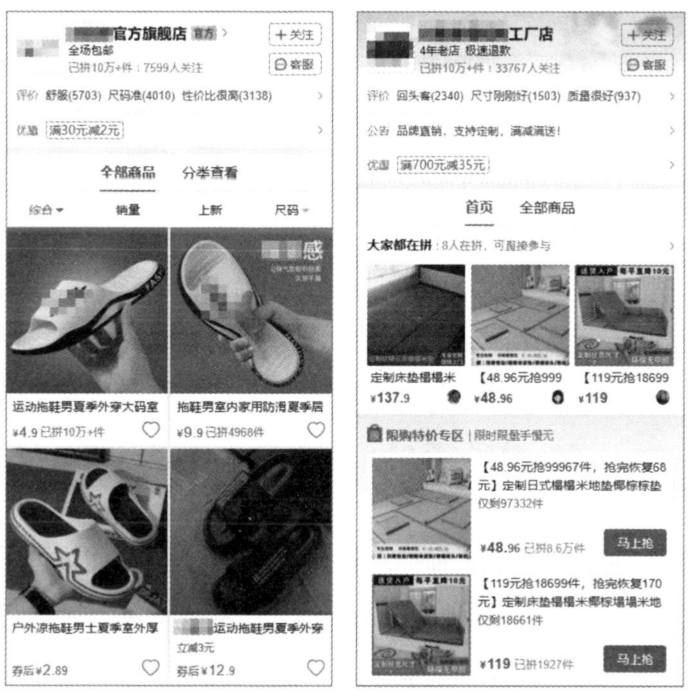

图 1-7　简单的店铺装修效果

但是，如果在拼多多平台上购物，买家只能通过眼睛去看商家发布的文字、图片、视频和直播等内容，从这些内容中才能感受商品的使用效果。因此，商家必须通过合理且美观的店铺装修来吸引买家的眼球，让自己的店铺在众多店铺中脱颖而出。

1.1.4　检测店铺美工是否合格

店铺美工人员（简称美工）就是店铺装修和视觉营销的策划者，他既是技术岗位，又是营销岗位，通过制作各种素材来解决买家对应的咨询问题，同时还可以吸引买家点击和购买，解决店铺的销量难题。

因此，店铺的美工是否合格，很大程度上影响了店铺的整体发展。店铺装修必须以用户为导向，用图片、文字、视频和直播等内容去表达他们的消费需求，从而达到营销的目的。要做到这一点，店铺美工必须具备以下几种能力，如图 1-8 所示。

店铺美工需要具备的能力 → 包括：

- 买家在搜索和对比商品时，能够吸引他们的注意力
- 当买家在查看商品详情时，能够唤醒他们的记忆力
- 在商品描述中营造好感度，提升买家对商品的信任
- 从买家的感官体验上下功夫，提升他们的想象力

图 1-8　店铺美工需要具备的能力

第一点是注意力，美工人员可以从用户痛点和情感共鸣两方面出发营造商品的吸睛点。如图 1-9 所示，下面这四款橙子产品，第一款产品之所以能够排在首位，且销量达到 10 万 + 件，就是因为它切中了买家买水果时的痛点，那就是“新鲜”，从广告词“现摘”中就能体现出来。同时，排在第二位的产品也紧扣了这个用户痛点，广告词为“当天发出”，因此销量也达到 6.1 万件。

图 1-9　通过用户痛点来提升买家注意力的示例

第二点是记忆力，美工人员可以从促销活动和场景营销两方面入手，促销活动可以刺激买家消费，而场景营销则有很强的代入感，能够唤醒买家的记忆。如图 1-10 所示，下面这个商品是采用促销活动的形式来增加买家记忆，广告词为“买 1 斤送 1 斤”，优惠力度非常大。

第三点是信任感，美工人员可以从数据展示、真人体验、产地标签和权威证明等方面入手打造商品的真实感，让买家产生信任。如图 1-11 所示，这个丝袜产品是采用真人模特体验的方式，强调产品“伸展自如”的卖点。

第四点是想象力，美工人员可以从视觉、听觉、味觉、嗅觉、触觉等方面来打造商品特色，提供更多的想象空间，增强买家的感官体验，让他对商品欲罢不能。

图 1-10　促销活动的示例

图 1-11　真人体验的示例

如图 1-12 所示，这个被子产品是通过用手按压的场景，从触觉方面让买家感受其填充物的柔软和舒适度。如图 1-13 所示，这个冷面产品是通过味觉想象力来勾起买家的食欲，让买家通过图片来想象自己体验该产品时的情景。

图 1-12　视觉产品示例

图 1-13　味觉产品示例

1.1.5　店铺装修的展示效果

在这个“看脸”的时代，颜值决定了第一印象，对于拼多多商家来说，如何让自己的店铺快速在众多店铺中“突围”？店铺装修不失为一个新的破局思路。下面从一个买家的角度，带大家感受一下店铺有装修和无装修的区别。打开拼多多 App，进入一个有装修的店铺首页，如图 1-14 所示。

首先映入眼帘的是展现店铺主营产品的首页广告图，然后是热卖产品推荐，最下方则是店铺产品列表。通过图文模板的搭配，同时运用到长图、之字形构图和瀑布流等图文设计方式，更好地展现整个店铺的商品，这样的店铺装修很容易给人带来良好的第一印象。

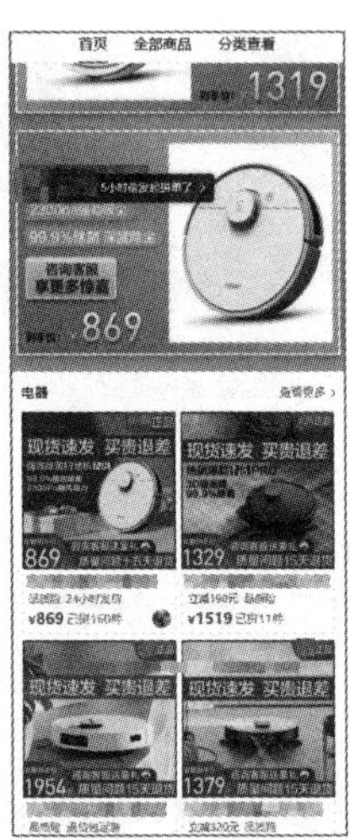

图 1–14　有装修的店铺首页示例

这家店铺的装修不仅图片精美、排版有序，而且配色风格也充满科技感，与主营产品非常搭。同时，整个店铺首页的装修能够很好地塑造店铺形象，风格也是非常清晰、明了、统一的。对于有需求的买家来说，通常会选择收藏这家店铺，对它进行持续的关注。

下面再带大家看一下无装修的店铺，如图 1–15 所示，整个店铺是没有任何装修的，不仅没有轮播图的展示，而且只是简单地列出了全部商品。当然，这种店铺并不是说不好，而是缺少记忆点，难以让买家记住，他们可能随便看看就关闭了，也不会想要去收藏店铺，这样就会在无形中失去很多潜在的买家和店铺流量。

图 1–15　没有装修的店铺示例

对于店铺装修，以下总结了四点好处。

- 好的店铺装修设计，不仅可以提升品牌识别度，同时也可以塑造店铺的独特风格。
- 装修精良的店铺，不仅能够更好地传递商品信息，同时还能体现出店铺自身的经营理念和企业文化，而且这些都会给店铺的形象加分，也更加有利于塑造店铺品牌。
- 商家可以自定义装修店铺，通过店铺首页中的醒目位置展现主打商品或促销商品，提高主推商品与买家的接触概率，有助于商品销量的提升。
- 从买家的感官角度来看，他们进入店铺第一眼看到的就是店铺装修页面，此时买家如果对于店铺中销售的商品并不了解，则更加无法客观地去评定这些商品的质量。但是，好的店铺装修却可以给买家留下美好的第一印象，从而让买家对店铺甚至对其中的商品产生好感。

1.2 店铺美工的视觉运营

视觉运营主要是利用效果较好的视觉表达来吸引买家，给他们留下良好的印象，从而将商品销售出去。因此，拼多多店铺的视觉运营意义与销售额密切相关，主要体现在以下三个方面。

（1）促进流量上涨：视觉效果好的店铺装修能够有力吸引买家的注意，从而提升流量。

（2）提高转化率：装修页面中的产品呈现得恰当、合理，自然会使得买家仔细观看，从而产生购买行为。

（3）增加客单价：视觉运营做得到位，各种方法齐上阵，就会大大促进客单价升高的概率。

> 专家提醒：此外，视觉运营还能有效提升买家对品牌和商品的信任度，从而增强他们对于品牌的认知度和好感度，让买家进行再次购物，从而让商家赚取更丰厚的利润。

1.2.1 了解买家的购物路径

要想弄懂视觉运营，应该先了解买家的购物路径，学会从消费者的角度出发，认真分析他们的心路历程。在了解买家的购物流程时，关键就在于要知道他们想要获得的信息，以及想要看到的视觉效果。

> 专家提醒：这个购物流程可能不是严格按照步骤顺序进行的，因为很多买家会略过其中的一些环节直接进行购买，只能说这是一个总括的方法。

首先，买家为什么会购物？一般而言，是因为他们遇到了问题，为了解决问题所以购物。

其次，商家应该考虑到潜在消费人群有哪些，从而确定目标受众。在考虑这一点的时候，需要注意如图 1-16 所示的几个事项。

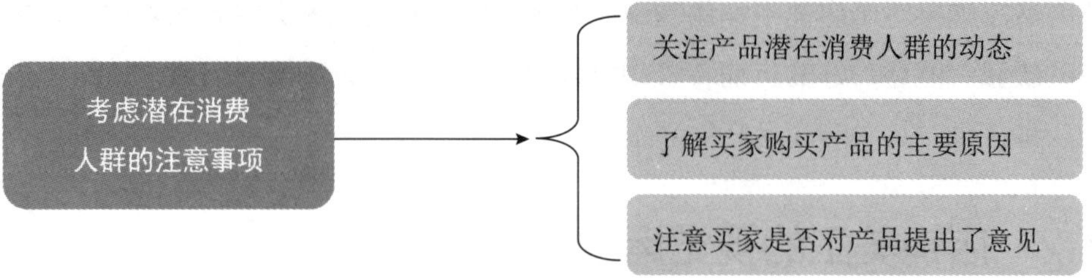

图 1-16　考虑潜在消费人群的注意事项

再次，买家要对产品做出选择。在这一环节中，买家主要考虑到如图 1-17 所示的相关信息。

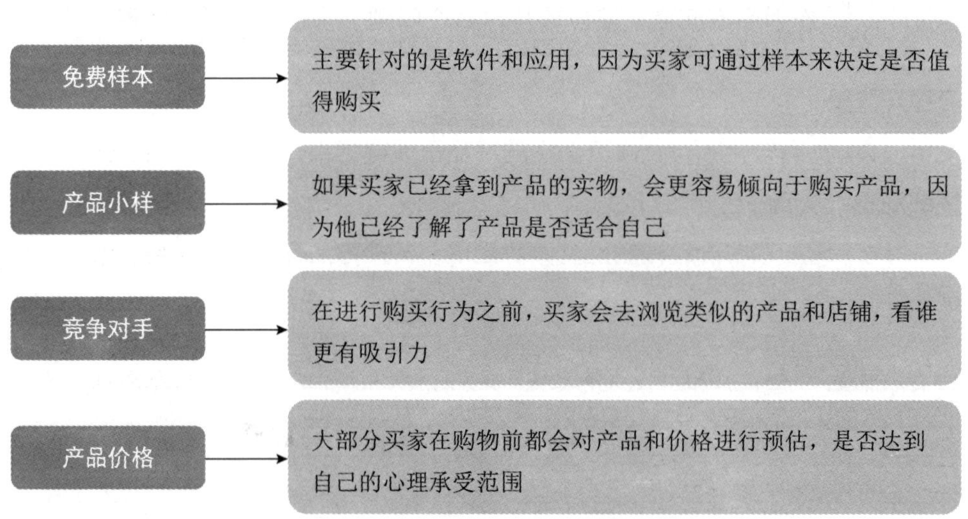

图 1-17　买家做出选择时考虑的相关信息

针对买家考虑的信息，商家需要注意的事项有以下几个。

- 为买家发放免费样本或产品小样。

- 全面了解竞争对手，清楚自己的产品与竞品差异。
- 明确自身的优势，了解类似产品的特色。

同时，买家在了解产品和店铺的信息时，会采用多种不同的途径，具体如下。

- 专业的电商信息网站。
- 其他买家的评论和打分。
- 社交平台关于产品的口碑讨论。
- 有影响力的人物发表的相关言论。

在这个问题上，针对买家的行为，商家应注意的事项如下。

- 关注买家获取信息的渠道。
- 注意观看买家的反馈并用心回复。
- 多关注领域内有号召力的人物动态。

最后，就是买家进行购买行为。这里看起来好像已经完成了购物之旅，实际上，对于商家和买家而言，买家完成下单并不是交易的真正结束。由于拼多多是网络购物平台，因此买家还会关注一些客服和售后问题，具体如下。

- 产品的视觉效果是否良好。
- 物流、售后服务是否完善。
- 支付方式是否便捷。

同时，作为商家而言，就应该从这几个问题上来提升自己、反省自己。从这些大致的购物流程来看，只有亲身经历了购物，才能清楚了解买家的心路历程，从而精确地为他们提供想要获得的信息和服务，并顺利地进行视觉运营和店铺装修。

1.2.2 打造优质的视觉内容

商家在利用视觉效果促进产品销售时，比较重要的一点就是明白自己到底需要创造什么样的装修效果，或者在做装修设计时应该注意哪些问题。

很多商家在做装修设计时都没有清晰明确的思路，或者考虑的因素并不是那么全面，就会造成视觉混乱的结果。而真正成功的视觉运营，是需要优质的店铺装修作为支撑的，因此商家需要注意以下问题，如图 1-18 所示。

如果注意了以上几点问题，再对细节方面多多注意，就能打造出比较优质的店铺装修效果，从而有效吸引流量。优质的视觉内容往往与简洁而突出重点的文字、精美而真实的图片相连，这也是它能够吸引买家下单的原因。

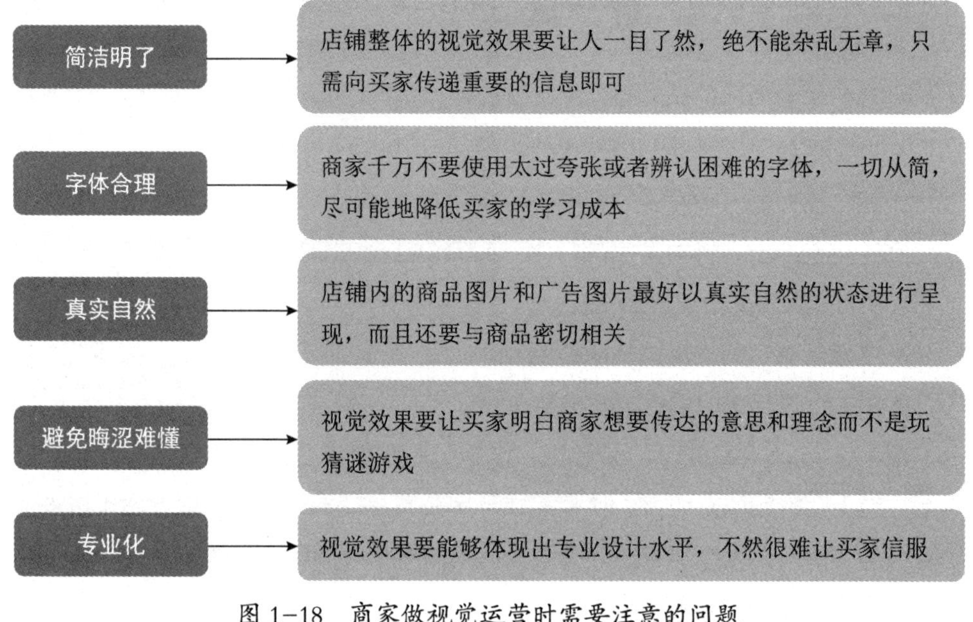

图 1-18　商家做视觉运营时需要注意的问题

专家提醒：当然，在进行店铺装修时，商家还有一点需要注意，那就是究竟什么样的视觉效果适合自己的产品和品牌。视觉运营都是为了销售产品和传达品牌理念，从而让店铺能够获得持续的收益。因此，拼多多商家在进行店铺装修时，需要对自身进行剖析和细分，这样一来，就能将品牌、产品和视觉内容有机地结合在一起。

1.2.3　做好店铺的视觉定位

视觉定位对于店铺而言，是吸引特定消费者需要考虑的重要问题，比如传统的零售业中，消费者会根据店铺的视觉设计来决定是否进行购物。

有的店铺主要是为了凸显品牌和质量，因此在视觉设计上偏重于品牌视觉。而有的店铺则是为了促进产品销售，大力吸引流量，以薄利多销的策略来进行视觉设计，图 1-19 所示为侧重于营销的店铺视觉设计。

买家在进店购物前，都会对店铺的视觉设计有一个大体的印象，因此无论是线上还是线下的店铺装修，都应该先规划好店铺的运营模式和大致方向，然后再对店铺的视觉进行定位，从而传递出较好的装修效果。

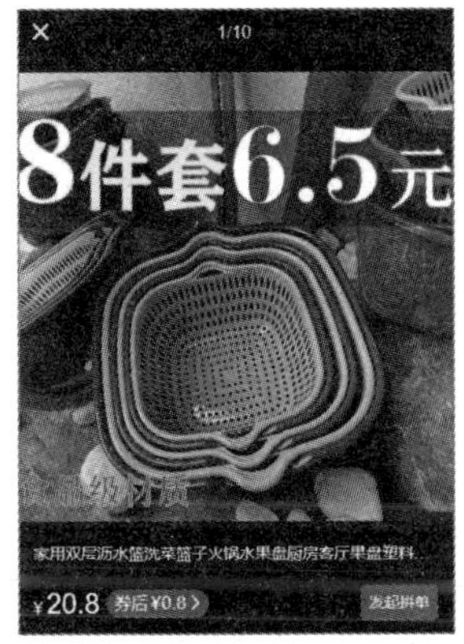

图 1-19 侧重于营销的店铺视觉设计

对于拼多多的店铺装修设计来说，店铺首页的视觉效果的好坏，决定了买家的去留。首页的概念就是点击店铺进入的第一个页面，也就是店铺的主要页面，也称为店铺主页。

> 专家提醒：相关调查显示，买家浏览首页的时间大约为 15 秒，甚至可能更短。如果商家想要在这短短的十几秒内吸引住买家的注意力，就要利用视觉设计传达出有效的信息，让买家不至于感到乏味而离开店铺。

1.2.4 优化店铺的结构布局

店铺的结构就好比建一栋房子，在打好基础的同时还要对其进行合理的布局。有些店铺的结构层次分明，商品排列井然有序，买家一眼就能找到自己需要的商品；而有的店铺的结构则是杂乱无章、混乱不堪，既没有层次，还有可能会重复展示商品信息。

如果你面前有这两种店铺，你会选择继续浏览哪一家并进行购物呢？我想答案是显而易见的，任何人都喜欢一目了然的信息排列，轻松又不费时。由此可见，店铺结构的合理设计有多么重要，基本要素如图 1-20 所示。

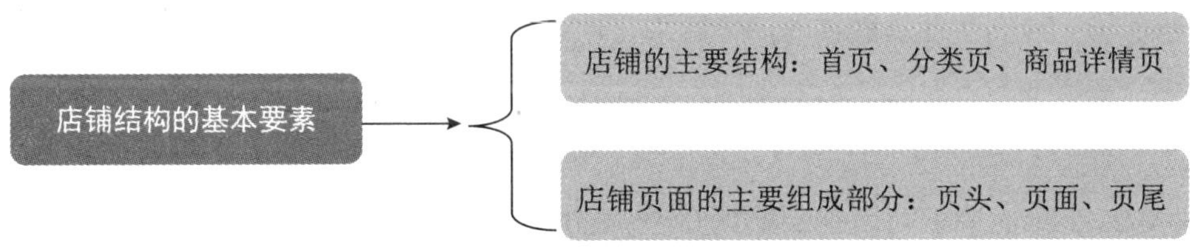

图 1-20 店铺结构的基本要素

> 专家提醒：店铺页面结构的组建，就好比购物场所的构造，目的都是一致的，那就是为消费者提供舒适、方便的购物环境，让他们从购物中获得愉悦的感受。

1.2.5 产品视觉设计的逻辑关系

产品的视觉主要是针对产品的展示效果而言的，而这其中又涵盖了视觉效果打造的许多细节方面，如数据分析、逻辑顺序、产品描述、关联销售等。产品的视觉效果的好坏，直接关系到产品的销售量，而且还会对品牌的传播造成影响。因此，打造产品视觉至关重要。

商家在对产品视觉进行优化前，要理清产品内页设计的逻辑关系，否则只会造成描述一片混乱的现象。一般而言，产品成交的过程分为以下几个步骤，如图 1-21 所示。

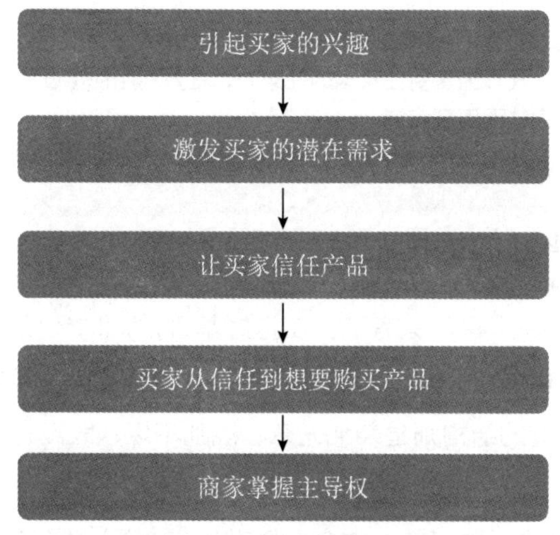

图 1-21　产品成交的过程

首先，商家可通过优惠、赠送小礼品等信息吸引买家的兴趣。然后，商家可以展示产品特色和相关卖点的细节装修图，这一设计是为了让买家对产品形成信任感，从而激发其潜在的消费需求。在展示产品的相关信息时，除了简单陈述外，最好能附上具体的数据和图片，这样更具有说服力。

想要打动买家，还要从买家的需求和痛点出发，了解他们为什么需要这款产品。此时，商家可以在装修页面中介绍产品的优点，深度挖掘买家的痛点，进一步激发他们的购买欲望，相关示例如图 1-22 所示。

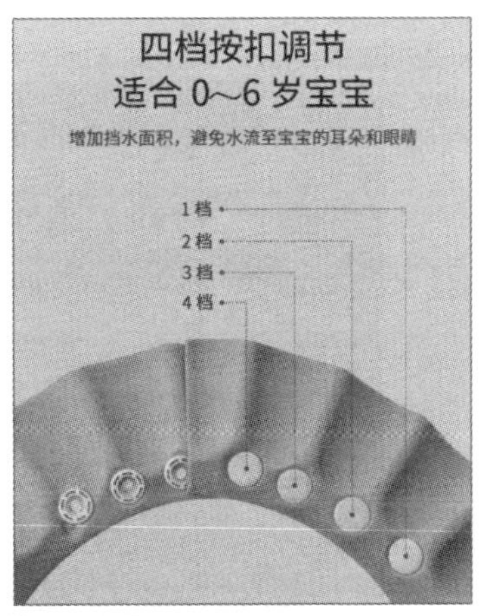

图 1-22 解决买家痛点的产品视觉设计示例

值得注意的是，并非所有产品的视觉设计逻辑顺序都是一致的，需要根据产品的不同类型及时间点进行区分，才能达到内页装修设计的较好效果。

1.2.6 视觉营销准确传递信息

视觉营销，归根结底是信息传递的过程，利用表达效果较好的视觉表达方式向他人传递有关信息，引起他人关注，最终达到营销目的。因此，在视觉营销过程中，商家应注重视觉信息表达的准确、到位。

1. 视觉时效性：抢占买家的第一印象

时间在视觉营销中占据举足轻重的地位，因为时间的把握对于视觉效果的打造和推出很重要。在这个信息大爆炸的时代，信息不仅繁杂，而且发布、传播都很快，如果商家要想引起买家的关注，就要抢占最佳时机，做到分秒必争。

2. 视觉利益性：锁定第一利益敏感词

要想利用视觉效果传递令他人感兴趣的信息，首先应该锁定买家的基本利益需求。一般而言，当买家在浏览店铺中的信息时，如果他看到了赠送或者优惠等字眼，就容易激发他们的利益心理，引起他们的关注，从而提高点击率。例如，店铺里的优惠券或促销信息就是一种视觉利益性设计，相关示例如图 1-23 所示。

3. 视觉信任感：加入最佳的服务信息

基于在线购物的虚拟性，很多买家对产品以及商家都没有足够的信任感，因此在装修页面传达信息时，适当地加入售后服务保障或退货服务等信息，能够让买家更放心地购物，从而提升店铺的转化率。

图 1-23　体现视觉利益性的店铺装修示例

在视觉营销过程中，商家应为买家提供真实可信的产品信息以及相关产品服务信息，从而增加买家对产品以及店铺的信任度，最终提高产品的销售额。另外，在视觉营销中加入最佳服务信息，有利于增强买家对店铺的好感，以及扩大品牌的影响力。

4. 视觉细节感：重点突出，细节到位

在传递视觉信息时，商家要注重视觉细节的准确、到位。这里的细节到位不是说面面俱到，越详细越好，因为手机屏幕的范围有限，买家能够接收的信息也是有限的，如果一味地追求细节，就会陷入满屏的信息中，无法凸显重点。那么，怎样才能让视觉的细节到位呢？具体方法如图 1-24 所示。

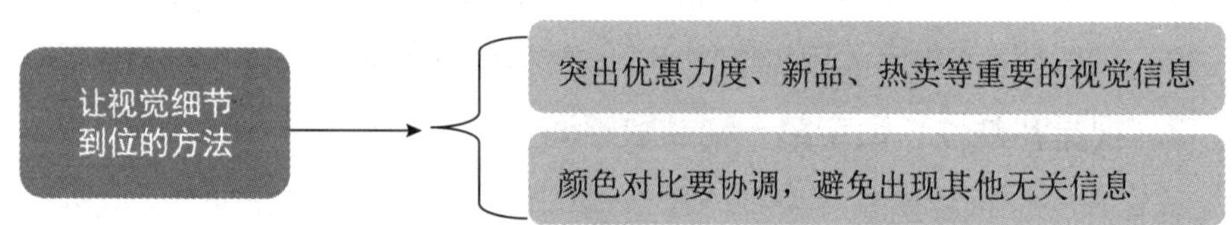

图 1-24　让视觉细节到位的方法

5. 视觉价值感：抓住受众的取向和喜好

传达信息要准确，并且要清楚地分配每个页面的具体作用，而做好这些工作的基础就是深度了解目标受众的取向和喜好，体现视觉信息的价值感。

在店铺装修中传达信息时，可以在页面上直接注明重要信息，并加上序号，起到突出强调的作用。值得注意的是，标注的信息要注重语言提炼和核心信息点的传达，相关示例如图 1-25 所示。

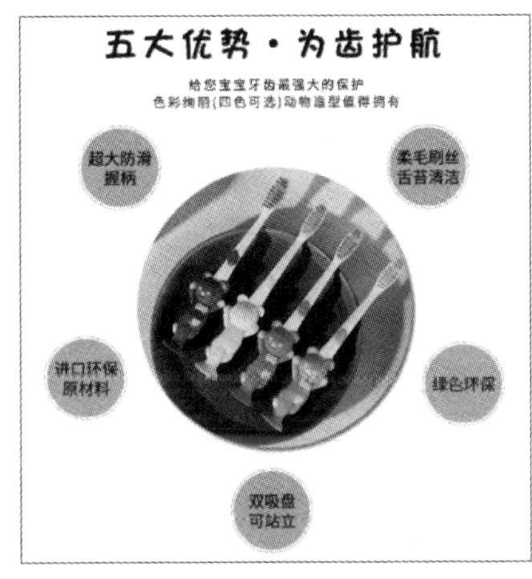

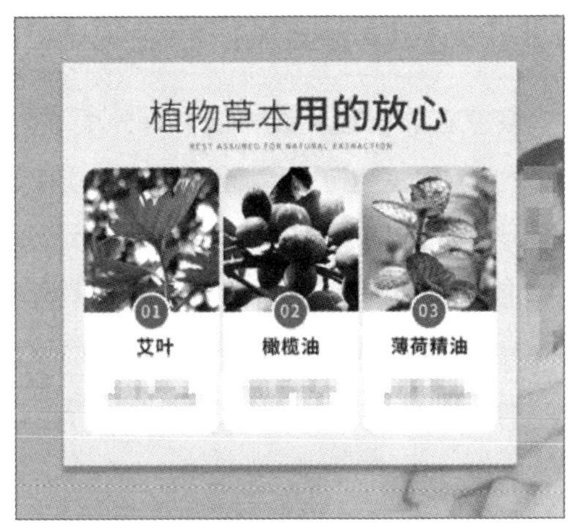

图 1–25　通过图文设计传递视觉价值的示例

6. 视觉认同感：利用名人提升好感度

在传达视觉信息时，商家可利用大家喜爱的明星或者名人来获得买家的认同，提升买家的好感度，从而为产品或店铺带来更多的关注，最终提高产品销量，达到视觉营销的目标。

> 专家提醒：人的视觉不可能同时看到所有细节，因此视觉设计只要突出商家想要传达的信息即可。多余的细节只会造成画面的混乱，影响买家对重要信息的摄取，继而导致视觉营销效果不佳。

1.3　塑造统一的店铺风格

很多拼多多商家即使投入大量的推广成本来获得高展现量，但点击率和转化率却跟不上，这可能是你的店铺装修出了问题。好的店铺主图、轮播视频、详情页等装修设计，可以直接刺激买家的视觉感官，让他们对商品产生了解的兴趣和购买欲望。

无论是实体店还是拼多多等网店平台，装修的好坏、是否能吸引买家的眼球、是否能突出产品的特色，都是至关重要的。店铺装修风格的确定，涉及整体运营的思考，商家在确定店铺装修风格之前，需要认真思考自己所销售的产品，最突出的是哪一点。

对于店铺的装修风格设定，需要每个拼多多商家去认真思考，本节将从多个方面进行分析，介绍如何塑造统一的店铺风格。

1.3.1 做好店铺风格的定位

商家在进行店铺装修前，首先要确定店铺的整体风格，然后再选择合适的装修模板或者美工进行设计，这样才能使店铺装修事半功倍。

什么是店铺风格呢？在拼多多平台上，有千千万万的买家，他们的喜好都不尽相同，但是平台上存在很多有共同爱好的买家群，商家可通过特定的店铺风格来吸引这些买家群。因此，店铺风格就是目标消费群体共同爱好的一种体现。

拼多多商家之所以要打造店铺风格，主要是为了实现以下两个目标。

- 提升店铺的整体美观度。
- 吸引更多的目标消费群体。

例如，有一家做汉服的店铺，店铺的装修风格也是复古风，那么对于喜欢复古风的买家来说，这样的店铺对他们就有很大吸引力，如图 1-26 所示。

当商家确定产品特色、买家画像和店铺风格定位后，即可根据这些元素来塑造统一的店铺风格。图 1-27 所示为四种常见的店铺装修风格。商家可以从有共同爱好的买家群的关注点出发，规划店铺装修，做好买家进店的第一印象，让他们被特定的店铺风格吸引，进而关注店铺或者购买产品。

图 1-26 复古风的店铺装修示例

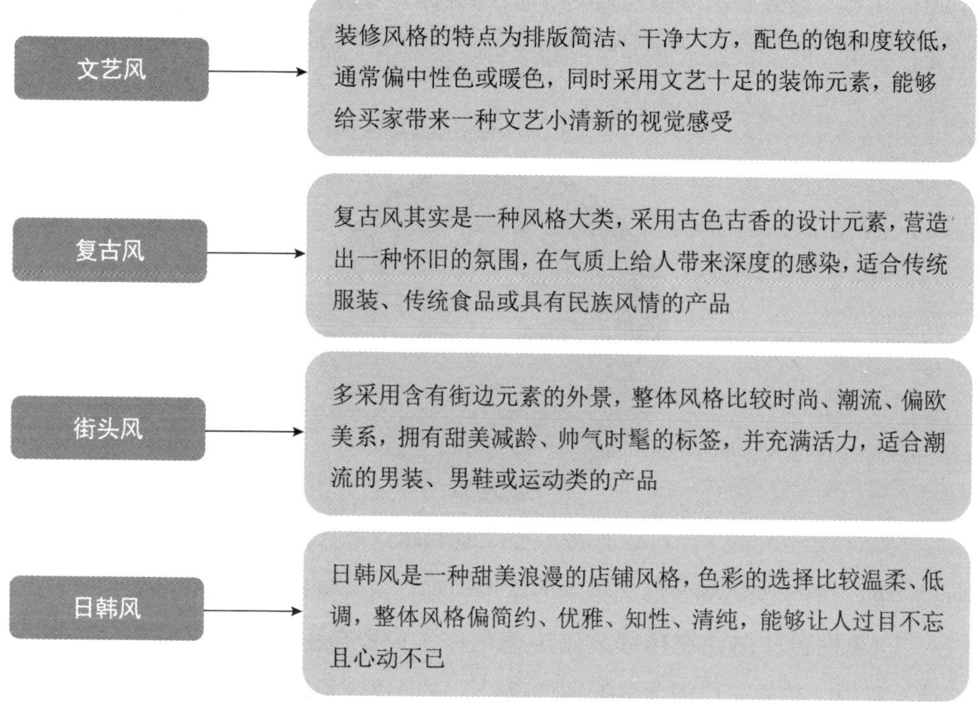

图 1-27　常见的店铺装修风格

1.3.2　店铺的整体配色技巧

色彩、文案、图案是决定店铺风格的主要设计元素，商家可通过店铺装修中的各种细节，如店铺名称、字体、装饰元素、模特、Logo 等呈现。

在色彩方面，商家不能随意选择店铺的主色调，每一种颜色都有不同的内涵和视觉效果，能够给人带来不同的心理感受。图 1-28 所示为色相环（Color Circle），其中就包含了很多颜色。同时，不同风格偏好的人群对于色彩的喜好也不同，因此商家需要先了解每种颜色的含义及感官体验，然后系统地分析店铺目标消费人群的心理特征，找到他们更喜欢的色彩。

商家在选择和确定店铺装修的色调前，可从店铺中销售的商品色彩入手，也可以从店铺装修确定的关键词入手。例如，确定店铺的装修风格为时尚男装，则可以选择黑色、灰色等一些纯度和明度较低的色彩对装修图片进行配色。总之，色调的选择必须能够真正体现自己产品的特点或者营销特色。

另外，店铺风格不能简单地堆砌单一的色彩，这样会给人带来单调、压抑的视觉感受。商家需要选择合理的辅色进行搭配，这样才能充分发挥主色调的视觉体验效果，同时色系不要太多，要注意轻重缓急，通常三种色系以内为最佳，这样不会产生喧宾夺主和色彩杂乱的现象。

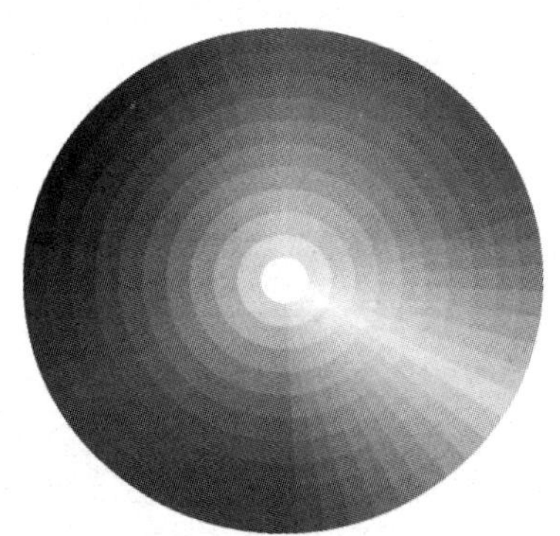

图 1-28　色相环

下面介绍一些店铺装修风格中的常用色彩。

（1）白色：白色在店铺装修中通常作为背景色出现，可以表现出天真、纯洁、自由、空灵、广阔大气的视觉感受，同时也容易搭配其他的元素，体现出一种高级感，如图 1-29 所示。

（2）黑色：黑色是一种流行色，象征着高贵、稳重、庄严、神秘、科技感，如很多电器、相机、手表、手机等店铺均采用黑色设计，有助于商品质感的表现，如图 1-30 所示。

图 1-29　白色的店铺装修风格示例

图 1-30　黑色的店铺装修风格示例

（3）黄色：黄色格外显眼，象征着太阳的光芒，是灿烂、光明、辉煌、喜悦、高贵、骄傲的颜色，具有一种明朗、愉快的视觉效果，还起到强调突出的作用，常用于主图中的特价等需要强调的文案，如图 1-31 所示。

（4）红色：纯红色的“红度”是最为强烈的，可以用来表示热，能加速脉搏的跳动，同时具有强烈、热烈、积极、冲动、前进、热情、危险、活力、震撼、喜庆的视觉效果，极容易引起关注和使人产生冲动，如图 1-32 所示。

图 1-31 主图中的黄色文案

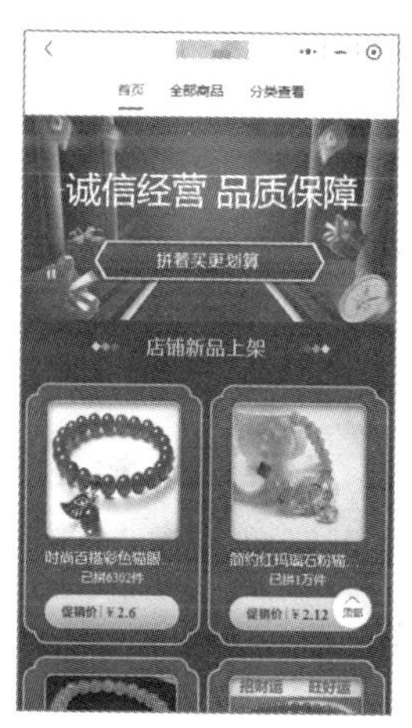

图 1-32 红色的店铺装修风格示例

（5）绿色：绿色是一种极为清爽的颜色，不仅给人带来安全感，而且还具有镇定、平复情绪的作用，象征着自由和平、新鲜舒适，能够让人产生焕然一新的感觉，如图 1-33 所示。

（6）粉色：粉色是娇柔可爱、甜美青春的代表，能够给人带来美好回忆的感觉，适合青春甜美系的产品，如图 1-34 所示。

图 1-33 绿色的店铺装修风格示例

图 1-34 粉色的店铺装修风格示例

（7）蓝色：纯净的蓝色可让人联想到天空和大海，呈现沉稳、文静、理智、准确、安详与洁净的视觉感受，适合强调科技、效率的商品或品牌形象，如图 1–35 所示。

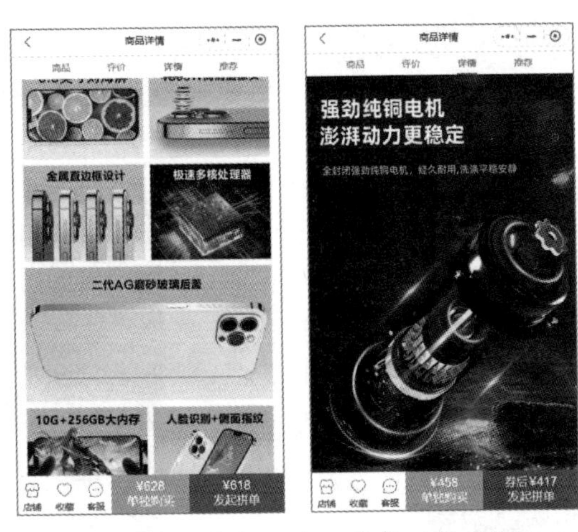

图 1–35　蓝色的店铺装修风格示例

在店铺装修中，运用各种色彩的目的通常都是刺激人的视觉感受，使其产生心灵共鸣。为了帮助商家选出适合自己店铺风格的颜色，下面总结了一些相关技巧，如图 1–36 所示。

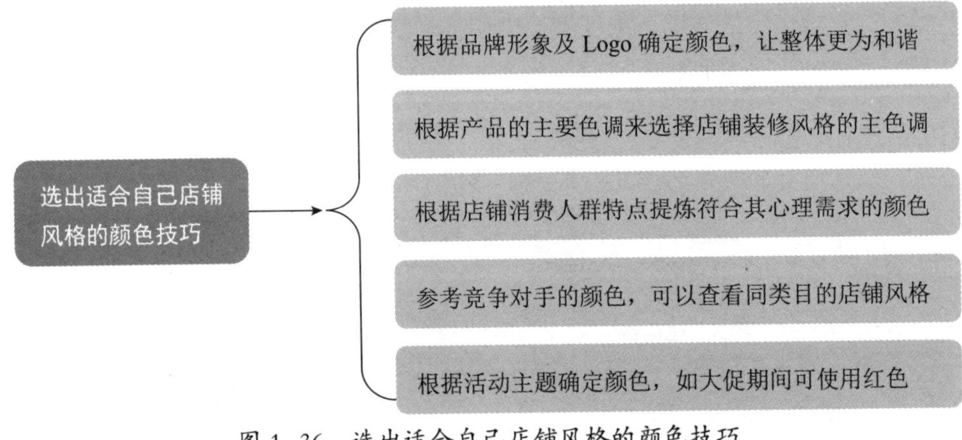

图 1–36　选出适合自己店铺风格的颜色技巧

1.3.3　风格统一的字体设计

字体在店铺装修中的作用非常大，能够提现出一定的情感，从而打动买家，让他们对店铺或产品产生某种认同感或归属感，是塑造店铺风格和视觉效果的重要内容。字体设计主要包括字体的选择、店铺名称、品牌或店铺标语等方面。

1. 字体的选择

在店铺装修中，文字的表现与图片和视频的展示同等重要，它可以对商品信息和界面功能等进行及时的说明和指引，并且通过合理的设计和编排，让信息的传递更加准确。字体在店铺装修中随处可见，不同的字体类型可传达出不同层次的信息，让买家快速抓住商家要表达的要点，同时让他们从字体中感受到一种独特的店铺风格，如可爱、优雅、简洁、古典等。

常见的字体风格有线型、手写型、书法型及规整型等。不管是何种字体，其本身都具有一定的情感。在选择字体时，一定要符合店铺装修本身要表达的内容和精神，让店铺风格实现表里如一，增强文案的感染力。

当然，店铺装修页面中的文字变化形式也可以不拘一格，商家可以根据文字本身的结构去进行创意设计，自主规范笔画的长短、粗细和曲直，同时也可以采用透视、立体、投影以及空心等设计方法，增强文字的美观度和装饰性。

在设计店铺装修中的文字效果时，商家可以巧用字号、粗细和底纹的变化，使文字更加具有层次感，而且使文字信息在造型上富有乐趣感，同时给买家带来一定的视觉舒适感，并可以更加快捷地接受文字信息，如图 1-37 所示。

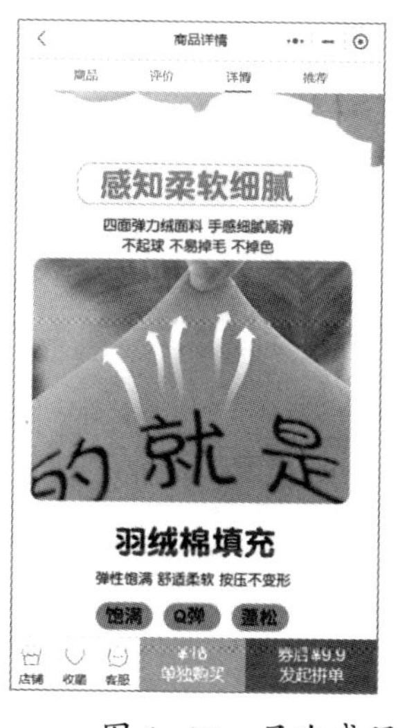

图 1-37　层次感强烈的文字设计示例

在设计店铺中的文字时，要谨记文字不但是商家用来传达营销信息的载体，也是页面中的重要元素，必须保证文字的可读性，以严谨的设计态度实现新的突破。通常，经过艺术设计的字体，可以使文字信息以更形象、更有美感的方式铭记于买家心中。

2. 店铺名称

一个优秀的店铺名称，不仅可以更好地体现店铺的产品特色和受众人群，而且还有助于加深买家的记忆，同时可以增加他们对店铺的好感度，以及形成一定的店铺风格。建议商家取个让人印象深刻的优秀店名，让更多人能够看到和记住你的店铺。

例如，“听茶沐风服装旗舰店”这个店铺名称，不禁让人产生“茶香伴琴韵，沐风听月吟”的清幽、恬静场景，与店铺风格相得益彰，如图 1-38 所示。

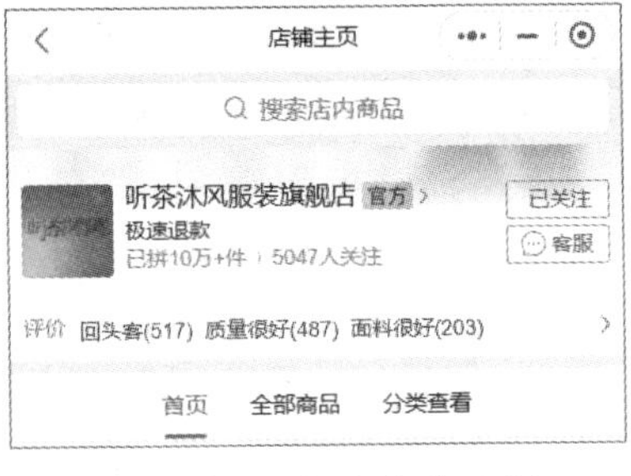

图 1-38　店铺名称示例

3. 品牌或店铺标语

如果商家具有一定的实力，可以创建和打造自己的品牌，并提炼出店铺标语，让品牌和买家形成情感关联，以此强化店铺风格。例如，鸿星尔克推出的“浔系列”品牌，通过充满设计感的文字，打造出很多有风格的品牌宣传标语，从而展现出上古神话战将的苍劲气概和文人墨客的清新脱俗之风，如图 1-39 所示。

图 1-39　品牌宣传标语示例

1.3.4　高效成交的图案设计

店铺装修中的图案设计主要包括各种装饰元素、模特形象、店铺 Logo 和 IP（Intellectual Property，知识产权）形象等方面，通过统一的风格设计，有助于提升店铺或品牌的影响力，增强用户黏性，以及提升店铺的转化率和复购率。

1. 装饰元素

装饰元素和店铺颜色同样重要，都会影响店铺的整体装修风格。例如，在端午节期间，在店铺各页面中增加一些粽叶、龙舟等装饰元素，更好地烘托节日氛围和强化店铺风格，如图 1-40 所示。

图 1-40　装饰元素的设计示例

2. 模特形象

每个店铺都有自己的特定消费群体，他们通常会形成共同的审美认知。因此，商家在选择模特时需要找到符合自身风格定位的人，这样更能够满足消费群体的感官体验和想象，从而增加引流和转化效果。

图 1-41 所示为某店铺中的模特形象照片，大家一看就知道该店铺的风格为清新甜美的文艺风。

图 1-41　模特形象照片示例

3. 店铺 Logo 和 IP 形象

一个店铺 Logo 和 IP 形象设计的美感与吸引力，决定了买家对店铺的第一印象。一个有吸引力的店铺 Logo 或 IP 形象，可以让买家更愿意去了解店铺。

在拼多多平台上，很多店铺 Logo 通常采用简单的文字来设计，如选取品牌名称中的文字，并根据品牌的特性对字体的笔画与整体骨架进行重新调整设计，从而产生视觉差异化。比如，很多手机品牌的旗舰店都采用文字设计的店铺 Logo，如小米、realme（真我）、OPPO、iQOO、vivo、诺基亚（NOKIA）等店铺都是这种设计风格，如图 1-42 所示。

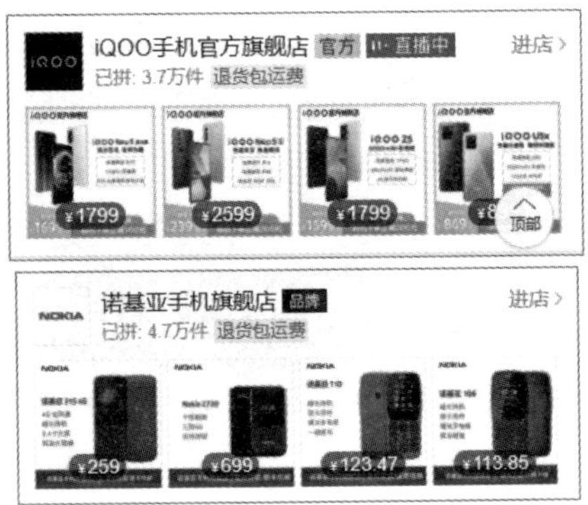

图 1-42　文字风格的店铺 Logo 示例

买家对于这种品牌文字通常都比较敏感，可以降低买家的认知成本，增强品牌的曝光率，其优点和缺点如图 1-43 所示。商家还可以在店铺 Logo 中加入一些风格化的设计方式，如极简风、手绘风、拼接风、渐变风、摄影风等。

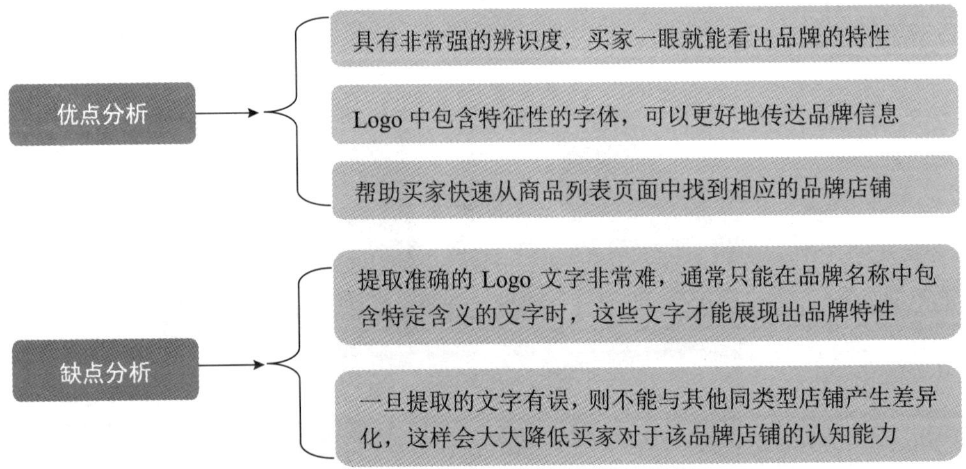

图 1-43　使用文字风格的 Logo 设计的优点和缺点分析

另外，有些店铺还为自己的品牌打造了专门的 IP 或宠物形象，如拼多多平台的多多鸡、巴布豆（BOBDOG）的 Q 萌卡通形象等，通过这些常见的动物形象有利于加深买家对品牌或店铺的印象。

第2章

图文营销：做好内功优化促进销售转化

在拼多多的店铺美工设计中，图文内容是一个重要的信息传递途径，也是网络营销中最需要重点设计的一个内容元素。图片比纯文字的表现力更直接、更快捷、更形象、更简洁，可以让商品的信息传递更有效。本章主要介绍图文内容营销的视觉设计技巧，帮助商家轻松打造出爆款产品。

2.1 店铺美工的文案策划

电商产品的文案与普通的软文区别很大，它是一种直销形式的文案，也就是说要直接说出产品的卖点。同时，与传统电商模式不同，拼多多是一对多的营销模式，可以用文案创造出一个虚拟销售人员，通过文字的展现向买家推介产品。

2.1.1 视觉化的文案设计思路

商家在进行文案设计时，不但要明确主题，而且还要在视觉表达上突出主题，让买家直接接收到你想要传达的信息。一般广告突出的主题都是围绕营销展开的，因而少不了促销、优惠、打折、满减等信息，在设计时应重点突出这些要素。

图 2-1 食品类的营销广告

图 2-1 所示为食品类的商品主图，图片的设计主要突出了产品的特性，营造出一种食欲感。文案的设计则包括上下两部分，上方的“秒杀价 二斤 20 多包”文案强调产品分量十足，下方的“买一箱 · 送一箱”文案则进一步强化了营销力度，能够极大地吸引买家的兴趣。

当然，在突出主题时，文案设计还要注意一些事项，不然只会造成视觉效果的混乱，具体如下。

- 内容要大于形式，不能拘泥于一格。
- 细节不可过多，要专注于整体设计。
- 主次关系分明，轻重缓急要分清楚。

在策划店铺装修中的文案内容时，创作重点主要以店铺和商品为中心。例如，店铺在推出新品时，文案需要以新品的卖点为主，没有卖点就打造卖点，以吸引买家的注意力。

专家提醒：文案设计比较显著的特色就是让店铺和产品的亮点凸显出来，所有不同类型的文案都是为了提升店铺销量而设计的。因此，如何在第一时间吸引到买家，让买家心甘情愿地下单，这就是商家设计文案时需要重点思考的问题。

2.1.2　产品文案应该怎么写

产品文案必须精准，而且不能过度使用，否则会影响买家的浏览体验，令他们麻木无感。下面主要介绍拼多多产品文案的内容策划技巧，帮助商家快速打造吸睛的产品文案。

1. 准确描述时间和特点

首先，商家要在产品文案中将准确的时间告诉给买家，让他们做到胸中有数，不会错过各种既得利益。图 2-2 所示为一些精准描述时间的产品文案示例，能够增加买家的获得感。

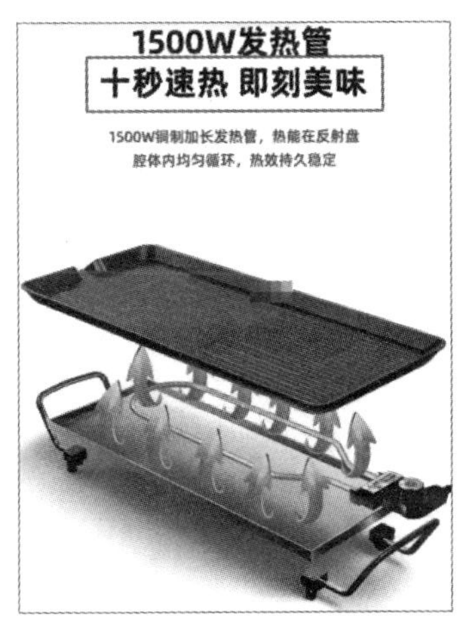

图 2-2　精准描述时间的产品文案示例

例如，商家可以在产品文案中直接告诉买家，本产品在举行某项优惠活动，这个活动到哪天截止，在这个活动期内，买家能够得到的利益是什么。此外，商家还需要提醒买家，在活动期结束后，再想购买，就要花更多的钱。商家通过文案向买家推荐产品时，可通过准确描述时间的方式给他们造成紧迫感，提醒买家及时下单。

另外，商家还需要在文案中准确描述产品的特点和效果，且能够与买家的需求实现精准对接，让产品特色和用户痛点完美结合，相关示例如图 2-3 所示。要写出产品的特点文案，需要商家全身心地去亲自体验产品，用自己的真实感受来打动买家。

2. 精准表达产品拥有感

商家在写产品文案时，可以适当抬高产品的价值，将买家拥有该产品后的感受描述出来，让他们产生短暂的“拥有感”，这样更能刺激买家的下单欲望，相关示例如图 2-4 所示。

图 2-3　精准描述特点的产品文案示例

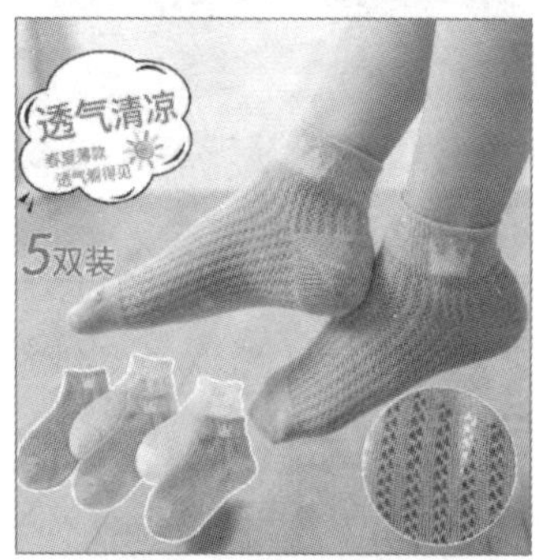

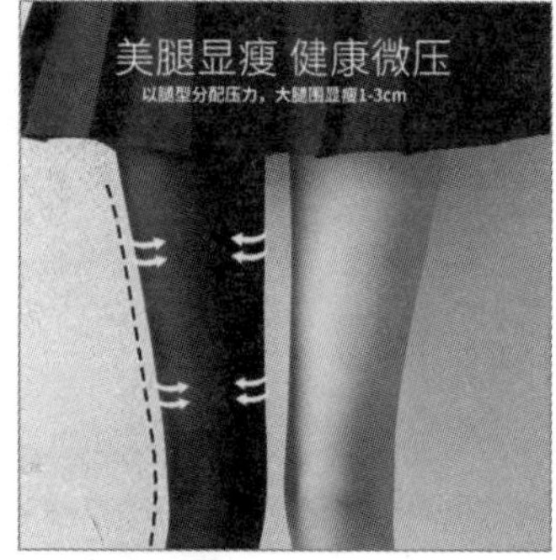

图 2-4　精准表达产品“拥有感”的文案示例

3. 准确使用描述形容词

在产品文案中使用准确的感官形容词，包括味觉感官、嗅觉感官、视觉感官、听觉感官以及动态感官等，可以加强买家对产品的感受，同时使文案的可信度更高。如图 2-5 所示，商家通过“水嫩、沁甜、多汁、口感十足、自然香味、营养丰富”等词语来形容这款水果，构建出生动的味觉画面感。

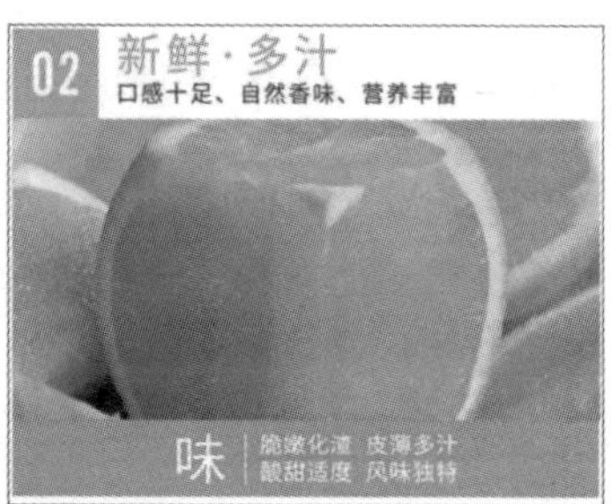

图 2-5　准确使用描述形容词的产品文案示例

4. 准确体现产品独特性

商家可以认真研究产品的卖点，写出能够展现产品独特性的文案，避免出现同质化的文案内容，具体方法如下。

- 参考竞品的文案，从中找到不同的切入点。
- 参考跨类别的产品文案，将其中的精华内容与自己的产品进行结合。

只要商家能够写出百分之百的独特性产品文案，就能够达到快速占领用户心智的效果，相关示例如图 2-6 所示。

图 2-6　准确体现产品独特性的文案示例

5. 准确体现产品针对性

在文案中准确体现产品针对性是指针对买家的某个需求或痛点来说的，可以多用“你”这个字，能够让文案的表达效果更加生动。

在通过电视广告打造品牌的时代，企业和商家都在强调卖点的重要性，即产品的优势及特征，举几个简单的例子，如图 2-7 所示。

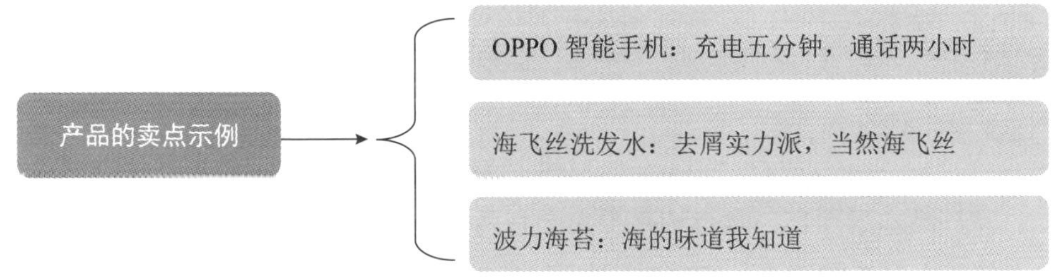

图 2-7　在文案中突出产品的卖点示例

与卖点不同，痛点强调用户的诉求和体验，主要从用户自身出发。比如，小米击中了大多数用户觉得智能手机价格太高的痛点，支付宝、微信支付解决了很多人觉得带现金出门麻烦、怕丢钱的痛点。而打造爆款产品文案的重点在于能够准确击中买家的痛点。

以一款免熨衬衫为例，为了击中买家的痛点，首先应该找到并总结归纳所有普通衬衫的痛点，具体内容如图 2-8 所示。然后根据这些痛点，对这款免熨衬衫进行包装和设计，针对性地击中买家的某个痛点，使其成为爆款产品。

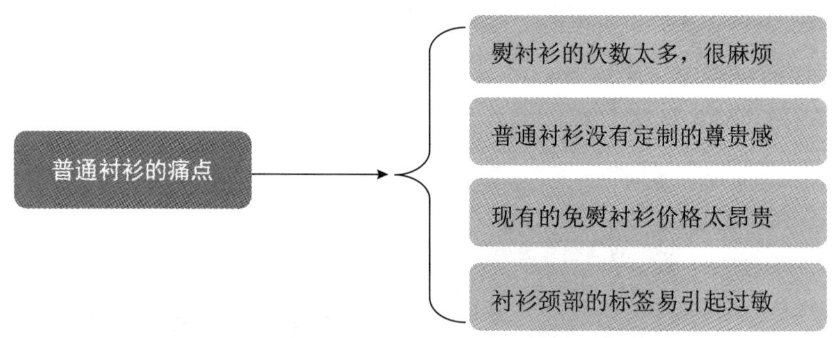

图 2-8　普通衬衫的痛点

总之，痛点就是通过对人性的挖掘全面解析产品和市场；痛点就潜藏在用户身上，需要商家去探索和发现；痛点就是正中用户下怀，使他们对产品和服务产生渴望和需求。

2.1.3　文案设计要抓住卖点

电商文案不仅是指文字意义上的文案，在表现形式上，电商文案其实是图片与文案相结合的一种内容表现形式，只有当两者相互呼应、相互融合时，电商文案才能够成为优秀文案。在运营拼多多店铺的过程中，任何新产品的问世都是一场无声的宣战，如何在未来的市场中逐渐成为主角，这时最需要关注的就是卖点。

> 专家提醒：无论是否是新品上市，卖点都是产品销售经营的关键要素，只有卖点能把产品变成商品，实现获得利润的根本目标。尤其是对于新品而言，卖点更是直接决定了产品未来市场的生死。

从产品本身而言，卖点的来源主要有两个方面，都是文案写手需要在文案中进行深入分析的要素，相关内容如图 2-9 所示。无论来源如何，能够落实于营销战略中，成为消费者接受、认同的卖点，就能达到产品畅销的目的。

从促进产品销售的角度出发，抓住卖点的相关文案需要从多个方面入手，其中主要的内容如下。

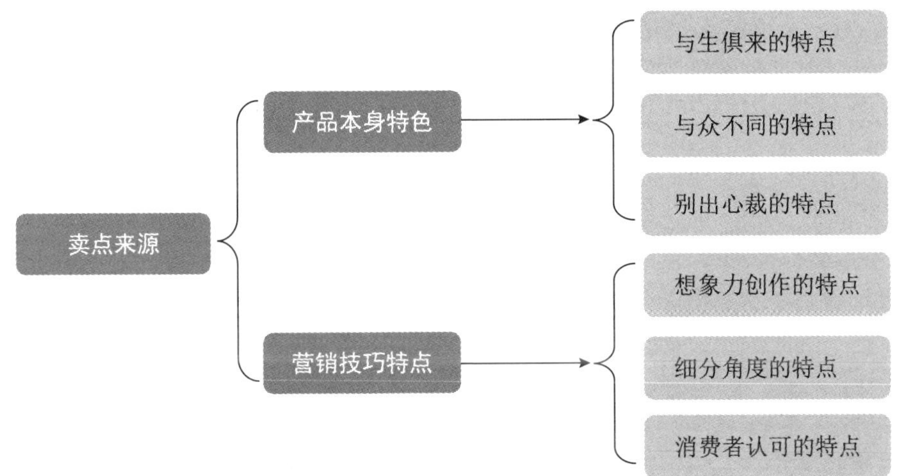

图 2-9　卖点来源相关内容分析

（1）需求说明文案：在文案创作前，首先要了解需求说明文案的对象，也就是受众群体。此外，还需要对产品方向和最终产品用户有较为准确的定义。

（2）产品说明文案：主要以文字方式对某产品进行相对应的详细表述，使人能够更好地认识和直接了解某产品的相关信息，如图 2-10 所示。一般情况下，作为新品的产品说明文案，其直接的阅读者就是销售人员、运营商和最终的产品受众。

（3）服务说明文案：该文案与产品说明文案共同使用，主要用于向相关用户介绍自己所提供服务的性质、对象、收费情况，以及申请或使用这种服务的办法、条件等文案内容。

（4）使用说明文案：也称为使用手册或用户使用指南，是常见的便捷式的产品信息集合体，如图 2-11 所示。

图 2-10　产品说明文案

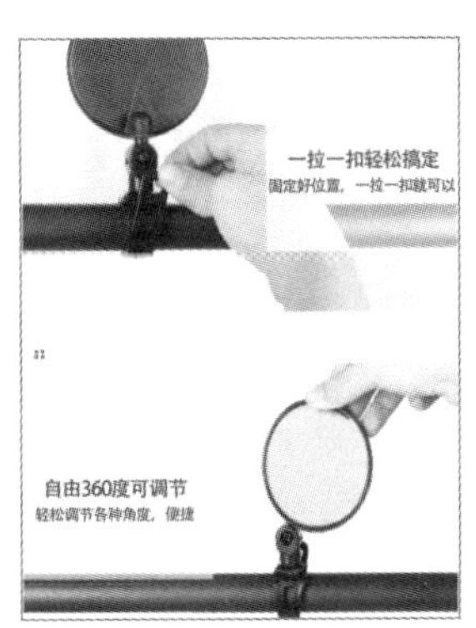

图 2-11　使用说明文案

2.1.4　产品文案的卖点挖掘

在产品的图文介绍中，产品图片、背景和文案都可以用来承载卖点的视觉元素。卖点其实很好理解，是指能够吸引买家注意的某种特点或优势，能够激发出买家的购买欲望。

商家可以挖掘出产品的卖点，将其写到产品文案中并呈现给买家，让产品能够在众多竞品中快速脱颖而出。那么，产品卖点应该如何挖掘呢？商家可从以下几个方面入手。

（1）从产品自身属性及特色挖掘卖点。例如，产品在进行促销，价格非常有优势，那么低价格就是卖点，如图 2–12 所示；产品的外观、颜色、款式等比同类产品更有特色，那么颜值就是卖点；产品的做工好、质量好、安全可靠，那么材质就是卖点；产品的功能丰富，那么多功能就是卖点，如图 2–13 所示。

图 2–12　以价格作为卖点

图 2–13　以功能作为卖点

（2）从竞品出发挖掘卖点。商家可使用拼多多平台的推广工具或第三方工具，找出多个销量排名靠前的竞品，重点分析它们所使用的推广关键词和成交关键词，收集一些与产品相关的关键词，将其中成交量最多和转化率最高的关键词作为产品卖点。图 2–14 所示为拼多多商家后台中的“搜索词分析”工具。

（3）从商品热搜词中提炼卖点。商家在创建搜索推广计划时，❶在“关键词及人群”模块中单击“添加关键词”按钮；❷在弹出的“添加关键词”窗口中切换至“关键词推荐→热搜词”选项卡，可以看到很多与产品相关的热搜词，可以从中挖掘出很多的卖点词，如图 2–15 所示。

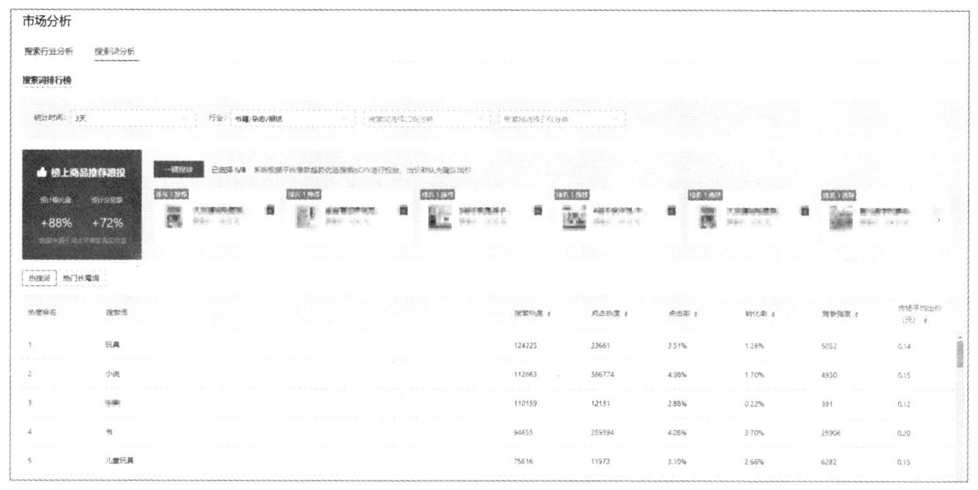

图 2-14 “搜索词分析”工具

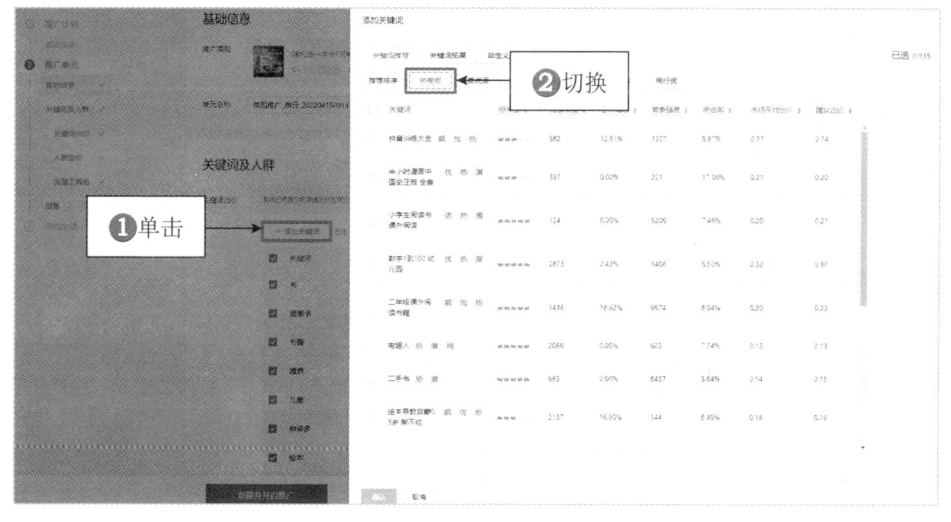

图 2-15 找出商品热搜词

（4）从产品评价中挖掘卖点。买家对于产品的评价通常都比较真实，是买家基于自己的需求或对产品某些地方的喜好（或者不满意）而发表的内容。商家可以查看和收集买家对于产品或竞品的正面评价，统计出重要且高频出现的词语，找出买家最关注的点作为产品的卖点，如图 2-16 所示。

（5）从客服咨询内容中挖掘卖点。进入拼多多商家后台的“多多客服→聊天记录查询”页面，收集买家向售前客服咨询的各种问题，找出买家的需求及顾虑，以及买家向售后客服反馈的产品评价和建议，这些都是优化产品卖点的重点方向，如图 2-17 所示。

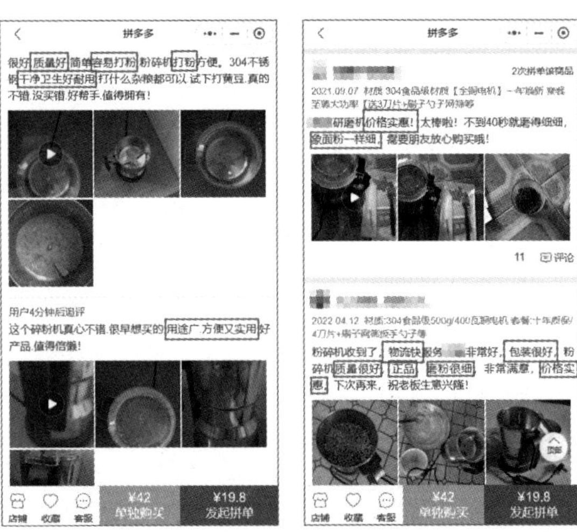

图 2-16　从产品评价中挖掘卖点

图 2-17　从客服咨询内容中挖掘卖点

（6）从营销内容中挖掘卖点。商家可以从各种营销工具、营销活动、特色服务等营销内容中提炼卖点，也能够极大地吸引买家关注。

• 营销工具：进入拼多多商家后台的“店铺营销→营销工具”页面，即可看到各种热门营销工具，如满件打折、多单立减、店铺满返、优惠券等，这些也可作为产品卖点，如图 2-18 所示。

• 营销活动：进入拼多多商家后台的“店铺营销→营销活动”页面，看看产品能够报名参与哪些营销活动，也可作为卖点提炼出来，如图 2-19 所示。

• 特色服务：如全场包邮、7 天无理由退货、48 小时发货、先用后付等，相关示例如图 2-20 所示。

图 2-18 热门营销工具

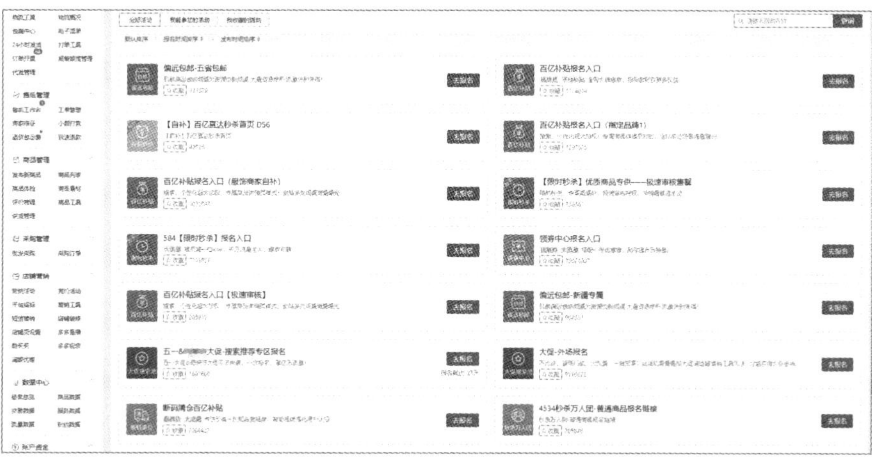

图 2-19 营销活动列表

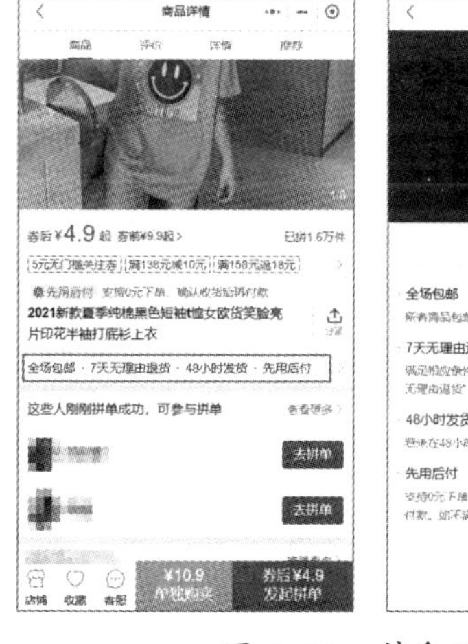

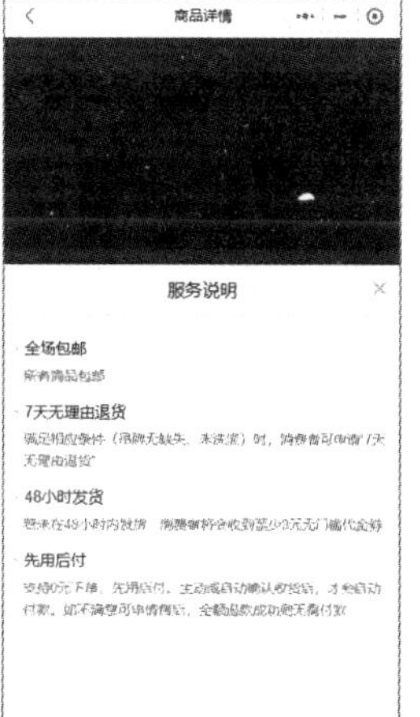

图 2-20 特色服务

总之，商家只有深入了解自己的产品，对产品的生产流程、材质类型和功能用途等信息了如指掌，才能提炼出产品的真正卖点。在策划产品营销文案时，可以根据用户痛点需求的关注程度来排列产品卖点的优先级，全方位地展示产品信息，从而吸引买家下单。

2.1.5 产品文案的表达技巧

文案的重点在于言简意赅，能够起到强调某个信息或提醒买家的作用。当图片和视频等内容无法表达产品卖点时，需要通过文案来更好地表达产品卖点，下面介绍相关技巧。

> 专家提醒：在图文内容中，文案部分需要控制在整个图片的 30% 范围以内，因此文案表达的信息比较有限。很多时候，商家提炼的产品卖点非常多，如价格、功能、外观、活动、服务等多方面，此时商家不能全部使用，必须抓住一两个最重要的卖点信息来打动买家。

1. 突出可以满足买家需求的产品功能或效果

商家可以在文案中重点描述产品的功能或使用效果，从而满足买家的功能性需求，达到吸引买家下单的目标。当然，这种卖点文案的前提是产品的用户定位要精准，要找出买家需求最强烈的功能。

如图 2-21 所示，这款电蚊拍产品在文案中重点突出了“自动诱蚊”的功能，巧妙结合电蚊拍和灭蚊灯两种功能，实现“一拍多用”，让买家更加省心省力。

图 2-21　电蚊拍产品的文案示例

2. 突出能够打消买家顾虑的各种店铺服务

如果商家售卖的产品同款非常多，而且大家的价格、外观、功能等基本相似，此时就只能在店铺服务上下功夫，在策划文案时多加入一些售前或售后服务来打消买家下单的顾虑。

如图 2-22 所示，这款电视机产品提供了全国联保、上门安装、假一赔十等服务，直接打消了买家的售后顾虑，如果买家对比后发现其他店铺都没有提供相关服务，则买家很可能会直接下单。

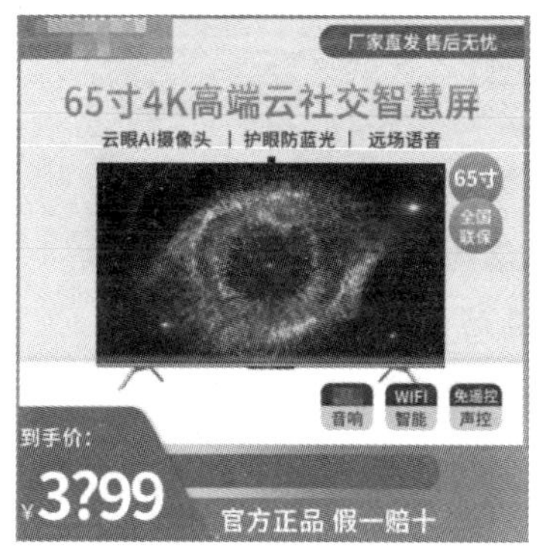

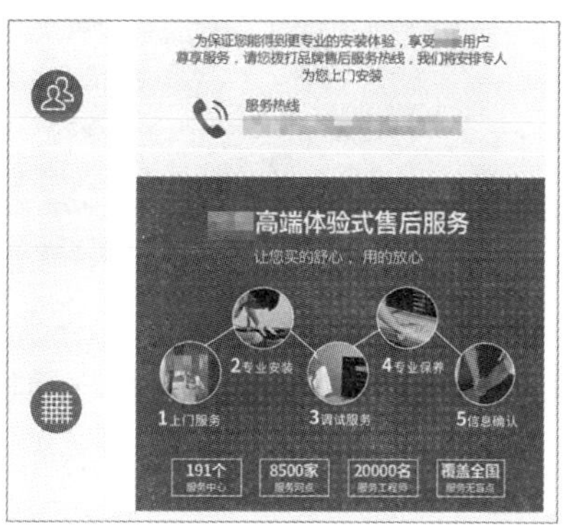

图 2-22　电视机产品的文案示例

3. 突出产品的优惠促销信息，给买家让利

拼多多平台上的商品非常强调性价比，而且平台上的大部分买家也非常关注价格因素，如果商家在文案中表达出产品的优惠价格或赠品信息，就能够很好地激发买家的购买欲望。

如图 2-23 所示，这两款产品通过“1.1 元清仓”“买一送一”文案很好地表达出产品的优惠促销信息，能够有效刺激买家下单。

图 2-23　突出优惠促销信息的文案示例

4. 突出产品的火爆和热销氛围

这种文案主要利用买家的从众心理，让他们觉得这个产品既然这么受欢迎，

质量肯定可靠，从而下单购买。商家可以将产品的累计销量数据放入文案中，这种数据化的表达方式更有吸引力，如图 2-24 所示。

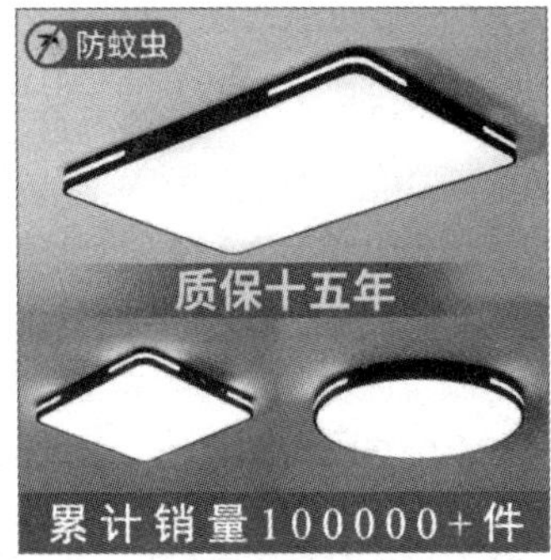

图 2-24　在文案中突出产品的火爆和热销氛围

5. 突出可以解决买家痛点的产品特色

这种文案需要先精准定位买家的痛点，不同于突出产品的功能或效果，而是在其他方面突出产品特色，如材质、做工、安全性等，从而直接打消买家的某种顾虑。

如图 2-25 所示，这款儿童餐具产品通过“严选环保材质”“选可啃咬的材质”“做妈妈放心的筷子”等文案，对于那些对儿童安全非常关心的妈妈消费群体来说，可谓是“正中下怀”。

图 2-25　儿童餐具产品的文案示例

6. 突出买家对产品的情感性需求

这种文案主要通过情感营销的方式来打动买家的内心，唤起和激起买家的情感需求，并产生心灵上的共鸣，或获得感情上的满足，从而产生心理上的认同。

如图 2-26 所示，这两款产品通过“百善孝为先”“陪伴你的每一天”这种文案内容，寓情感于营销中，用情感叩开买家的心扉，引起他们的注意。

图 2-26　突出情感性需求的文案示例

2.2　店铺美工的图片设计

如今，网购已成为我们生活中最常用的一种购物方式，网店的竞争日益激烈，而美工在电商行业中是最为关键的一环，能不能留住买家，取决于店铺的美工设计给买家带来的心理感觉。本节主要介绍图片内容的美工处理技巧，帮助拼多多商家增加产品的点击率和转换率。

2.2.1　富有创意的图片视觉设计

拼多多店铺的图片内容一般要突出主题或是卖点，通过富有创意的视觉设计来吸引买家眼球，让他们感觉有东西可看。有时候，将店铺中的产品通过特殊方式排列，会形成富有创意的视觉效果，比如通常在超市或者大型卖场会看见用产品搭建的卡通人物、建筑模型等。

在拼多多店铺的装修设计中，商家也可以采用这种方式，通过富有创意的排列组合，带给人们非同一般的视觉享受，相关示例如图 2-27 所示。

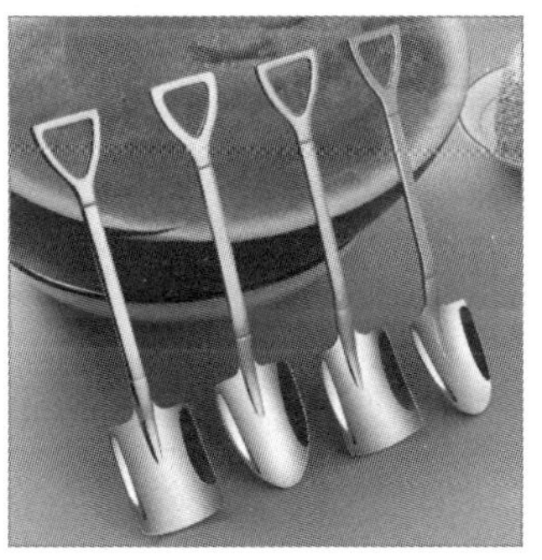

图 2-27　富有创意的产品排列组合

这种特殊的排列方式也可以运用在店铺的首页中，其优势为：吸引买家的注意力、与活动主题相契合、突出产品的特色。

2.2.2 协调完整的视觉构图方式

视觉构图的应用范围很广，但其目的只有一个，那就是打造一个协调好看的画面效果，从而引起人们的注意，图 2-28 所示为构图的含义分析。

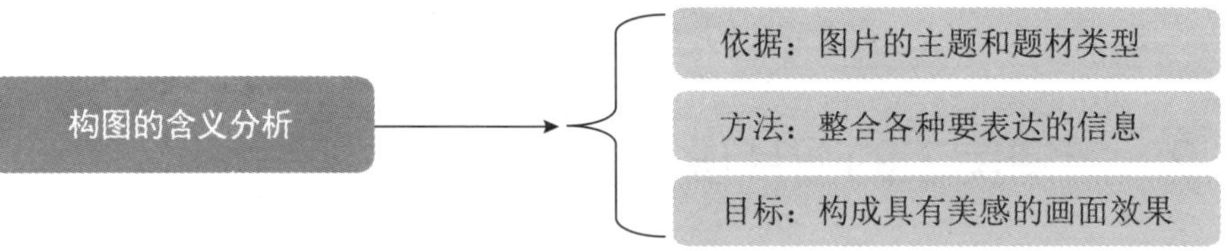

图 2-28　构图的含义分析

例如，三角形构图是以画面中的 3 个元素为视觉中心，形成一个类似三角形的形状，这样构图的好处是既沉稳又不失灵巧。图 2-29 所示为斜三角形的构图法，产品的放置位置正好构成一个斜三角形，画面总体和谐。

图 2-29　斜三角形构图

再如，采用明暗对比构图来突出茶壶产品的主题，明亮的产品与暗淡的背景相互映衬，体现出一种节奏分明、有张有弛的视觉感受，如图 2-30 所示。

图 2-30　明暗对比构图

> 专家提醒：商家在对店铺的视觉效果进行构图时，如果没有头绪，还可以向一些专门讲构图的微信公众号学习，如“手机摄影构图大全”公众号。

2.2.3 绚丽夺目的图片色彩设计

色彩是人们生活中不可缺少的部分，蓝色的天空、绿色的森林、白色的云朵，五彩缤纷的世界让我们对它充满了热爱。我们的视觉中不能缺少色彩，但我们对色彩的搭配也有所要求。

无论是服装、装修，还是广告、绘画，各行各业都需要运用色彩搭配，那么基本的色彩分为哪些类型呢？下面详细介绍几种基本的色彩类型。

1. 颜色相近的色彩

颜色相近的色彩叫作近似色，从图 2-31 所示的图文内容可以看出，它就是应用了近似色的色彩搭配方式，产品和背景的颜色非常接近。

近似色的色彩搭配一般都会让消费者对产品和店铺产生好感，视觉上也是舒适且温和的，容易留下稳固的印象。通常来说，近似色的搭配适合比较简单、回归自然的品牌理念。

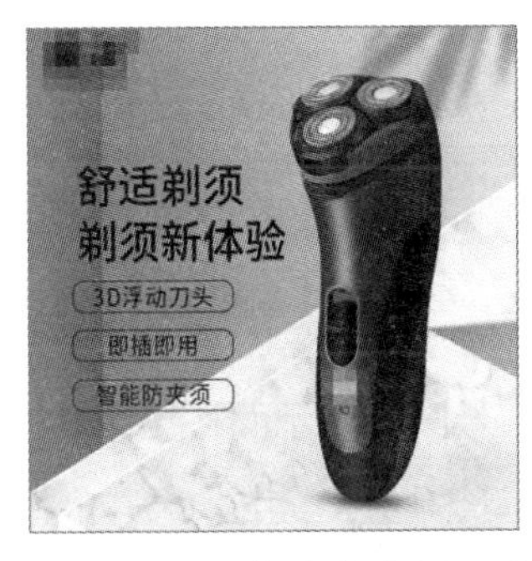

图 2-31 近似色的色彩搭配方式

2. 互相补充的色彩

颜色上互为补充的色彩称为互补色，如黄色和紫色、红色和绿色、蓝色和橙色、黑色和白色等。

每种不同的色彩代表不同的含义，在对产品和店铺的视觉效果进行设计时，要根据色彩类型的不同分别进行处理。当然，在实际的店铺页面和产品图片的装修设计中，还要注意主色调和文字信息。

色彩设计能够让图片富有极强的表现力和视觉上的冲击。对于进入店铺的买家来说，他们首先会被店铺中的图片色彩吸引，然后根据色彩的走向对画面的主次逐一进行了解。把店铺图片色彩设计好，让自己的店铺更好看一点，这样就会在视觉上吸引买家，给店铺带来更多的生意。

图 2-32 所示为色相差异较大的对比配色的店铺图片效果，使用差异较大的单色背景来对画面进行分割，使其色相之间产生较大的差异，这样产生的对比效

果就是色相对比配色，可以让画面色彩更丰富，更具有感官刺激性，更容易吸引买家的眼球，使其产生浓厚的兴趣。

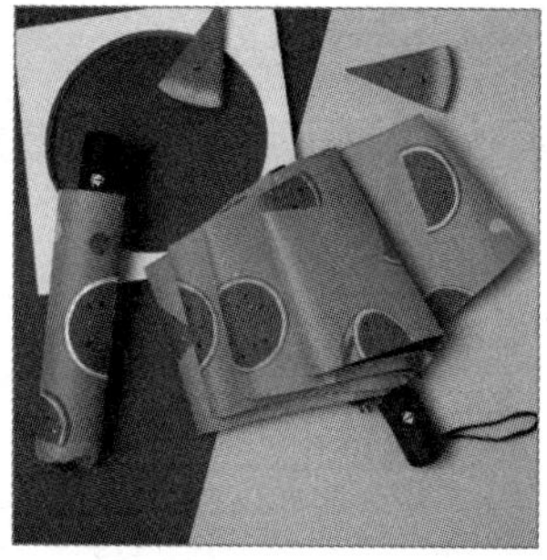

图 2-32　对比配色

> 专家提醒：一般而言，产品和广告图中出现三个主色调为佳，如果画面颜色过多、过杂，就会影响买家对于信息的摄入。这样做的好处有两个：一是为了有效传达品牌的信息；二是为了突出产品的风格，让画面更加和谐统一。

2.2.4　更具创意和冲击力的长图

长图的展示面积更大，因此在买家搜索和选择产品时，更容易被他们看到，从而获得更多的流量，如图 2-33 所示。同时，漂亮或有创意的长图还能够吸引买家点击，有助于提升产品的点击率和转化率，进而提升 ROI（Return On Investment，投资回报率）。

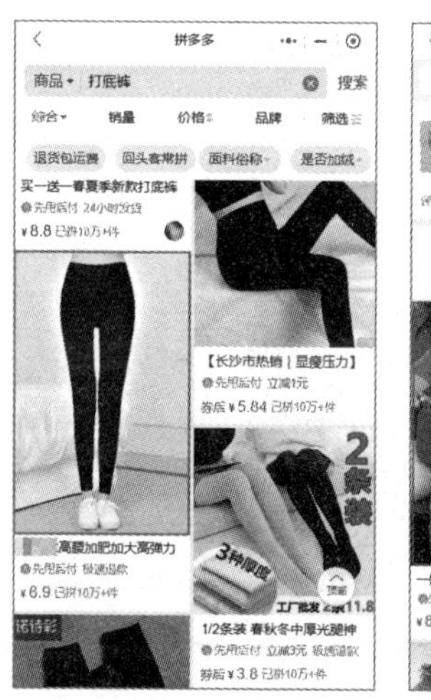

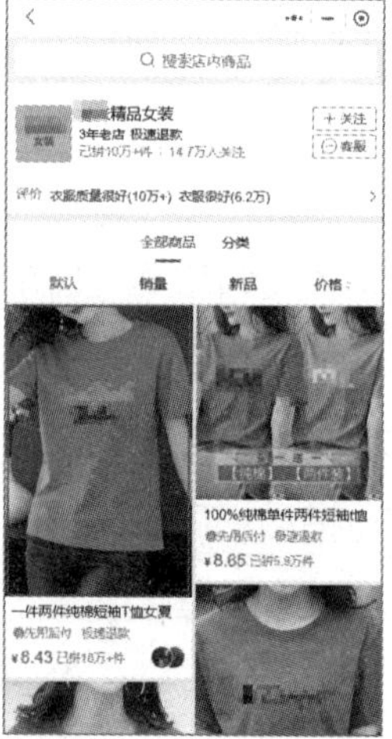

图 2-33　搜索页和店铺页中的长图展示效果

注意，长图的使用有一定的限制，商家必须开通搜索推广计划，并且属于服装、运动户外等类目的产品，才能使用长图。商家可以在拼多多商家后台的“商品管理→商品素材→图文素材”页面中，查看长图的基本要求，如图 2-34 所示。

图 2-34　查看长图的基本要求

商家在上传长图时，有以下这些瑕疵长图可能会被系统驳回。

- 抠图不清晰，主体边缘处有毛边。
- 图片被拉伸或明显变形。
- 拼接图片、合成图片。
- 图片上有文字或“牛皮癣”。
- 产品展示不完整。
- 图片曝光过度，或者为白底图。
- 图片上有“火圈”图标。
- 模特的姿势不自然，展示不够全面。

在搜索推广计划中，商家可添加长图创意，通过这种大图模式能够让产品的图片效果更加吸睛。同时，长图能够给买家带来沉浸式的观看体验，让产品更容易获得买家的喜爱，从而提高点击率。

下面介绍添加长图创意的具体操作方法。

（1）进入拼多多商家后台的“商品管理→商品素材→图文素材”页面，在商品列表中的“长图”一栏中，单击“上传图片”按钮，如图 2-35 所示（需要注意的是，目前仅女装、男装、内衣裤袜和运动户外等类目支持上传长图）。

图 2-35　单击“上传图片”按钮

（2）弹出“长图要求示例图”对话框，显示案例图片和基本要求，仔细查看后，单击“我知道了”按钮，弹出“图片空间”对话框，单击“本地上传”按钮上传新的图片，也可以在下面的列表框中选择上传过的图片，如图 2-36 所示。

（3）选择相应图片后，弹出“裁剪”对话框，根据需要对图片进行适当裁剪，单击“确认”按钮，如图 2-37 所示。

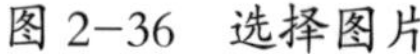

图 2-36　选择图片

图 2-37　裁剪图片

专家提醒：长图可以让画面更具张力，更吸引眼球，尤其是在手机端展示产品信息时，长图就是一种非常好的排版方式，不但可以放置大量信息，而且还可以让信息的排序更有条理，从而受到很多商家、企业和美工人员的欢迎。

拼多多商家利用长图进行推广，在带给买家新的阅读体验的同时，也对他们形成了较大的视觉冲击。在制作长图的过程中，应注重图片素材选择的连贯性，保证推送图文内容的一致性。

（4）系统会自动上传裁剪后的图片，选择该图片，单击“确认”按钮，即可进入审核阶段，审核时效和其他创意一样，会在48小时内完成，如图2-38所示。

图2-38 上传并审核图片

审核通过后，商家可以在创建搜索推广计划时，添加该产品作为推广产品，也可以在现有的推广单元中，单击“添加创意”按钮，选择“长图”创意。上传长图创意后，即可在搜索页和店铺页等场景中露出长图，有可能获得更多的用户流量。

2.2.5 让交易更加便捷的二维码

如今，在万人淘金的电商浪潮中，谁能先找到市场切入点快速引流，谁就更有可能成为赢家。在移动互联网时代，二维码是连接线上和线下的关键入口，让商家的产品营销变得更为高效。借助二维码可以完成线上和线下各渠道的互动，打通电商闭环。

二维码又称二维条形码，它主要利用黑白相间的图形来记录各种数据符号信息，使用智能手机等电子扫描设备扫描二维码，即可自动识读其中的信息并实现信息的自动处理。

实质上，二维码的原理是将各种文字、数字等信息转换为二进制代码，然后再将二进制代码转化为几何形体。简单来说，就是将信息换算成二进制的几何形体，并生成一个矩阵图。

二维码对商家的引流价值就在于，它可以进行线上与线下的互动营销，引导买家快速获取店铺或产品信息，提升品牌关注度并带动产品或服务的销售。同时，二维码还是图文内容很好的承载者，可以将公告、通知、消息甚至是店铺和产品链接等内容装入这个二维码中，然后在微博、微信等社交网络中自我传播，让更多的人扫描、浏览和转发，如图 2-39 所示。

图 2-39　通过微信分享商品二维码

进入店铺或商品详情页，点击“分享”按钮，如图 2-40 所示。在弹出的底部菜单中点击“分享图片”按钮，如图 2-41 所示。即可生成带二维码的店铺推广图，如图 2-42 所示。点击“分享给好友”按钮，即可将其分享给微信好友，好友收到图片后，可以长按二维码直接进入店铺。

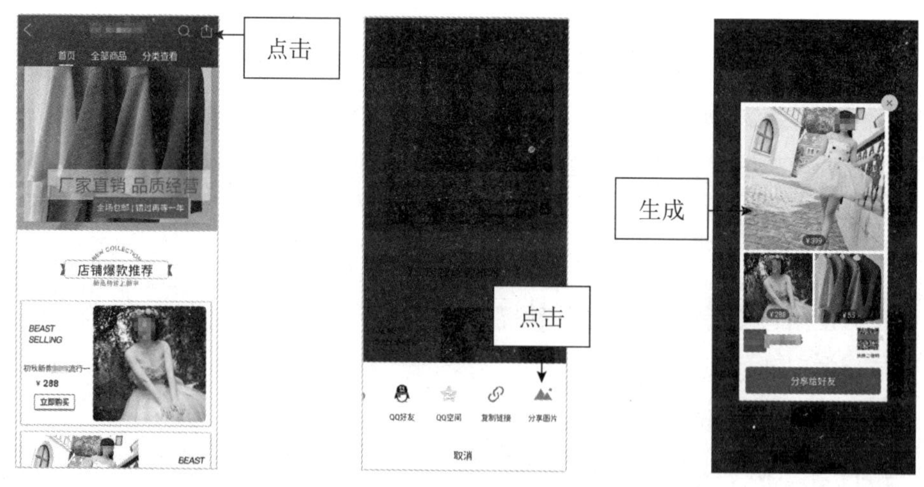

图 2-40　点击“分享”按钮　图 2-41　点击“分享图片”按钮　图 2-42　生成推广图

同时，拼多多还为商家提供了交易二维码和客服二维码等工具，帮助商家快速生成各种场景下的二维码图片。其中，交易二维码是一个商家交易综合管理工具，买家扫码后可直接生成订单并付款给商家，让交易更便捷。

进入拼多多商家后台的“店铺营销→营销工具”页面，选择“交易二维码”工具进入其页面，单击“确认开通”按钮即可生成二维码，如图 2-43 所示。

图 2-43　单击“确认开通”按钮

开通“交易二维码”后，单击“下载二维码”按钮，如图 2-44 所示，下载店铺专属二维码，让买家扫码付款。

图 2-44　单击“下载二维码”按钮

例如，某个买家在拼多多上买了一台洗衣机，商家在线下渠道给买家发货并安装后，如需直接向买家收取额外的安装服务费用，此时就可以展示交易二维码，向买家收取差额费用，而买家也不需要再通过拼多多 App 去另外下单补差价。

客服二维码是拼多多官方推出的客服功能，买家可通过扫码直接进入客服聊天界面，快速咨询问题。当商家和买家出现纠纷问题时，商家可通过客服二维码来快速回应买家，并通过适当的小额打款补偿或者优惠券，降低平台的介入率。

使用客服二维码进行沟通，可直接在线处理各种问题，不仅不会产生违规风险，而且还具有节省客服资源、降低投诉率、提升店铺权重、增加复购率等好处。

进入拼多多商家后台的“多多客服→客服工具→客服二维码”页面，如图 2-45 所示，在“输入文案”文本框中输入 15 字以内的自定义文案内容，单击“生成卡片”按钮即可完成配置。

图 2-45 “客服二维码”页面

商家可以将客服二维码卡片保存到计算机或手机中，也可以批量打印，将带有二维码的卡片放入快递包裹中寄送给买家，为店铺引流。买家用微信扫码后，可以快速跳转到客服聊天窗口，咨询相关的问题。

> 专家提醒：在客服二维码的正面，可以看到有一个“扫码有惊喜”的文案提示，当买家咨询该问题时，商家可以给买家赠送店铺优惠券，引导买家进店回购。

使用二维码图片将买家直接引导至店铺主页甚至商品详情页，这样可以实现更全面、覆盖面更广的传播，这是其他引流渠道难以完成的工作，因此二维码图片具有极大的营销价值，成为线下、线上不可或缺的营销工具。

2.3 店铺美工的图文营销

产品的图文内容设计对于提升转化率而言，其作用和重要性不言而喻，甚至比店铺主页的作用还要大。因此，拼多多的商家在进行店铺美工设计时，想要打造最佳的图文营销视觉效果，就必须将产品的卖点融入其中。

2.3.1 增强图文内容的视觉说服力

优秀的店铺装修能够对买家产生强大的说服力，这是因为视觉转化语言能够很好地阐述某种观点。店铺美工应该对自己的视觉创作进行省察，如“我要通过视觉内容表达什么观点？”“我真的表达到位了吗？”等问题，同时还要注意以下事项，如图 2-46 所示。

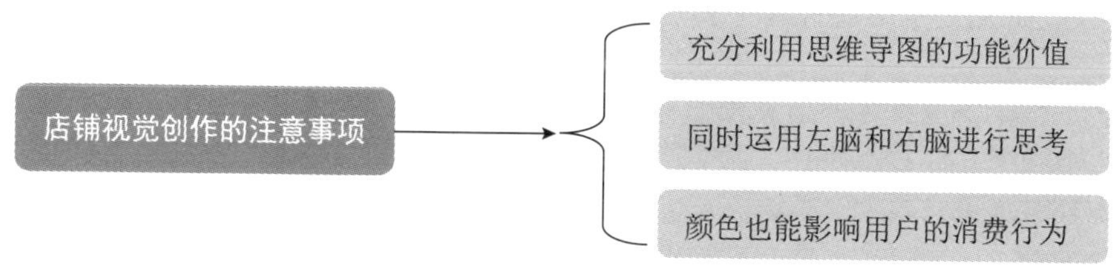

图 2-46 店铺视觉创作的注意事项

图文并茂的内容具有更强的视觉说服力，商家在发表信息时可以搭配文字和相关图片，从而吸引更多的流量。如果仅是文字表达，则会显得有些单调乏味，难以给人造成视觉上的冲击感，而图文并茂的视觉内容则更容易引人注目。

图文结合的视觉营销力量是不可忽视的，同时商家也要全面考虑如何用视觉效果说服买家下单，具体方法如图 2-47 所示。

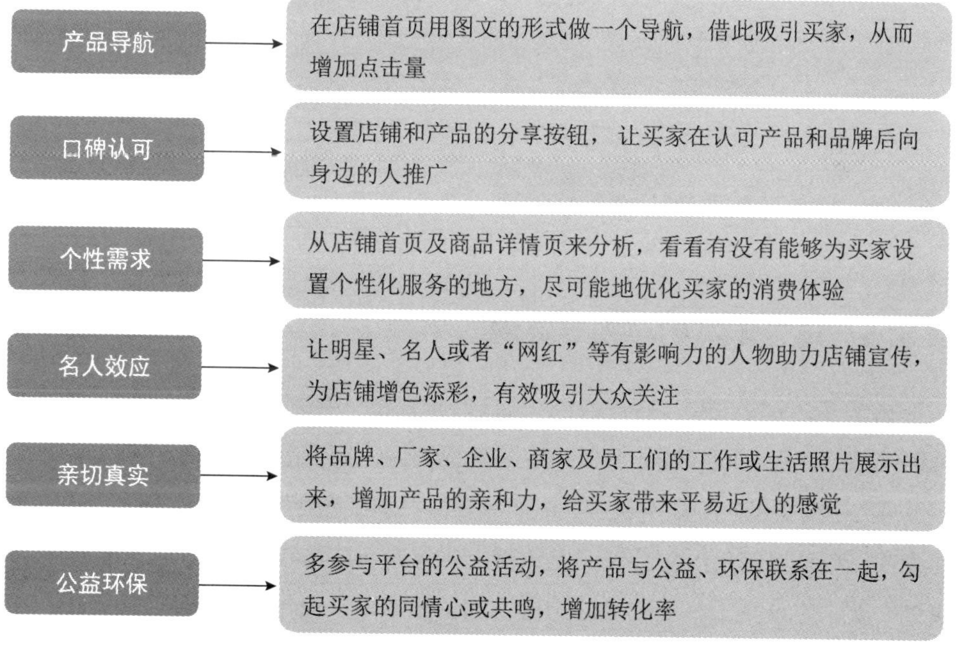

图 2-47 用视觉效果说服消费者的方法

2.3.2 优化图片和文案的视觉效果

店铺装修主要是从图片的文案、视觉效果来进行优化，使其能够快速抓住买家的心理需求，吸引他们点击和促进下单。同时，在产品文案中，要尽量将产品的所有卖点和优势都凸显出来。

图 2-48 所示为一个充电器产品的主图，买家购买充电器的一般需求就是充电要快，同时质量要有保障，图片中的文案就是根据这两点需求来策划的。

> 专家提醒：产品的文案相当重要，只有踩中用户痛点的文案才能吸引他们下单。商家可以多参考如小红书等平台中的同款产品，找到一些与自己销售的产品特点相匹配的文案，这样能够提升文案创作的效率。

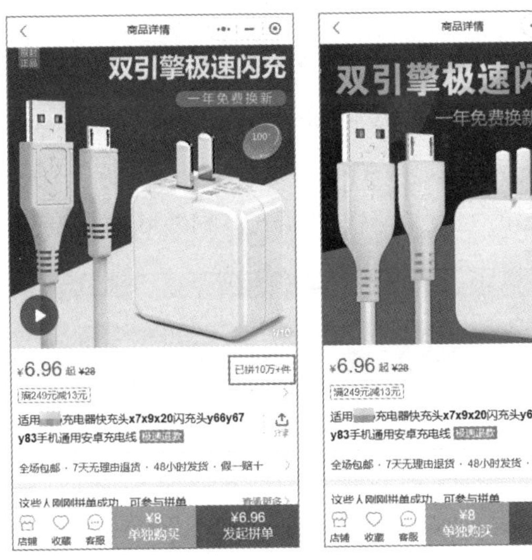

图 2-48 充电器产品的主图示例

2.3.3 蕴含丰富的“视觉灵魂”

拼多多店铺的图文内容设计必须蕴含丰富的“视觉灵魂”，不但可以起到辅助销售的作用，而且还能具备一定的营销属性，促进品牌推广。

图 2-49 所示为一款手表产品的商品详情页图文内容，以时尚、大气的香槟金作为产品和背景图片的主色调，整体看上去具有一定的视觉冲击力。在文案内容策划方面，重点突出产品的品牌定位，如“轻奢”“百年工艺”“生而不凡”等关键词，丰富内容的可读性，提高转化效果。

图 2-49 手表产品的商品详情页图文内容

2.3.4 突出产品功能形成标签记忆

每个产品都有其独特的质感和表面细节，在图文内容中成功地表现出这种质感细节，可以大大地增强产品的吸引力。同时，通过图文内容展现产品时，还可以从功能用途上找突破口，展示产品的各种神奇用法，如图 2-50 所示。

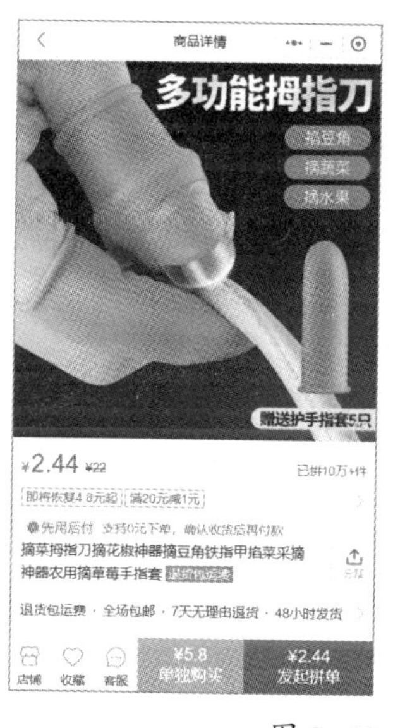

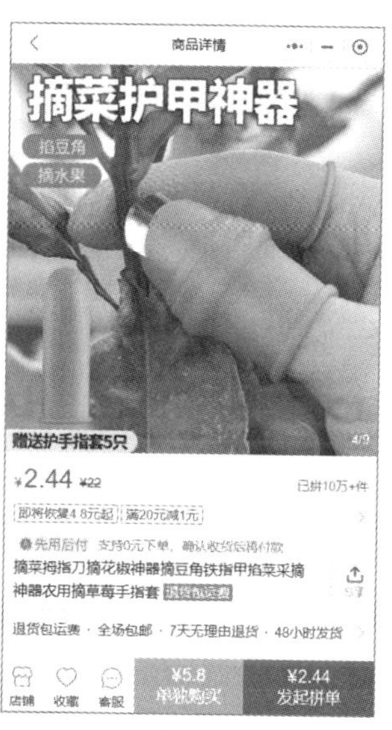

图 2-50 展示产品功能用途的图文内容示例

产品的图文内容介绍一定要真实，必须符合买家的视觉习惯，最好是真人试用拍摄，这样更有真实感，可以增加买家对你的信任度。除了简单地展示产品本身的“神奇”功能之处，还可以“放大产品优势”，即在已有的产品功能上进行创意表现。

2.3.5 优质买家秀最能取信其他买家

很多买家在选购商品时，可能并不是留意商品详情页中的图文介绍，而是通过其他买家发布的买家秀去了解商品的真实信息，因此优质的买家秀成为最能取信其他买家的营销方式。

如果商家的店铺已经有了不少订单，可以开展一些有奖活动，征集 3 ～ 5 条优质的买家评价，评论内容必须为“文字＋图片 / 视频”的方式。如果买家为平台的优质用户，则他写的优质评价还会出现在商品评价下面的“行家心得”板块中，转化效果更佳，如图 2-51 所示。

对于有奖评价活动的奖品设置，如果商品的客单价很低，则直接为买家免单；如果商品的客单价较高，则给买家发放大额红包或优惠券。

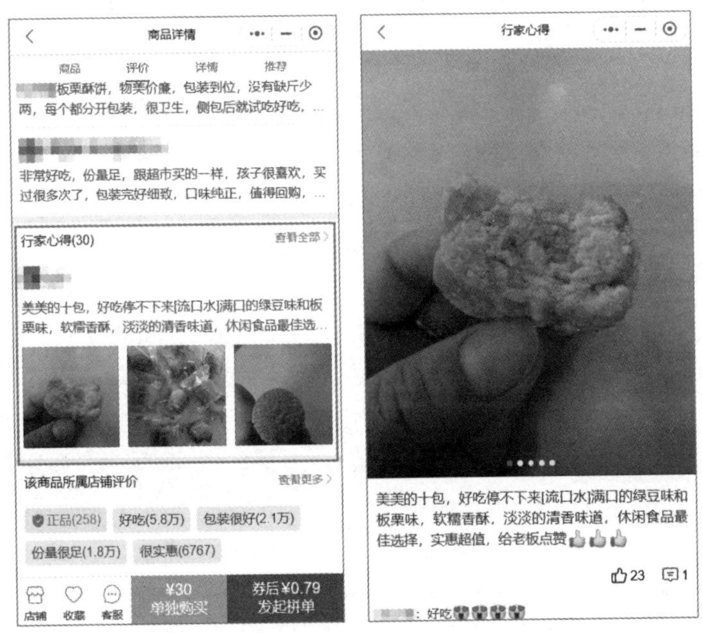

图 2-51 “行家心得”版块中的优质评价

如果产品没有订单，商家可以自己拍一些真实接地气的产品使用场景图（见图 2-52），不要进行太大的美化处理，可以将其进行拼图处理，放到商品详情页中，使其与专业的详情页图文（见图 2-53）形成一种买家秀和卖家秀的对比。

图 2-52　产品使用场景图

图 2-53　专业的详情页图片

2.3.6　新媒体时代的站外图文营销

在新媒体时代，商家除了可以在拼多多站内通过图文内容展示产品的营销信息，还可以通过一些站外渠道来给产品引流，如微信朋友圈、微博、今日头条、小红书等平台。图 2-54 所示为站外图文营销的常用技巧。

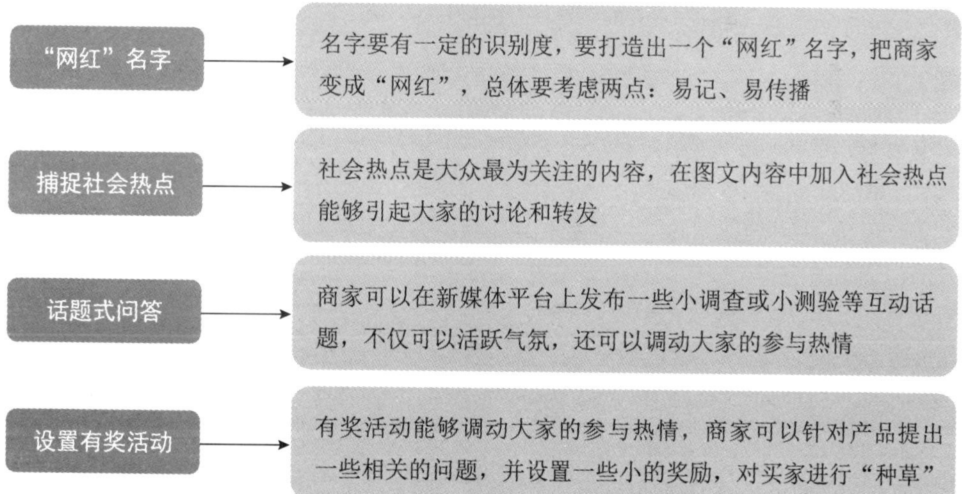

图 2-54　站外图文营销的常用技巧

随着 5G 时代的到来，不管是企业，还是个人，都可以通过新媒体渠道来吸粉引流，构建起自己的“用户池”。同时，各种新媒体平台也在不断地升级电商功能，引导传统商家通过大众喜闻乐见的内容形式，让粉丝留下来实现持续变现。

例如今日头条，相信很多人都不陌生，是当下非常火热的新媒体资讯平台，同时还加入了电商功能，自媒体人可通过图文（见图 2-55）、视频等营销内容来引导消费者，产生消费行为，同时获得带货收益。

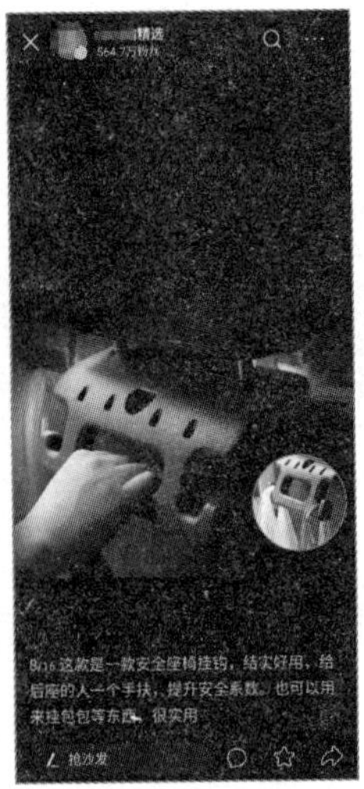

图 2-55　某头条号发布的图文营销内容

第3章

图片美化：使用 Photoshop 处理商品图片

Photoshop 是一款非常优秀的平面设计软件，被广泛用于广告设计、图像处理、图形制作、影像编辑及图像的输入 / 输出等领域。使用 Photoshop 可以非常方便地处理各种商品图片，本章将挑选一些常用的操作技能进行讲解。

3.1 商品图像的基本处理

一张照片素材的大小通常是 2MB 以上，如果使用这些原始照片作为商品介绍图片，将其上传到拼多多平台上，会占用很大的存储空间，同时使买家浏览的等待时间变长。在 Photoshop 中可通过多种方式对商品图像的大小和角度等进行基本调整，本节将介绍具体的操作方法。

3.1.1 调整图像尺寸

用户在对商品图像的再编辑过程中，可以根据需要调整图片的大小，但在调整时一定要注意文档宽度值、高度值与分辨率值之间的关系，否则改变图像的大小后其效果质量也会受到影响。

调整图像尺寸的具体操作方法如下。

（1）单击“文件”|“打开”命令，打开一幅素材图像，如图 3-1 所示。

（2）在菜单栏中单击“图像”|“图像大小”命令，弹出“图像大小”对话框，可以看到原图的尺寸大小，如图 3-2 所示。

图 3-1　打开素材图像

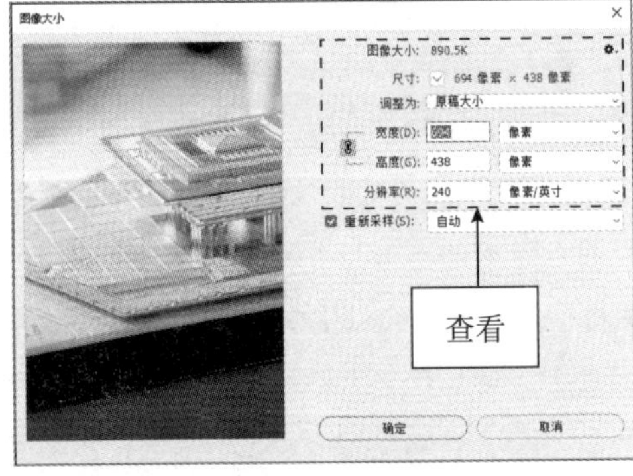

图 3-2　查看原图的尺寸大小

> 专家提醒：分辨率是指单位长度上像素的数目，通常用“像素 / 英寸”或“像素 / 厘米”表示。分辨率越高，文件就越大，图像也就越清晰，处理速度就会相应变慢；反之，分辨率越低，图像就越模糊，处理速度就会相应变快。

（3）设置“分辨率”为 72 像素 / 英寸，可以看到图像的宽度和高度数值也会发生变化，如图 3-3 所示。

（4）单击“确定”按钮，即可调整图像的尺寸，如图 3-4 所示。

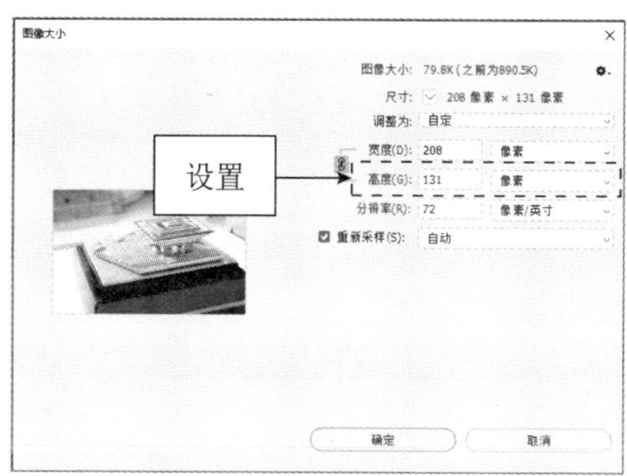

图 3-3　设置相应数值

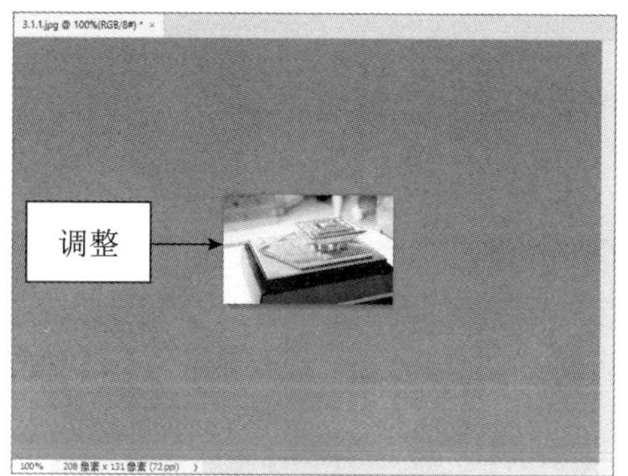

图 3-4　调整图像尺寸

3.1.2　裁剪图像素材

如果只需照片中某一部分图像时，使用“图像大小”命令不能完成照片的尺寸调整，此时可以使用工具箱中的裁剪工具，或利用菜单栏中的“裁剪”命令来实现，还可以利用“裁切”命令来修剪图像，将不需要的部分图像裁剪掉。

裁剪图像素材的具体操作方法如下。

（1）单击“文件”|“打开”命令，打开一幅素材图像，如图 3-5 所示。

（2）选取工具箱中的裁剪工具，调出裁剪控制框，按住鼠标左键的同时并拖动，调整裁剪控制框的大小，如图 3-6 所示。

图 3-5　打开素材图像

图 3-6　调整裁剪控制框

（3）将鼠标移至裁剪控制框中，按住鼠标左键的同时并将其拖动至合适位置，如图 3-7 所示。

（4）按【Enter】键确认，即可裁剪图像，效果如图 3-8 所示。

图 3-7　拖动裁剪控制框

图 3-8　裁剪图像

> 专家提醒：在裁剪控制框中，用户可以对其进行适当调整，将鼠标拖动至裁剪控制框四周的 8 个控制柄上，当鼠标呈双向箭头↔形状时，按住鼠标左键的同时并拖动，即可放大或缩小裁剪区域；将鼠标移至裁剪控制框的 4 个角外，当鼠标呈↰形状时，可对其裁剪区域进行旋转处理。

3.1.3　缩放 / 旋转图像素材

在设计商品图形或调入图像时，图像角度的改变可能会影响整幅图像的效果，针对缩放或旋转图像，能使平面图像的显示视角更独特，同时也可以将倾斜的图像纠正。下面介绍缩放 / 旋转图像素材的具体操作方法。

（1）单击“文件”|“打开”命令，打开一幅素材图像，如图 3-9 所示。

（2）在“图层”面板中，选中“图层 2”图层，单击“编辑”|“变换”|“缩放”命令，如图 3-10 所示。

（3）将鼠标移至变换控制框右上方的控制柄上，当鼠标指针呈双向箭头形状↔时，按住鼠标左键的同时并向左下方拖动，缩小至合适位置，如图 3-11 所示。

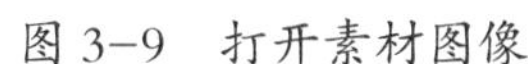
图 3-9　打开素材图像

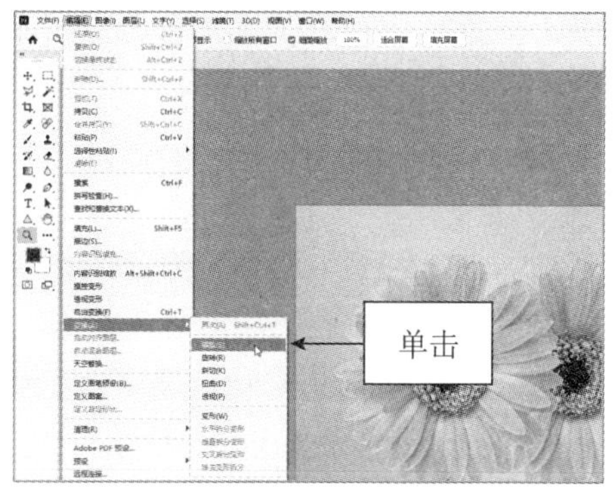

图 3-10　单击“缩放”命令

（4）将鼠标移至变换控制框内的同时，右击，在弹出的快捷菜单中选择“旋转”命令，如图 3-12 所示。

图 3-11　缩小至合适位置

图 3-12　选择“旋转”命令

（5）将鼠标移至变换控制框右上方的控制柄外，当鼠标指针呈↰形状时，按住鼠标左键的同时并向逆时针方向旋转，如图 3-13 所示。

（6）按【Enter】键确认，即可旋转图像，如图 3-14 所示。

图 3-13　逆时针旋转

图 3-14　旋转图像后的效果

专家提醒：用户对图像进行旋转操作时，按住【Shift】键和鼠标左键的同时并拖动，可以等比例缩放图像。

3.2 商品图像的调色处理

受拍摄环境的影响，用户对拍摄出来的商品图片素材的色彩不满意时，或者想通过改变图片颜色，使自己的商品呈现与竞品不同的视觉感受，可以对商品图片进行色彩修饰，在 Photoshop 中可通过多种方式对商品图片进行调色。

3.2.1 处理偏暗的图像素材

拍摄好的商品照片，常常会存在曝光不足或者曝光过度的问题，使用 Photoshop 中的“曝光度”命令可以调整照片的曝光问题。“曝光度”命令是模拟摄像机内的曝光程序来对照片进行二次曝光处理，通过调节“曝光度”“位移”“灰度系数校正”的参数来控制照片的明暗，图 3-15 所示为“曝光度”对话框。

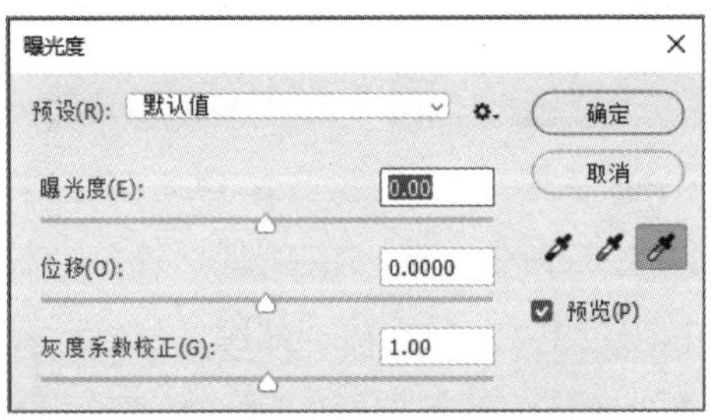

图 3-15 “曝光度”对话框

“曝光度”对话框中主要选项的基本含义如下。

- 预设：可以选择一个预设的曝光度调整文件。
- 曝光度：拖动滑块或输入相应数值可以调整图像的高光部分，但对极限阴影的影响很轻微。
- 位移：使阴影和中间调变暗，对高光的影响很轻微。
- 灰度系数校正：用来减淡或加深图像中的灰色部分，特殊情况下也可以用来提亮灰暗区域，增强暗部的层次。

有些照片因为曝光过度而导致画面偏白，或因为曝光不足而导致画面偏暗，可以使用“曝光度”命令调整图像的亮度。

处理偏暗的图像素材的具体操作方法如下。

（1）单击“文件”|“打开”命令，打开一幅素材图像，如图 3-16 所示。

（2）单击“图像”|“调整”|“曝光度”命令，弹出“曝光度”对话框，设置“曝光度”为 1.55、“位移”为 -0.002、“灰度系数校正”为 1.16，单击“确定”按钮，即可调整图像的曝光度，效果如图 3-17 所示。

图 3-16　打开素材图像

图 3-17　最终效果

3.2.2　处理色彩暗淡的图像

使用 Photoshop 中的“自然饱和度”命令，可以调整整幅商品图像或单个颜色分量的饱和度和亮度值。

> 专家提醒：拍摄好的商品图像素材，常常会存在偏色的问题，在 Photoshop 中可通过“自动色调”“自动对比度”及“自动颜色”命令来自动调整图像的色彩与色调，使照片恢复正常的色彩与色调效果。
>
> 例如，“自动色调”命令会根据图像整体颜色的明暗程度进行自动调整，使得亮部与暗部的颜色按一定比例进行分布。

处理色彩暗淡的图像的具体操作方法如下。

（1）单击“文件”|“打开”命令，打开一幅素材图像，如图 3-18 所示。

（2）单击菜单栏中的“图像”|“调整”|“自然饱和度”命令，如图 3-19 所示。

图 3-18　打开素材图像

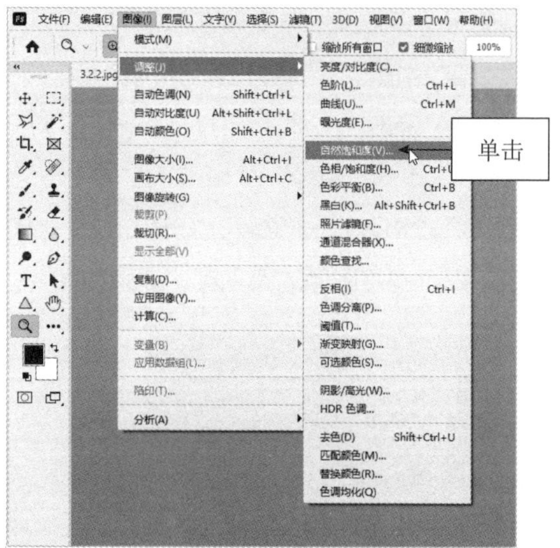

图 3-19　单击“自然饱和度”命令

（3）弹出“自然饱和度”对话框，设置“自然饱和度”为 +80、“饱和度”为 +15，如图 3-20 所示。

（4）单击“确定”按钮，即可调整图像的色彩饱和度，效果如图 3-21 所示。

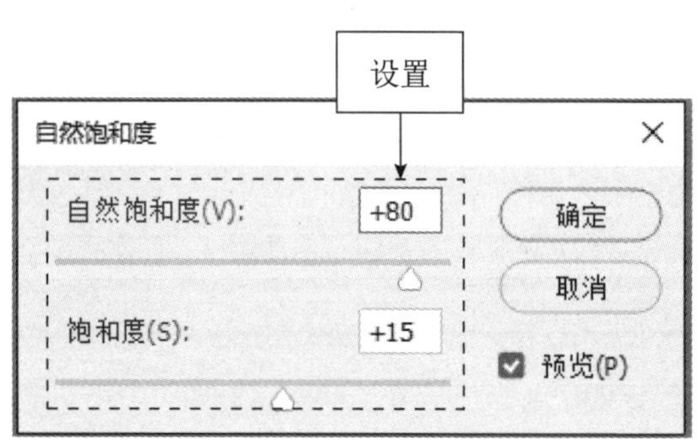

图 3-20　设置相应参数

图 3-21　最终效果

3.2.3 处理偏色的图像素材

拍摄出来的商品图像常常存在色彩不平衡的问题，使用 Photoshop 中的“色彩平衡”命令可通过增加或减少处于高光、中间调及阴影区域中的特定颜色，使混合物颜色达到平衡，改变图像的整体色调，从而还原图像的真实色彩。

处理偏色的图像素材的具体操作方法如下。

（1）单击“文件”|“打开”命令，打开一幅素材图像，如图 3-22 所示。

（2）单击菜单栏中的“图像”|“调整”|“色彩平衡”命令，如图 3-23 所示。

图 3-22 打开素材图像

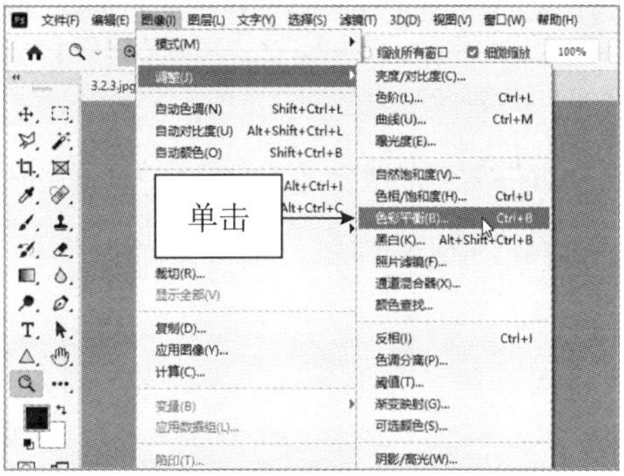

图 3-23 单击“色彩平衡”命令

（3）弹出“色彩平衡”对话框，设置“色阶”为 0、+100、0，如图 3-24 所示。

（4）单击“确定”按钮，即可恢复图像的色彩，效果如图 3-25 所示。

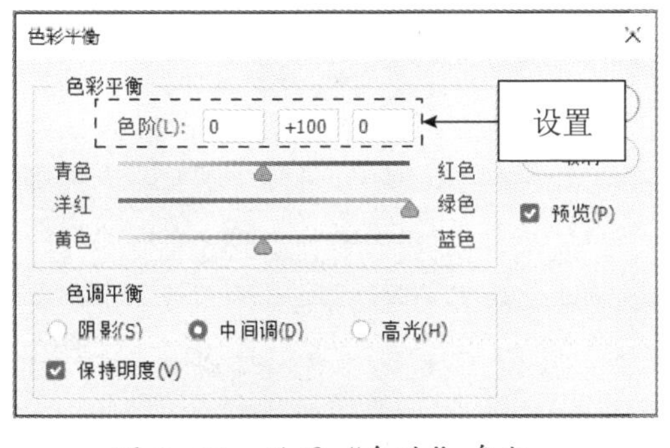

图 3-24 设置“色阶”参数

图 3-25 最终效果

> 专家提醒：在“色彩平衡”对话框的“色彩平衡”选项区中分别显示了“青色和红色”“洋红和绿色”“黄色和蓝色”这三对互补的颜色，每一对颜色中间的滑块用于控制各主要色彩的增减。

3.3 商品图像的瑕疵处理

由于拍摄环境或灯光等问题，常常会使拍摄出来的商品图像存在一定的瑕疵，如果不调整图像就直接用于拼多多店铺装修中，会极大地降低所售商品的页面展示效果，影响买家对商品品质的正确判断。

在 Photoshop 中可通过多种方式对商品图像的瑕疵进行修复和局部优化，本节将介绍使用 Photoshop 中的工具解决这些问题的操作方法。

3.3.1 修复图像中的污点

污点修复画笔工具可以自动进行像素的取样，用户只需在图像中有杂色或污渍的地方按住鼠标左键并拖动进行涂抹，即可修复图像。选取工具箱中的污点修复画笔工具，其工具属性栏如图 3–26 所示。

图 3–26 污点修复画笔工具的工具属性栏

运用污点修复画笔工具修复图像的操作方法如下。

（1）单击“文件”|“打开”命令，打开一幅素材图像，如图 3–27 所示。

（2）选取工具箱中的污点修复画笔工具，如图 3–28 所示。

图 3–27 打开素材图像

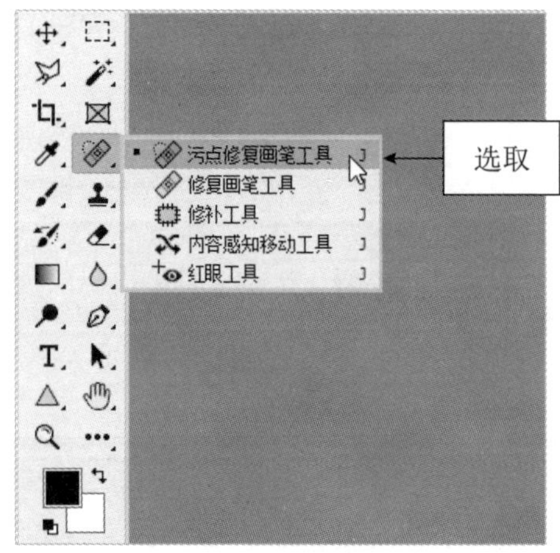

图 3–28 选取污点修复画笔工具

（3）移动鼠标至图像编辑窗口中的合适位置处，按住鼠标左键并拖动，对图像进行涂抹，鼠标涂抹过的区域呈黑色显示，如图 3–29 所示。

（4）释放鼠标左键，即可修复图像，效果如图 3-30 所示。

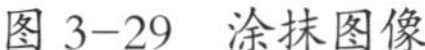
图 3-29　涂抹图像

图 3-30　最终效果

专家提醒：Photoshop 中的污点修复画笔工具能够自动分析鼠标涂抹处及周围图像的不透明度、颜色与质感，从而进行采样与修复操作。污点修复画笔工具属性栏中的主要选项含义如下。

- 模式：在该列表框中可以设置修复图像与目标图像之间的混合方式。
- 内容识别：选择该选项后，在修复图像时，将根据当前图像的内容识别像素并自动填充。
- 创建纹理：选择该选项后，在修复图像时，将根据当前图像周围的纹理自动创建一个相似的纹理，从而在修复瑕疵的同时保证不改变原图像的纹理。
- 近似匹配：选择该选项后，在修复图像时，将根据当前图像周围的像素来修复瑕疵。

3.3.2　去除图像中的干扰物

很多时候，在拍摄商品或模特图像时，由于拍摄环境有限，致使拍摄的图像中出现多余的干扰物，此时可以使用 Photoshop 中的仿制图章工具将照片中的一部分绘制到带有缺陷的部分，去除掉不需要的瑕疵图像。

仿制图章工具可以从图像中取样，然后将样本应用到其他图像或同一图像的其他部分。选取工具箱中的仿制图章工具，其工具属性栏如图 3-31 所示。

在仿制图章工具的属性栏中，各主要选项的含义如下。

图 3-31　仿制图章工具的工具属性栏

- “切换画笔设置面板”按钮：单击此按钮，展开“画笔设置”面板，可对画笔属性进行更具体的设置。

- “切换到仿制源面板”按钮：单击此按钮，展开“仿制源”面板，可对仿制的源图像进行更加具体的管理和设置。
- “不透明度”选项：用于设置应用仿制图章工具时的不透明度。
- “流量”选项：用于设置扩散速度。
- “对齐”复选框：选中该复选框，取样的图像源在应用时，若由于某些原因停止，则再次仿制图像时，仍可从上次仿制结束的位置开始；若未选中该复选框，则每次仿制图像时，都将从取样点的位置开始应用。
- “样本”选项：用于定义取样源的图层范围，主要包括“当前图层”“当前和下方图层”“所有图层”三个选项。
- “在仿制时忽略调整图层”按钮：当设置“样本”为“当前和下方图层”或“所有图层”时，才能激活该功能按钮，且激活该功能按钮后，在定义取样源时可忽略图层中的调整图层。

下面介绍运用仿制图章工具修复图像的操作方法。

（1）单击“文件”|“打开”命令，打开一幅素材图像，如图 3-32 所示。

（2）选取工具箱中的仿制图章工具，如图 3-33 所示。

图 3-32　打开素材图像

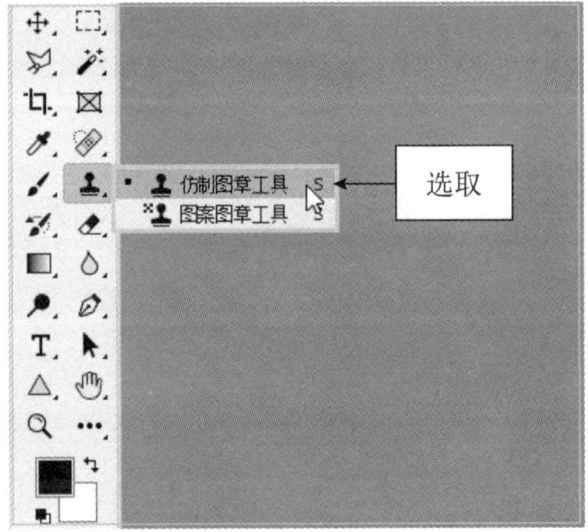

图 3-33　选取仿制图章工具

（3）将鼠标移至图像编辑窗口中的适当位置处，按住【Alt】键的同时单击，进行取样，如图 3-34 所示。

（4）释放【Alt】键，将鼠标移至需要修复的图像位置处，按住鼠标左键并拖动，即可对样本对象进行复制，将瑕疵图像覆盖掉，效果如图 3-35 所示。

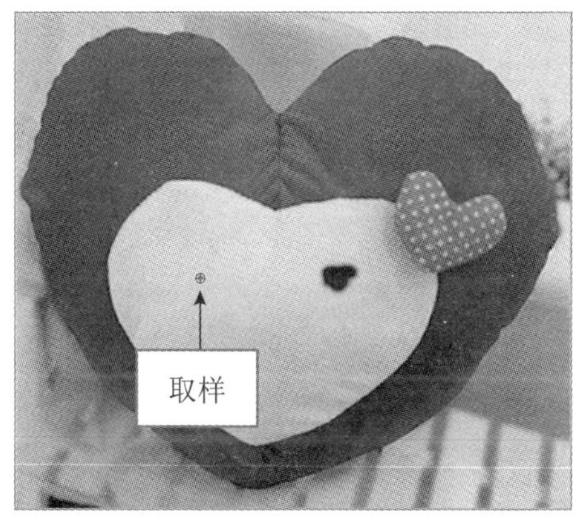

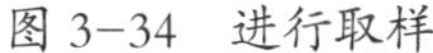
图 3-34　进行取样

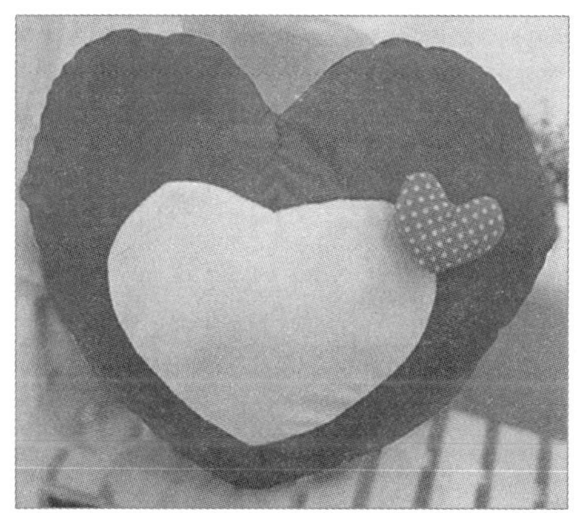
图 3-35　最终效果

3.3.3　把模糊的图像变清晰

很多人在使用单反相机或者智能手机拍摄商品照片时，经常会碰到被摄主体十分模糊而背景却很清晰的情况，其实这主要是由于对焦不准确造成的，用户可以在后期通过 Photoshop 来处理，把模糊的图片变清晰。

把模糊的图像变清晰的操作方法如下。

（1）单击“文件”|“打开”命令，打开一幅素材图像，如图 3-36 所示。

（2）单击菜单栏中的“滤镜”|“锐化”|“USM 锐化”命令，如图 3-37 所示。

图 3-36　打开素材图像

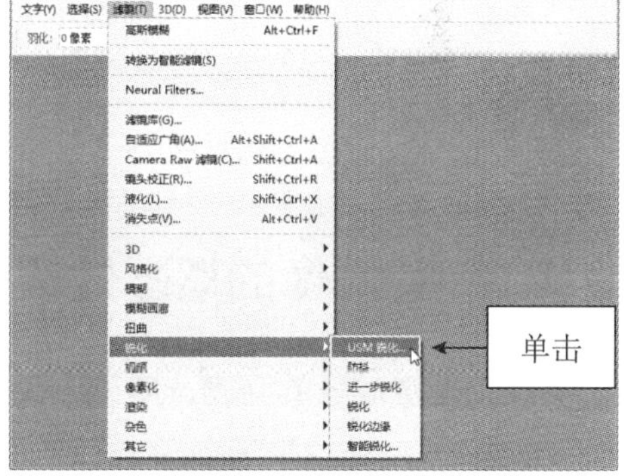

图 3-37　单击“USM 锐化”命令

（3）弹出“USM 锐化”对话框，设置“数量”为 100%、“半径”为 2 像素、“阈值”为 0 色阶，如图 3-38 所示。

（4）单击“确定”按钮，即可锐化图像，效果如图 3-39 所示。

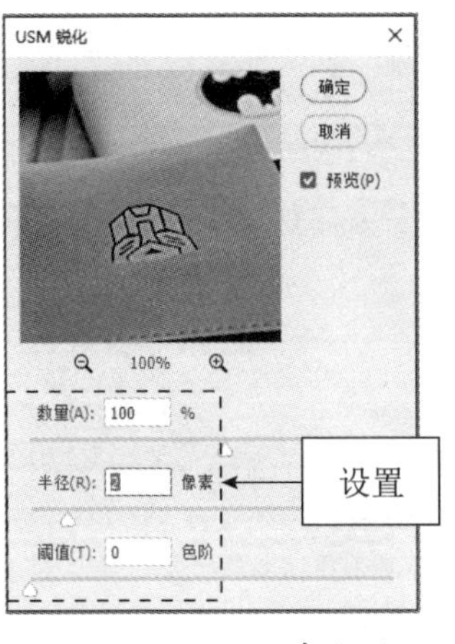

图 3-38　设置参数值

图 3-39　锐化图像效果

（5）单击菜单栏中的“编辑”|“渐隐 USM 锐化”命令，弹出“渐隐”对话框，设置“模式”为“明度”，如图 3-40 所示。

（6）单击“确定”按钮，即可避免对图像中的颜色进行过度的锐化处理，效果如图 3-41 所示。

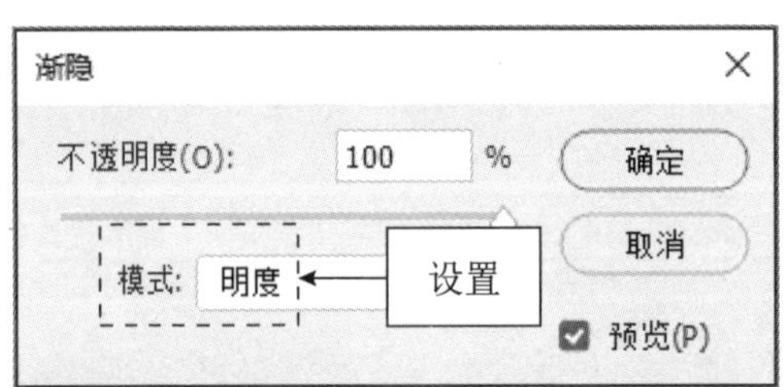

图 3-40　设置相应选项

图 3-41　最终效果

3.4　商品图像的抠图处理

由于拍摄取景的问题，常常会使拍摄出来的图像内容过于复杂，致使商品显示不明显，如果不抠取商品就直接使用拍摄的图像传到拼多多店铺中作为装修元素，会降低商品的表现力，因此需要抠取出主要的产品部分单独使用。

在 Photoshop 中可通过多种方式对图像中的商品进行抠图，本节针对不同背景的商品图像，介绍如何使用 Photoshop 中的工具和命令将商品抠取出来。

3.4.1 规则形状抠图

一些外形较为规则的商品，如矩形或者圆形等，这些商品的抠取则可以通过 Photoshop 中的矩形选框工具⬚和椭圆选框工具◯进行快速选取，使用这两个工具创建的选区边缘更加平滑，能够将商品的边缘抠取得更加准确。

例如，Photoshop 中的矩形选框工具⬚可以快速建立矩形选区，该工具是区域选择工具中最基本、最常用的工具，用户选择矩形选框工具后，其工具属性栏如图 3-42 所示。

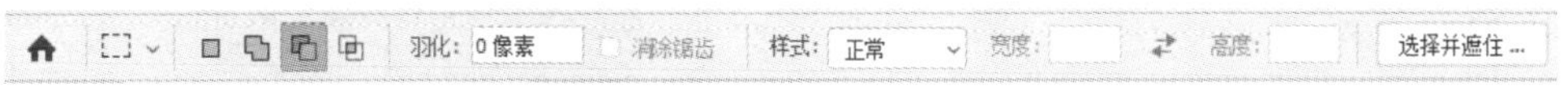

图 3-42 矩形选框工具的工具属性栏

矩形选框工具属性栏中各主要选项的基本含义如下。

- 羽化：用来设置选区的羽化范围。
- 样式：用来设置创建选区的方法。选择“正常”选项，可通过拖动鼠标来创建任意大小的选区；选择“固定比例”选项，可在右侧设置选区的“宽度”和“高度”的比例；选择“固定大小”选项，可在右侧设置选区的“宽度”和“高度”的像素数值。单击⇄按钮，可以切换“宽度”和“高度”值。

运用矩形选框工具⬚抠图的操作方法如下。

（1）单击“文件”|“打开”命令，打开一幅素材图像，如图 3-43 所示。

（2）选取工具箱中的矩形选框工具⬚，移动鼠标至图像编辑窗口中合适的位置，按住鼠标左键并拖动，创建一个矩形选区，如图 3-44 所示。

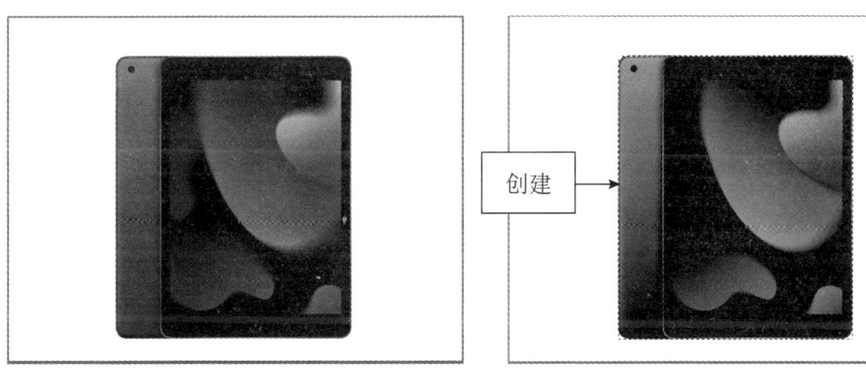

图 3-43 打开素材图像　　图 3-44 创建矩形选区

（3）按【Ctrl + J】组合键，复制选区内的图像，并隐藏“背景”图层，如图 3-45 所示。

（4）即可将商品画面抠取出来，效果如图 3-46 所示。

图 3-45　隐藏“背景”图层

图 3-46　最终效果

专家提醒：与创建矩形选区有关的操作技巧如下。

- 按【M】键，可快速选取矩形选框工具。
- 按【Shift】键，可创建正方形选区。
- 按【Alt】键，可创建以起点为中心的矩形选区。
- 按【Alt + Shift】组合键，可创建以起点为中心的正方形选区。

3.4.2　简单背景抠图

拍摄好的商品图像，当需要单独使用图像中的商品部分，并将背景去除时，可以根据图像背景的颜色情况，使用 Photoshop 中的魔棒工具（适合单色背景）或快速选取工具（适合单色商品），将图像中的商品部分快速地抠取出来。

例如，魔棒工具可用来创建与图像颜色相近或相同的像素选区，在颜色相近的图像上单击，即可选取到相近颜色范围。选择魔棒工具后，其工具属性栏的变化如图 3-47 所示。

图 3-47　魔棒工具的工具属性栏

魔棒工具抠图的具体操作方法如下。

专家提醒：魔棒工具属性栏中各主要选项的基本含义如下。

● 容差：用来控制创建选区范围的大小。数值越小，所要求的颜色越相近；数值越大，则颜色相差越大。

● 消除锯齿：该选项用来模糊羽化边缘的像素，使其与背景像素产生颜色的过度，从而消除边缘处的明显锯齿。

● 连续：选中该复选框后，只选取与鼠标单击处相连接的相近颜色。

● 对所有图层取样：用于有多个图层的图像文件，选中该复选框后，能选取文件中所有图层中相近颜色的区域；不选中该复选框时，则只能选取当前图层中相近颜色的区域。

（1）单击“文件”|“打开”命令，打开一幅素材图像，如图 3-48 所示。

（2）选取工具箱中的魔棒工具，设置“容差”为 50，在白色的背景上多次单击，即可选中白色背景区域，如图 3-49 所示。

图 3-48　打开素材图像

图 3-49　选中白色背景区域

专家提醒：使用魔棒工具时，在工具属性栏中单击“添加到选区”按钮，可以在原有选区的基础上添加新选区，将新建的选区与原来的选区合并成为新的选区。

（3）在选区内右击，在弹出的快捷菜单中选择“选择反向”命令，反选选区，如图 3-50 所示。

（4）复制选区图层，并隐藏“背景”图层，即可将商品抠取出来，效果如图 3-51 所示。

图 3-50　反选选区

图 3-51　最终效果

3.4.3　复杂图形抠图

如果抠取的商品外形和画面背景比较复杂，可以考虑使用 Photoshop 中的各种套索工具或钢笔工具将图像中的商品部分快速地抠取出来。

例如，使用磁性套索工具可以自动识别对象的边界，如果对象边缘较为清晰，并且与背景对比明显，则可以使用该工具快速选择和抠取商品对象。

磁性套索工具抠图的具体操作方法如下。

（1）单击“文件”|“打开”命令，打开一幅素材图像，如图 3-52 所示。

（2）选取磁性套索工具，在商品边缘处单击，并沿着商品的边缘移动鼠标，如图 3-53 所示。

图 3-52　打开素材图像

图 3-53　移动鼠标

（3）至起始点处单击，即可创建选区，如图 3-54 所示。

（4）复制选区图层，并隐藏“背景”图层，即可将商品抠取出来，效果如图 3-55 所示。

图 3-54　创建选区

图 3-55　最终效果

3.5　商品图像的高级处理

处理好商品图像素材后，为了增加图像品质，还需要对图像进行更多的编辑，例如为防止出现盗图的情况而添加水印，添加边框素材、广告文案等，这些效果都可以在 Photoshop 中进行编辑，本节将对具体的操作方法进行讲解。

3.5.1　添加广告文案

在拼多多店铺的装修图片编辑和设计中，不仅会使用图片进行展示，还需要搭配上文字，文字能够直观地将信息传递出去，图片和文字的结合使用能有效地渲染气氛和传递信息。

在 Photoshop 中可以添加各式各样的文字效果，通过使用横排文字工具 T 或者直排文字工具 ↓T 可以快速为编辑的画面添加上所需的文字信息，并通过“字符”面板对文字的字体、字号、字间距和文字颜色等进行设置。

添加广告文案的具体操作方法如下。

（1）单击“文件”|“打开”命令，打开一幅素材图像，如图 3-56 所示。

（2）选取工具箱中的横排文字工具 T，如图 3-57 所示。

（3）在图像上的合适位置单击，确定文字的插入点，在“字符”面板中设置“字体”为“黑体”“字体大小”为 16 点、“颜色”为白色（RGB 参数值分别为 255、255、255），并激活“仿粗体”图标，如图 3-58 所示。

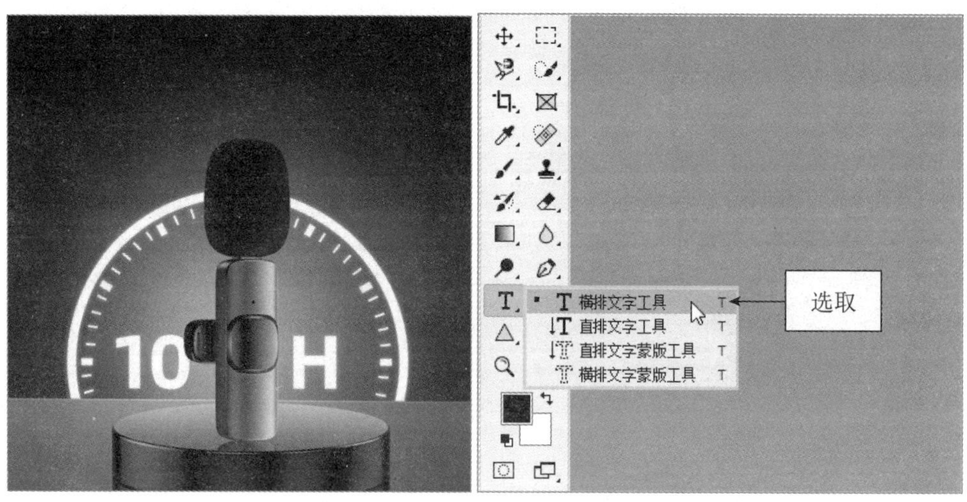

图 3-56　打开素材图像　　图 3-57　选取横排文字工具

（4）输入相应文字，按【Ctrl + Enter】组合键确认，效果如图 3-59 所示。

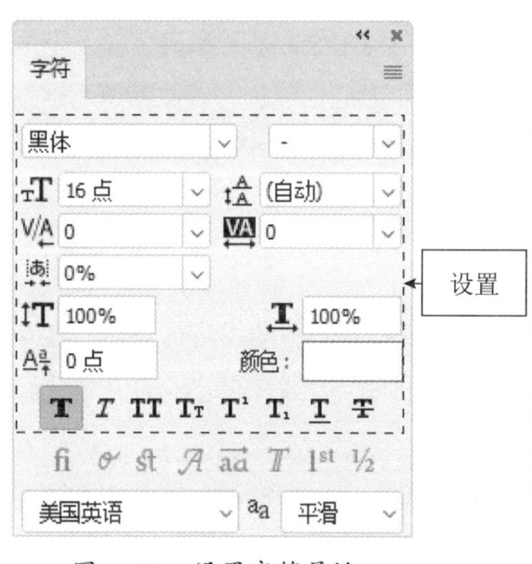

图 3-58　设置字符属性

图 3-59　最终效果

专家提醒：在 Photoshop 中，在英文输入法状态下，按【T】键，也可以快速切换至横排文字工具，然后在图像编辑窗口中输入相应文本内容即可。如果输入的文字位置不能满足用户的需求，此时可以使用移动工具将文字移动到相应位置处。

3.5.2 添加文字水印

为店铺中的商品图片添加水印，这样既可以证明图片是自己原创拍摄的，也能防止图片被人盗用。使用 Photoshop 即可快速为图片添加水印，具体操作方法如下。

（1）单击“文件”|“打开”命令，打开一幅素材图像，如图 3-60 所示。

（2）展开“图层”面板，双击文字图层，弹出“图层样式”对话框，❶勾选“外发光”复选框；❷设置“大小”为 8 像素，如图 3-61 所示。

图 3-60 打开素材图像

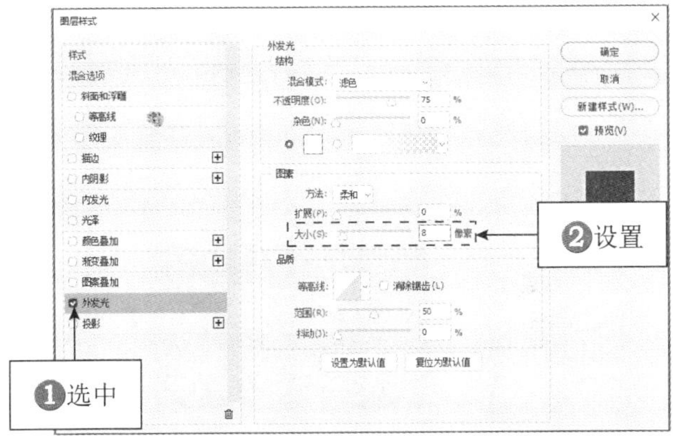

图 3-61 设置“大小”参数

（3）单击“确定”按钮，即可添加“外发光”图层样式，并设置文字图层的“混合模式”为“叠加”，效果如图 3-62 所示。

（4）设置文字图层的“不透明度”为 60%，降低其显示效果，如图 3-63 所示。

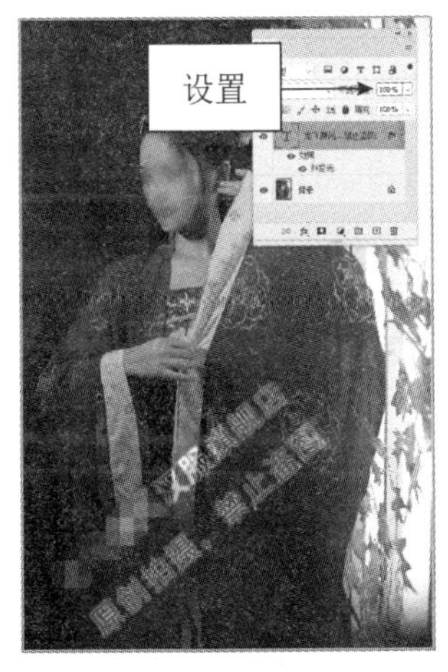

图 3-62 设置图层“混合模式”效果

图 3-63 最终效果

专家提醒：为商品图片加水印是需要一定技巧的，不但能提高商品图片的美观度，也能显示店铺的档次。不过水印的运用是有学问的，其功能除了防盗外，作为一个视觉元素，美观和适合度也很重要。

3.5.3 制作边框效果

在商品图像中添加边框可以使商品主体更有凝聚感，视觉更集中，表达的主题更直接。通过 Photoshop 可以制作出多种样式的边框效果，具体的操作方法如下。

（1）单击“文件”|“打开”命令，打开一幅素材图像，如图 3-64 所示。

（2）展开“图层”面板，双击“图层 1”图层，如图 3-65 所示。

图 3-64 打开素材图像

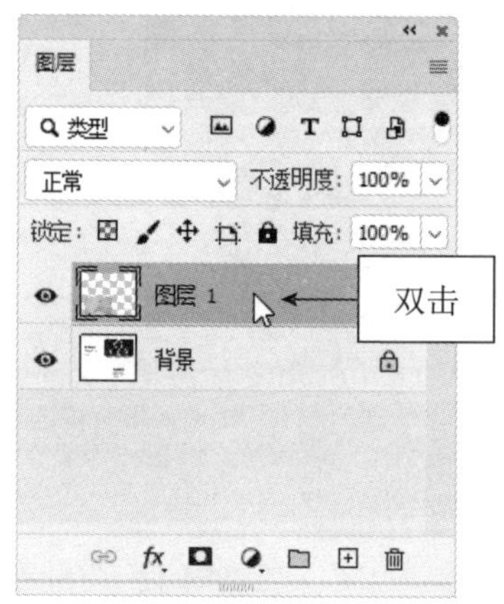

图 3-65 双击“图层 1”图层

专家提醒：“描边”图层样式可以使图像的边缘产生描边效果，用户可以设置外部描边、内部描边或居中描边效果。使用“描边”图层样式可以为图像制作轮廓效果，以便为商品照片添加相等宽度的边框效果。需要注意的是，最好将“描边位置”设置为“内部”，以便描边效果可以正常显示。

另外，在 Photoshop 中使用选框工具或者选区工具创建选区，为选区填充上适当的颜色，也可以为商品图像添加边框效果，这种方式添加边框的样式较“描边”图层样式来说显得更加丰富，更具变化性。

（3）弹出“图层样式”对话框，❶勾选“描边”复选框；❷设置“大小”为 5 像素、“颜色”为黄色（RGB 参数值分别为 255、255、0），如图 3-66 所示。

（4）单击“确定”按钮，即可添加“描边”图层样式，效果如图 3-67 所示。

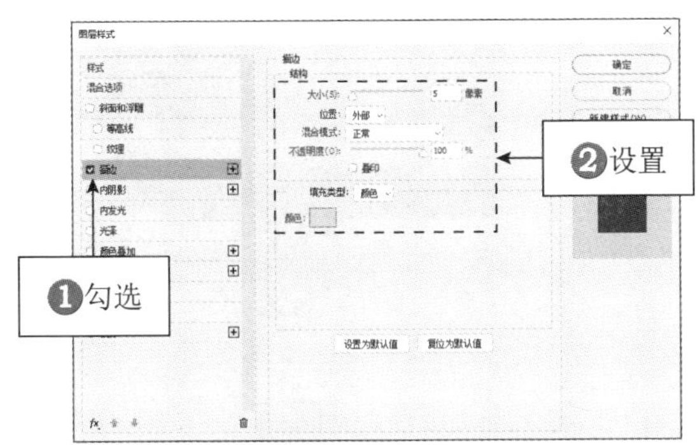

图 3-66　设置“描边”参数

图 3-67　最终效果

3.5.4　合成商品图片

用户掌握了商品效果图的制作能力后，才可以在后期将那些拍得不够好的商品图片优化得更加美观，成为符合拼多多平台标准的效果图。在真正制作拼多多店铺的装修效果图时，经常需要对图片进行合成处理，具体的操作方法如下。

（1）单击“文件”|“打开”命令，打开两幅素材图像，如图 3-68 所示。

图 3-68　打开两幅素材图像

（2）选取工具箱中的移动工具✥，将风景图片拖动至商品图片编辑窗口中的合适位置处，并适当调整其大小，如图 3-69 所示。

（3）展开“图层”面板，将“图层 3”图层拖动至“图层 2”图层的下方，调整图层的排列顺序，如图 3-70 所示。

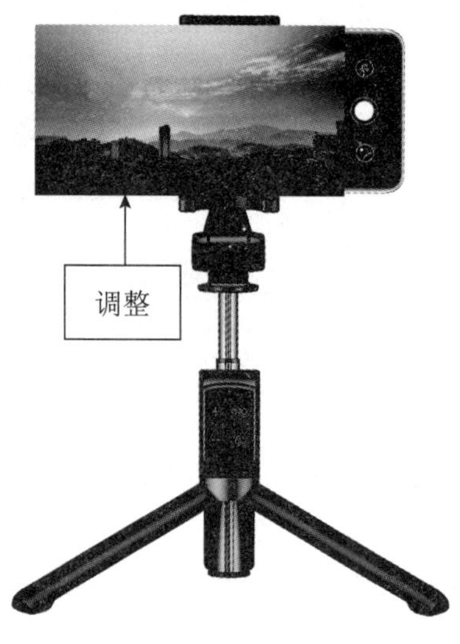

图 3-69　调整图像的大小和位置

图 3-70　调整图层的排列顺序

（4）在“图层 3”图层上右击，在弹出的快捷菜单中选择“创建剪贴蒙版”命令，如图 3-71 所示。

（5）即可合成图像，效果如图 3-72 所示。

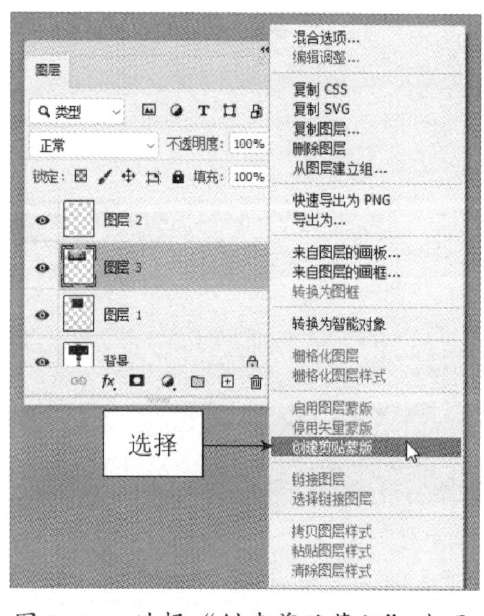

图 3-71　选择“创建剪贴蒙版”选项

图 3-72　最终效果

3.5.5　商品图片切片

在 Photoshop 中做的图片通常都较大，直接存储整张图片并上传到拼多多店铺中会极大地影响店铺页面的打开速度，影响买家的浏览体验。使用 Photoshop 中的切片工具将图片分成多张切片存储并上传，可加快店铺相关页面的图片下载速度。商品图片切片处理的具体操作方法。

（1）单击“文件”|“打开”命令，打开一幅素材图像，如图 3-73 所示。

（2）选取工具箱中的切片选择工具，如图 3-74 所示。

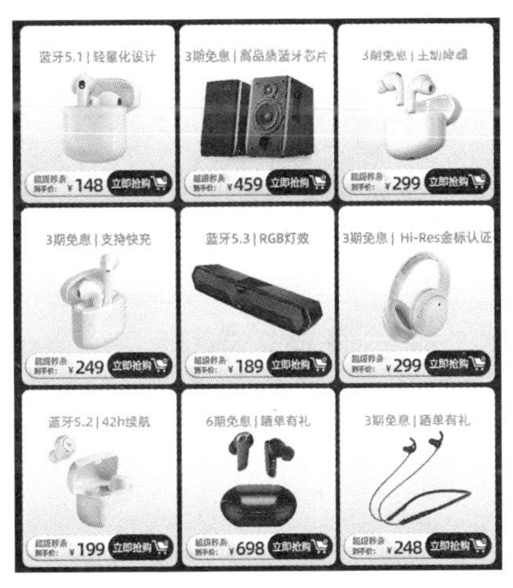

图 3-73　打开素材图像

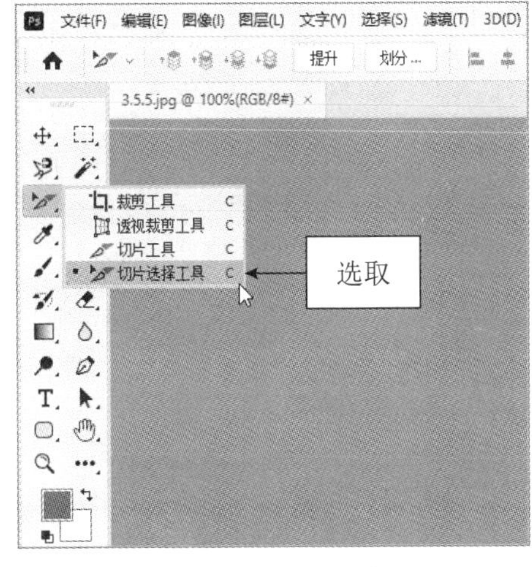

图 3-74　选取切片选择工具

（3）在工具属性栏中单击“划分”按钮，弹出“划分切片”对话框，将“水平划分为”和“垂直划分为”均设置为 3 个切片，如图 3-75 所示。

（4）单击“确定”按钮，即可创建切片，效果如图 3-76 所示。

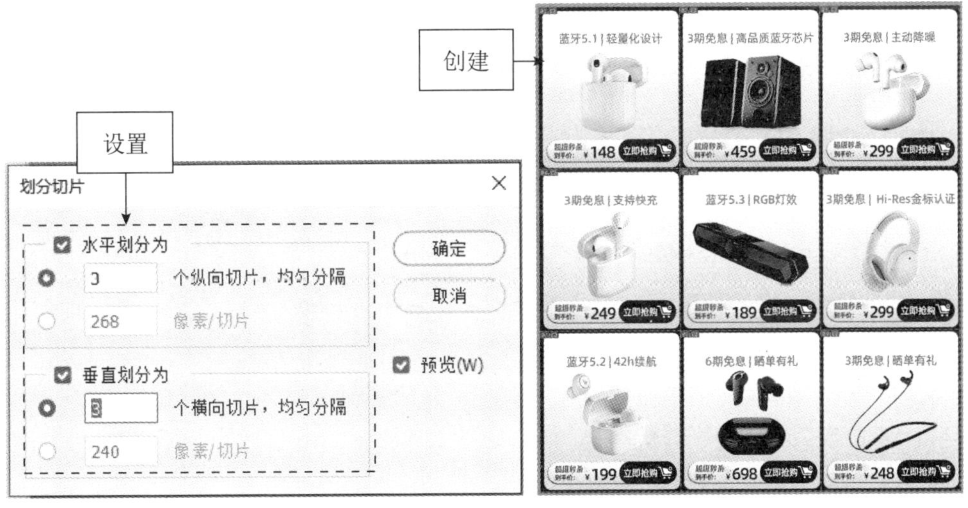

图 3-75　设置相应参数　　　　图 3-76　创建切片效果

（5）在菜单栏中单击“文件”|“导出”|“存储为 Web 所用格式（旧版）”命令，如图 3–77 所示。

（6）弹出“存储为 Web 所用格式（100%）”对话框，设置“预设”为“JPEG 高”，如图 3–78 所示。

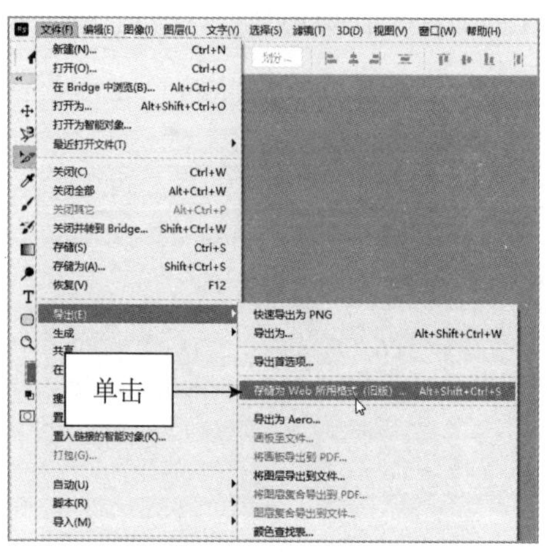

图 3–77　单击相应命令

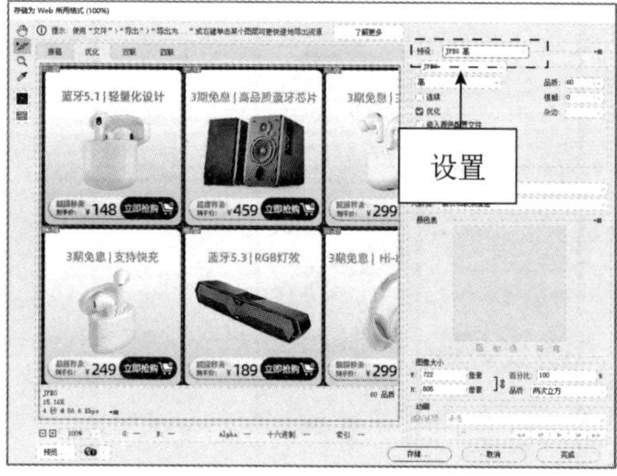

图 3–78　设置“预设”选项

（7）单击“存储”按钮，弹出“将优化结果存储为”对话框，设置相应的保存位置和文件名，如图 3–79 所示。

（8）单击“保存”按钮，即可保存切片，如图 3–80 所示。

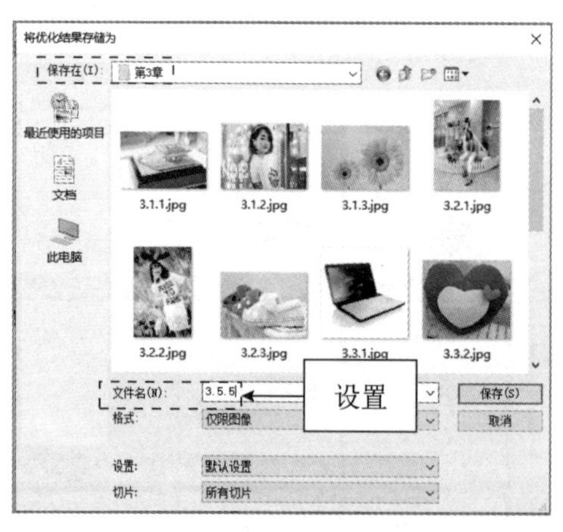

图 3–79　设置保存选项

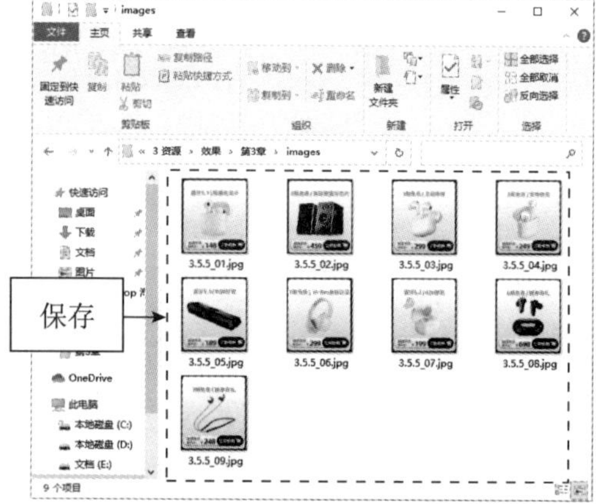

图 3–80　保存切片

第4章 快速装修：使用平台工具制作广告素材

对于店铺装修的意义，想必大家都很清楚。商家可以对比一下实体店铺，一个装修精美的店铺和一个装修粗糙、普普通通的店铺，同样作为消费者的你，会更愿意去哪个店铺购物呢？答案显而易见。本章主要介绍拼多多平台的热门装修工具，使用这些工具可以快速做出精美的店铺装修效果。

4.1 店铺装修素材的上传管理

拼多多商家后台提供了很多图片和视频素材管理功能，如“图片空间”“图文素材”等，方便商家上传和管理各种装修素材。

4.1.1 “图片空间”管理功能

拼多多推出了“图片空间”功能，商家可以利用该功能备份、同步和分享设计好的商品素材，这样即使更换了计算机，也可以非常方便地使用之前做好的素材来装修店铺。通过“图片空间”功能上传素材文件的具体操作方法如下。

（1）进入拼多多商家后台的“店铺管理→图片空间”页面，单击“上传文件”按钮，如图 4-1 所示。

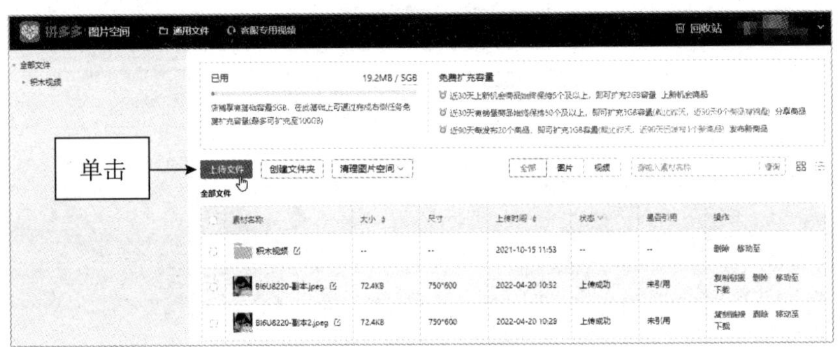

图 4-1　单击“上传文件”按钮

（2）弹出“选择文件”对话框，选择相应的上传方式，如“高清压缩”或“原图”，默认为“高清压缩”，单击“选择图片 / 视频”按钮，如图 4-2 所示。

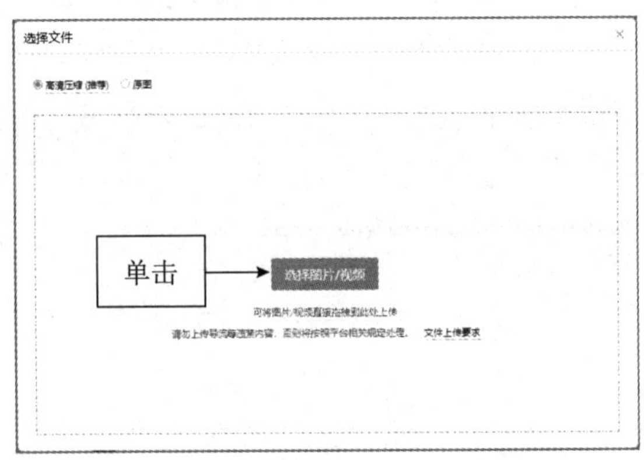

图 4-2　单击“选择图片 / 视频”按钮

专家提醒：在上传素材的过程中，不能够离开上传页面，否则上传操作会被中断。“图片空间”支持上传的图片及视频文件的基本要求如下。
（1）图片：单张图片限 3MB 以内，格式为 JPEG、JPG、PNG。
（2）动图：单个动图限 10MB 以内，格式为 GIF。
（3）视频：单个视频限 300MB 以内，时长在 10 分钟以内，格式为 WMV、AVI、3GP、MOV、MP4、FLV、RMVB、MKV、M4V、X-FLV。

（3）弹出“打开”对话框，选择相应的图片或视频素材文件，如图 4-3 所示。

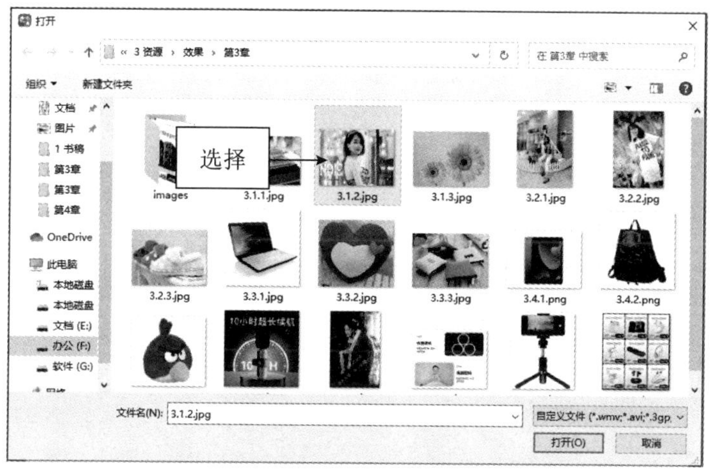

图 4-3　选择素材文件

（4）单击“打开”按钮，弹出“上传完成”对话框，显示上传进度，当“状态”栏显示为“上传完成”后，即代表图片上传成功，单击“关闭”按钮即可，如图 4-4 所示。

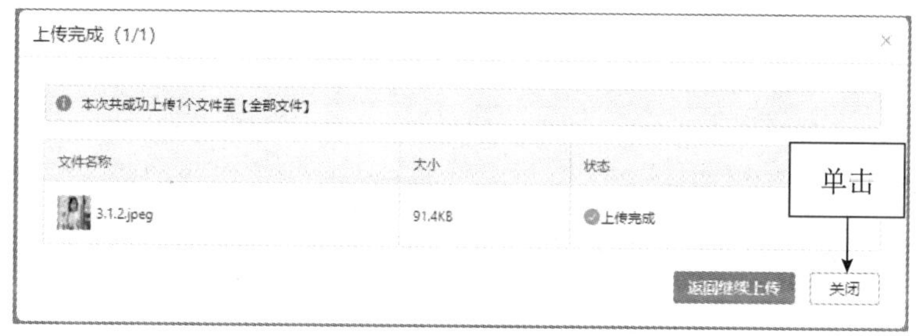

图 4-4　上传成功

（5）执行上述操作后，即可将相应图片上传到“图片空间”的素材表格中，如图 4-5 所示。

第 4 章
快速装修：使用平台工具制作广告素材

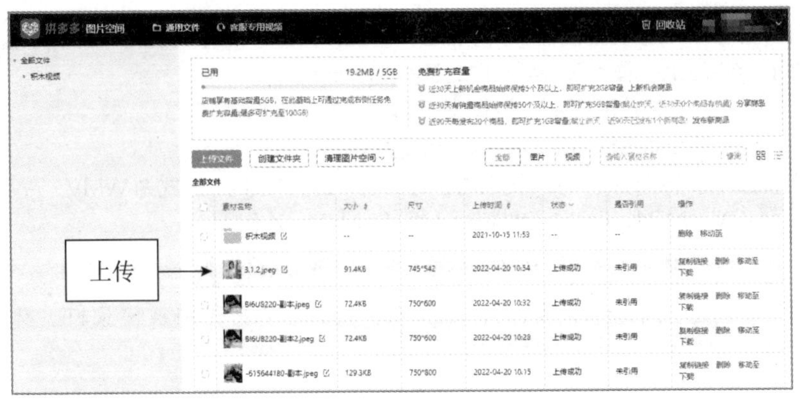

图 4-5　上传到“图片空间”的素材表格中

从“图片空间”页面可以看到，其最大容量限制目前为 5GB，商家可通过完成相应任务来扩充容量。另外，当“图片空间”的容量不足时，建议商家先将不需要的素材删除，即对于“是否引用”栏为“未引用”状态的素材，在操作栏中单击“删除”按钮即可。

“引用”是指保存在“图片空间”中的素材被店铺或商品调用过，如果该素材从来都没有被调用过，则会显示“未引用”状态。单击“已引用”按钮，即可在弹出的“引用信息”对话框中看到该素材的引用场景和引用类型，如图 4-6 所示。

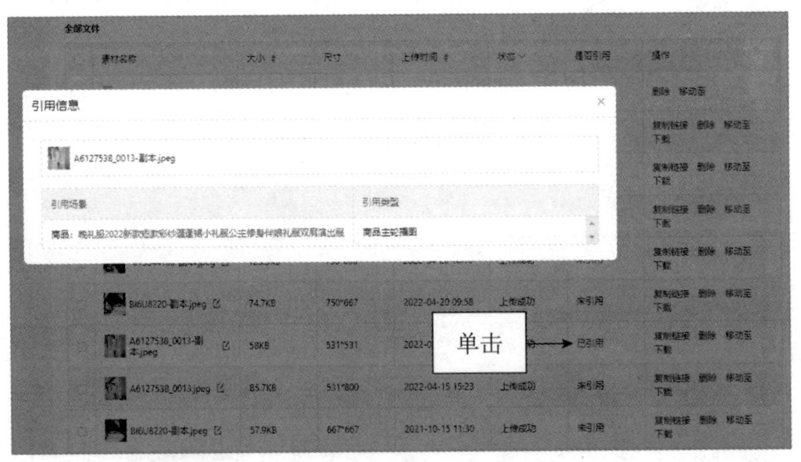

图 4-6　查看“已引用”素材的引用信息

另外，商家如果想给买家转发商品小视频等，也可以在“图片空间”的操作栏中单击“复制链接”按钮，即可复制该素材的分享链接，然后在其他渠道粘贴链接即可快速分享素材。

4.1.2 “图文素材”管理功能

进入拼多多商家后台的“商品管理→商品素材→图文素材”页面，在此可以管理店铺中所有商品用到的图文素材，包括短标题、白底图、长图和场景图等，如图 4-7 所示。

图 4-7 “图文素材”页面

商家可以查看相关素材的示例图，只需单击“示例图”按钮即可。图 4-8 所示为白底图和场景图的示例图要求。

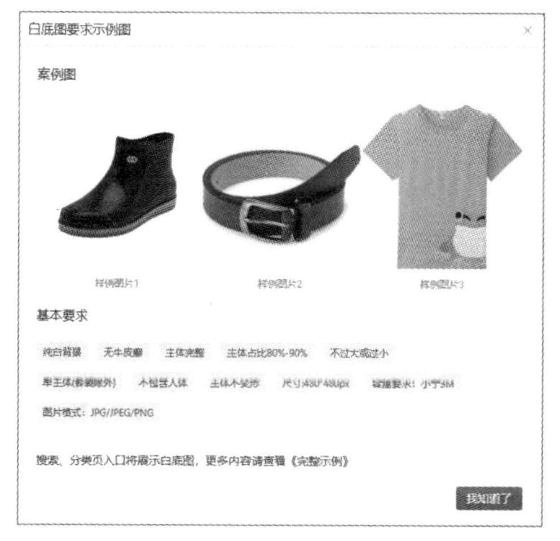

图 4-8 白底图和场景图的示例图要求

例如，单击白底图中的“上传图片”按钮，弹出“图片空间”对话框，单击“本地上传”按钮，如图 4-9 所示。

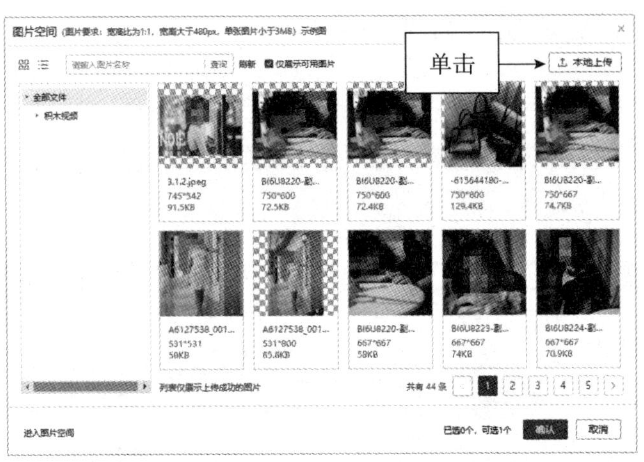

图 4-9 单击“本地上传”按钮

弹出“选择文件”对话框，单击“选择图片”按钮，选择相应的图片并上传，返回“图片空间”对话框，在“本地上传”按钮下方显示图片的上传进度，如图 4-10 所示。图片上传完成后，即可在“图片空间”对话框中显示上传的白底图，如图 4-11 所示。

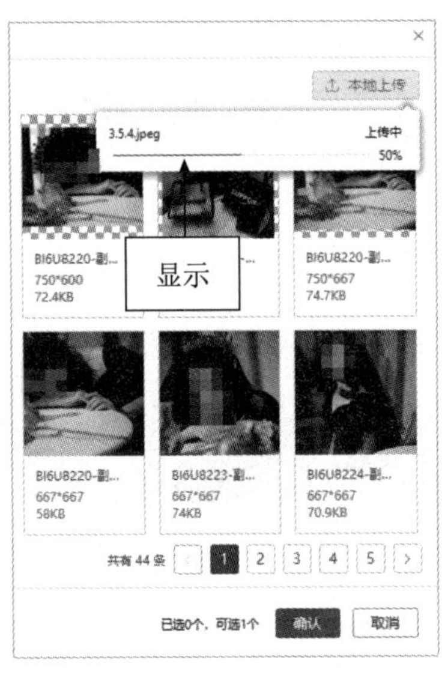

图 4-10 显示图片上传进度

图 4-11 显示上传的白底图

单击“确认”按钮，即可将白底图上传到相应的商品中，并展示到搜索结果页和分类页中。如果图片上传失败，将鼠标指针移至“审核驳回”文字提示上，即可查看图片审核未通过的原因，如图 4-12 所示。另外，还可以单击“申诉”按钮，填写申诉理由申请复审。

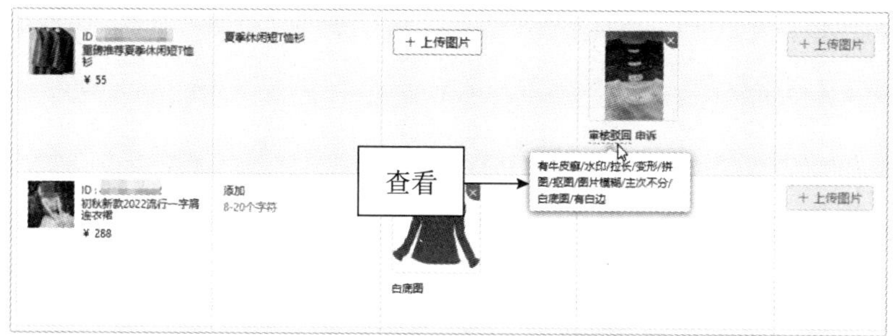

图 4-12　查看图片审核未通过的原因

4.1.3　自定义上传创意图片功能

商家在设置搜索推广计划的创意时，也可以上传自定义的创意广告图，具体操作方法如下。

（1）在拼多多商家后台的“推广中心→推广计划”页面中，单击“新建计划”按钮创建一个自定义的搜索推广计划，进入“新建推广计划”页面，在“创意”模块的“静态创意”选项区中，单击“添加 / 编辑创意”按钮，如图 4-13 所示。

图 4-13　单击“添加 / 编辑创意”按钮

> 专家提醒：搜索推广是指买家在搜索商品时，商家只要购买相应的关键词，即可让自己的商品从万千商品中脱颖而出，快速被买家看到。

（2）弹出“添加 / 编辑创意”窗口，依次单击“更多图片→从本地上传”按钮，如图 4-14 所示。

图 4-14　单击“从本地上传”按钮

（3）弹出“本地上传”对话框，单击“下一步”按钮，如图 4-15 所示。

（4）弹出“打开”对话框，在计算机中选择相应的创意图，如图 4-16 所示。

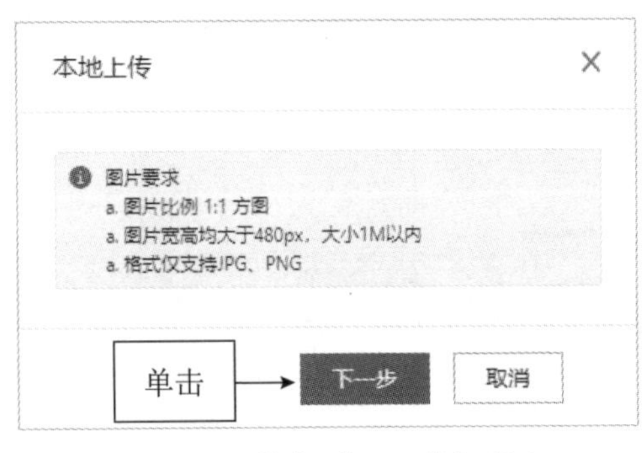

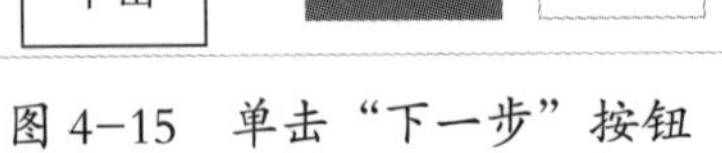

图 4-15　单击“下一步”按钮

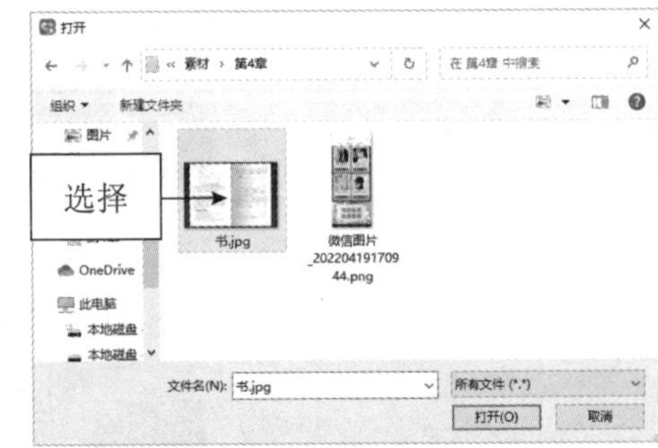

图 4-16　选择相应的创意图

（5）单击“打开”按钮，弹出“裁剪”对话框，裁剪图片调整创意图的显示比例，如图 4-17 所示。

（6）单击“确认”按钮，即可上传自定义的创意图，如图 4-18 所示。

智能创意默认有 10 张轮播图，但商家可通过自定义上传创意图功能再添加 5 张创意图，从而让智能创意增加到 15 张图片，这样可以给系统提供更多选择，找出买家更喜欢的图片。商家在自定义上传创意图片时，在保证数量的同时，还需要注重图片的质量，只有这样才能有效提升商品点击率。

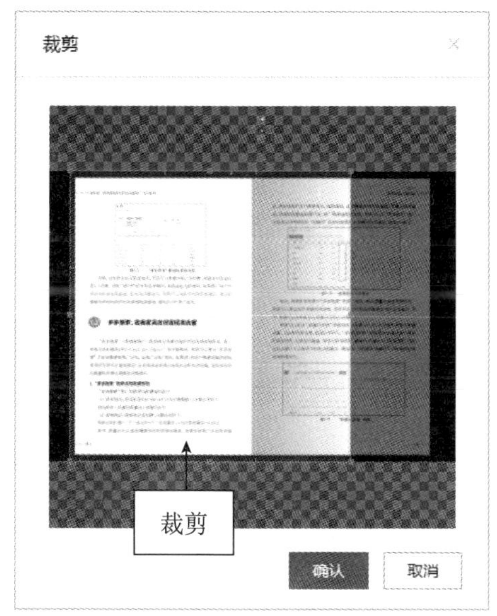

图 4-17　裁剪图片

图 4-18　上传自定义的创意图

4.2　神笔马良创意图制作工具

对于不会使用 Photoshop 等专业制图工具的商家来说，拼多多平台也推出了一个非常实用的广告图设计工具，那就是“神笔马良”。“神笔马良”包括创意制作、创意优化、素材库和创意排行等功能，是制作拼多多创意广告图和各种装修素材不可或缺的工具。

> 专家提醒：创意是商家在进行商品推广时使用的广告图片，能够充分展示商品的优势、质量和功能，创意的好坏会直接影响商品的点击量和点击率，而且也是商家之后进行商品营销的一个重要渠道。

4.2.1　创意制作功能

“神笔马良”的创意制作功能包括主图制作、营销海报制作、白底图制作和旋转裁切等小工具。创意制作功能的具体操作方法如下。

（1）进入拼多多商家后台的“推广中心→推广工具”页面，在“创意工具”选项卡中选择“神笔马良”工具，如图 4-19 所示。

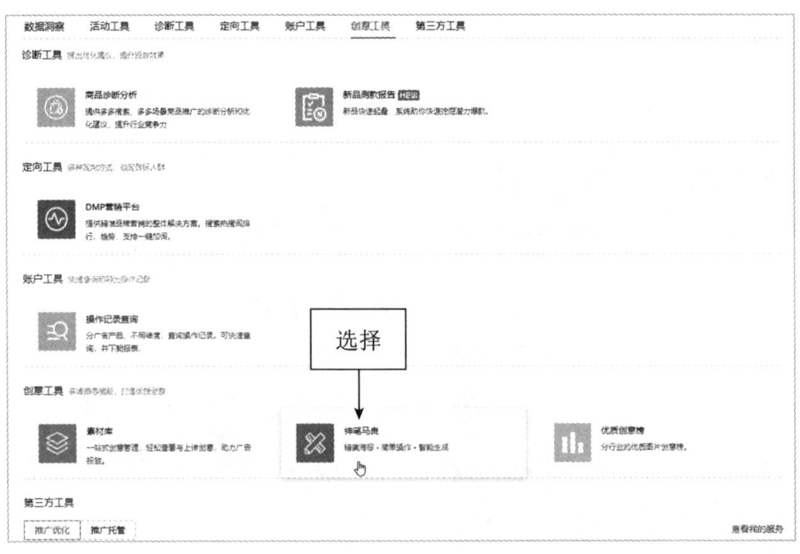

图 4-19 选择“神笔马良”工具

（2）进入“神笔马良”中的“创意制作”功能页面，在此可以选择相应的创意制作工具，如图 4-20 所示。

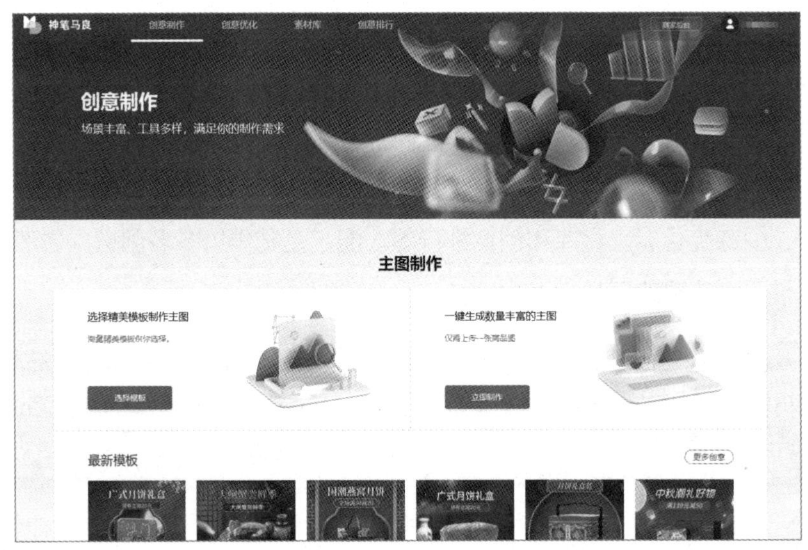

图 4-20 “创意制作”功能页面

（3）以“白底图制作”工具为例，在页面下方的“辅助工具→白底图制作”选项区中单击“立即制作”按钮，也可以在菜单栏中单击“创意制作→辅助工具→白底图制作”命令，如图 4-21 所示。

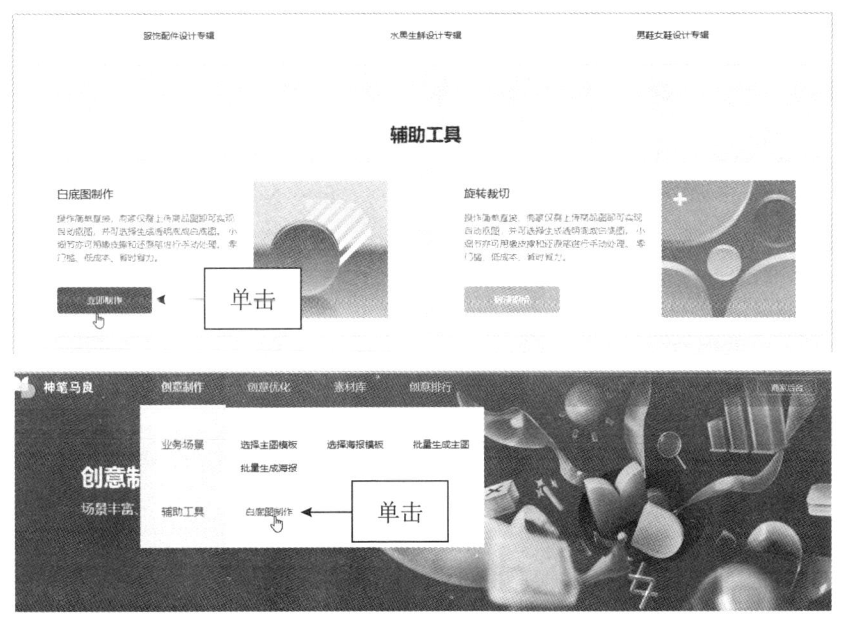

图 4-21 “白底图制作”工具的两个入口

（4）进入“白底图制作”工具页面，在“上传商品图片”选项区中单击“选择”按钮，如图 4-22 所示。

图 4-22 单击“选择”按钮

专家提醒：白底图非常重要，可以让商品获取免费的公域流量，商家一定要重视。白底图的原图应为纯色或简单背景，同时图片中的主体要清晰，主体与背景的反差要大。

（5）弹出“选择商品图片”窗口，选择已经上传的商品图片，或者单击“本地上传”按钮，上传新的商品图片，如图 4-23 所示。

图 4-23　单击“本地上传”按钮

（6）弹出“裁剪”对话框，❶对商品图片进行适当裁剪；❷单击“确认”按钮，即可完成商品图片的选择，如图 4-24 所示。

（7）再次单击“选择”按钮添加多张商品图片，图片添加完成后，单击“一键抠图”按钮，如图 4-25 所示。

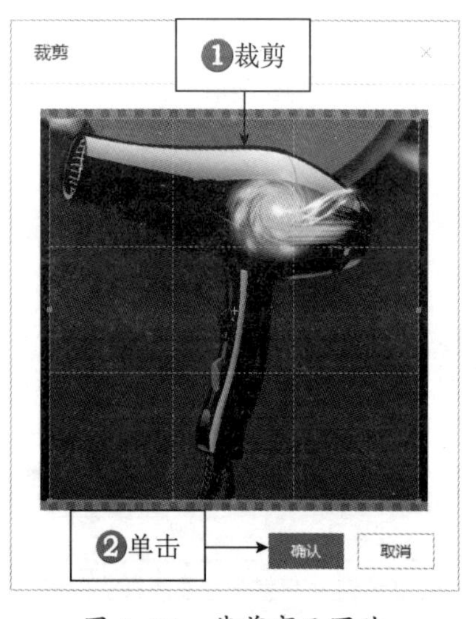

图 4-24　裁剪商品图片

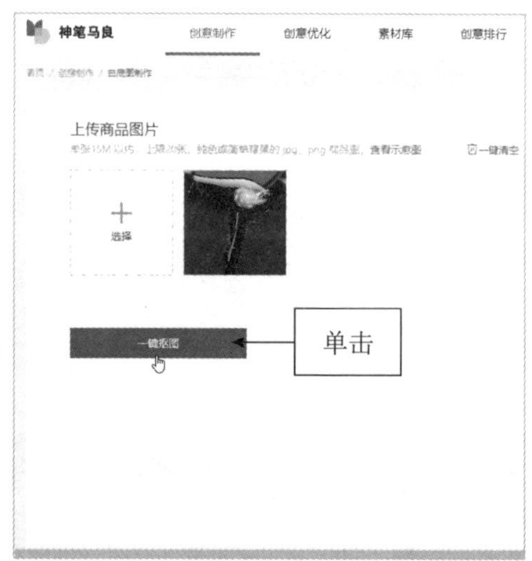

图 4-25　单击“一键抠图”按钮

（8）进入“抠图结果”页面，默认显示“透明”背景图效果，如图 4-26 所示。

图 4-26 “透明”背景图效果

（9）选中“白底”单选按钮，即可制作成白底图，效果如图 4-27 所示。

图 4-27 “白底”背景图效果

（10）❶选中白底图；❷单击“预览图片”按钮，如图 4-28 所示。

图 4-28 单击“预览图片”按钮

（11）全屏预览白底图效果，如图 4-29 所示。单击“保存到素材库”按钮，即可保存制作好的白底图。

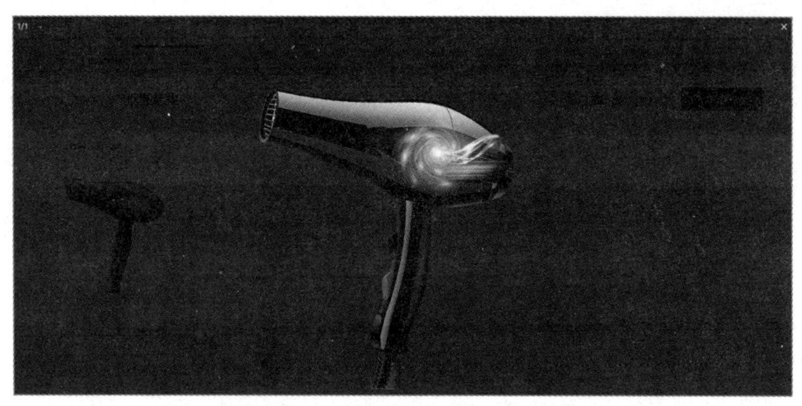

图 4-29　全屏预览白底图效果

4.2.2　创意优化功能

“神笔马良”的创意优化功能主要包括主图检测（主图竞争力分析、牛皮癣检测）和主图优化（清晰度提升）等小工具。下面以牛皮癣检测工具为例，介绍其使用方法。

（1）进入“神笔马良”中的“创意优化”功能页面，在菜单栏中单击“创意优化→主图检测→牛皮癣检测”命令，如图 4-30 所示。在拼多多平台上传图片时，一定要保证图片干净美观，否则图片就会被判定为“牛皮癣图片”，不但影响美观，而且还会被平台降低搜索权重和限制流量。

图 4-30　单击“牛皮癣检测”命令

（2）进入“牛皮癣检测”页面，在“选择图片”选项区中单击“选择”按钮，如图 4-31 所示。

图 4-31　单击“选择”按钮

（3）弹出“选择商品图片”窗口，可以选择已上传的商品图片，或者单击“本地上传”按钮，上传新的商品图片，如图 4-32 所示。

图 4-32　单击“本地上传”按钮

专家提醒：图片中的文案过多时，会被系统判定为“牛皮癣图片”，从而导致审核不通过或者影响流量的获取，为提前消除顾虑，商家可通过牛皮癣检测工具提前定位图片是否有牛皮癣风险，帮助商家消除图片中的问题，安心投放广告。

（4）❶上传两张商品图片；❷单击“开始检测”按钮，如图 4-33 所示。

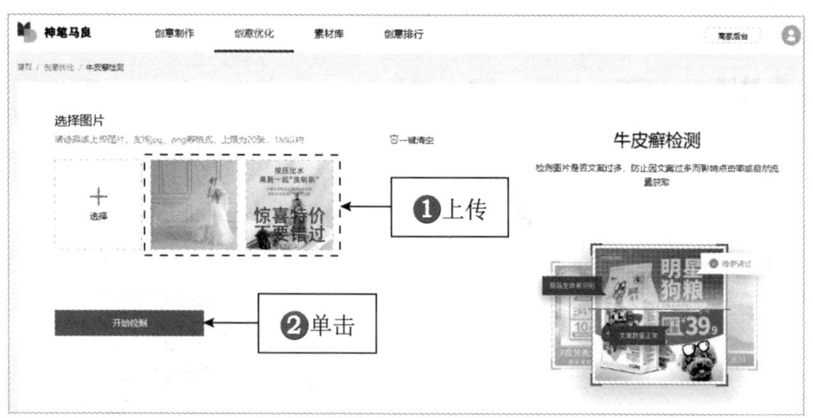

图 4-33　单击“开始检测”按钮

（5）查看检测结果，如图 4-34 所示。

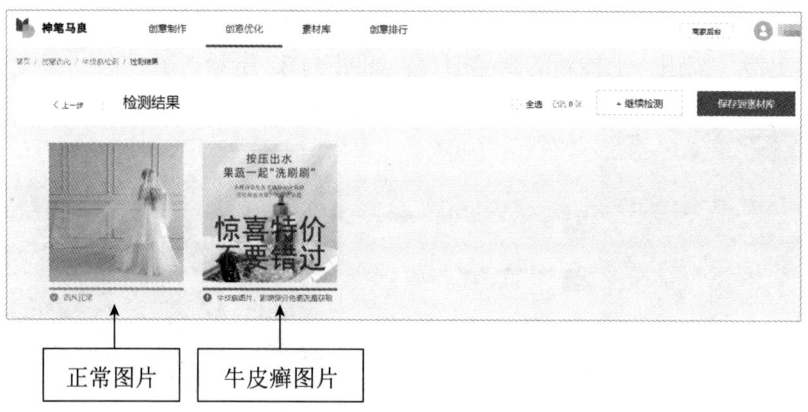

图 4-34　查看检测结果

专家提醒：在“检测结果”页面中，商家可以对被系统判定为“牛皮癣图片”的原图进行优化处理，然后单击“继续检测”按钮再次进行检测，直至图片合格为止。

4.2.3　素材库功能

素材库功能主要用于管理通过“本地上传”或“神笔马良”工具制作的素材，商家可以根据应用场景（营销海报、明星店铺、搜索 / 展示）和图片尺寸来进行筛选，如图 4-35 所示。

图 4-35 “素材库”功能页面

在“素材库”功能页面中，单击“批量管理”按钮，可以全选、批量删除或批量下载素材，如图 4-36 所示。

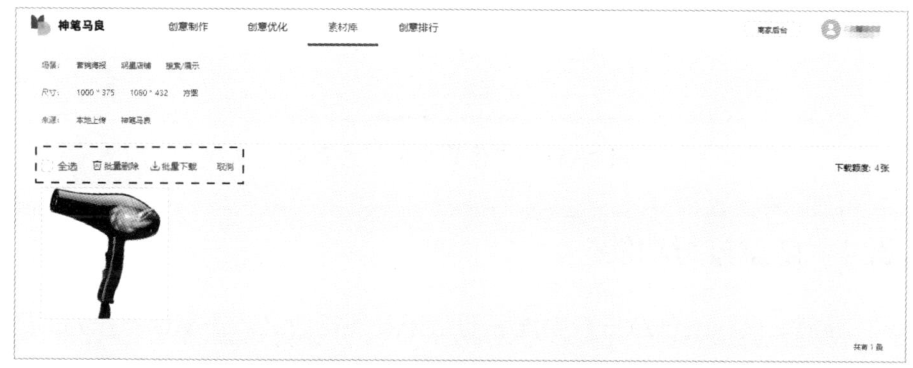

图 4-36 批量管理功能按钮

另外，商家可以在“推广工具”页面的“创意工具”选项卡中，选择“素材库”工具进入其页面，单击“快速制作素材”按钮，如图 4-37 所示。

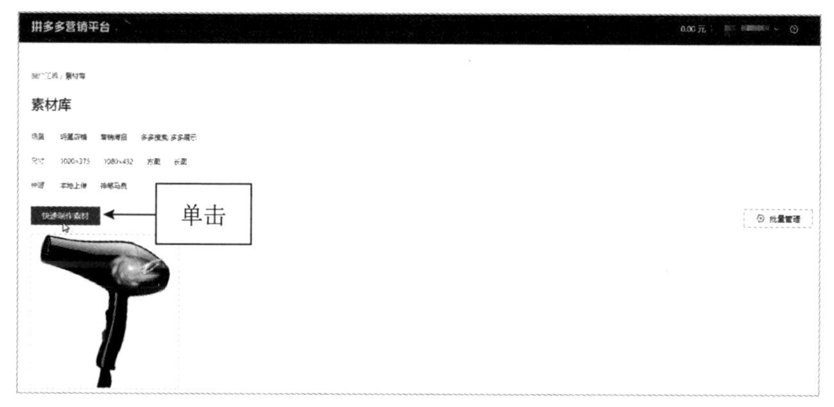

图 4-37 单击“快速制作素材”按钮

也可以进入“神笔马良”主页面，在此可以选择相应的工具来制作创意图片，如图 4-38 所示。“素材库”是“神笔马良”中的一个一站式创意管理推广工具，能够帮助商家轻松查看与上传创意，助力提升广告投放效果。

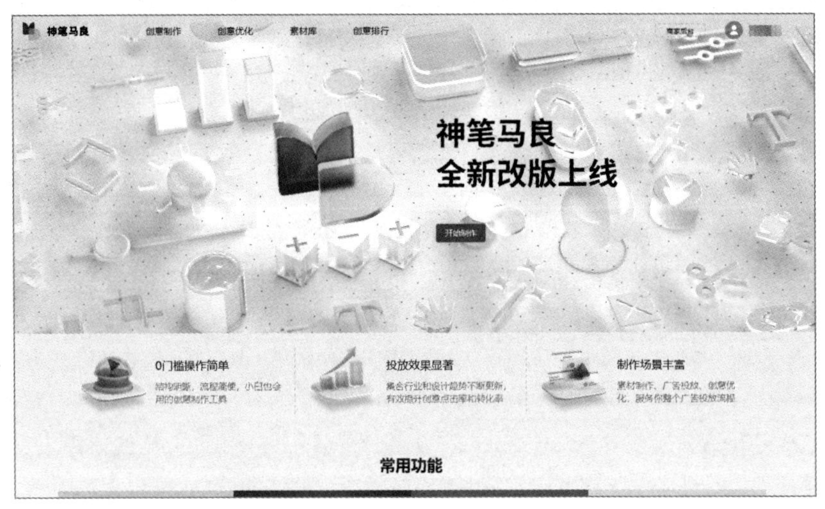

图 4-38 “神笔马良”主页面

4.2.4 创意排行功能

“神笔马良”的创意排行功能主要用于展现行业高点击率创意，同时还拥有丰富的热门课程，能够帮助商家轻松获得创意灵感，以及不断提高商家的创意制作水平。图 4-39 所示为“创意排行”功能页面，单击“启用申明”按钮⑦。

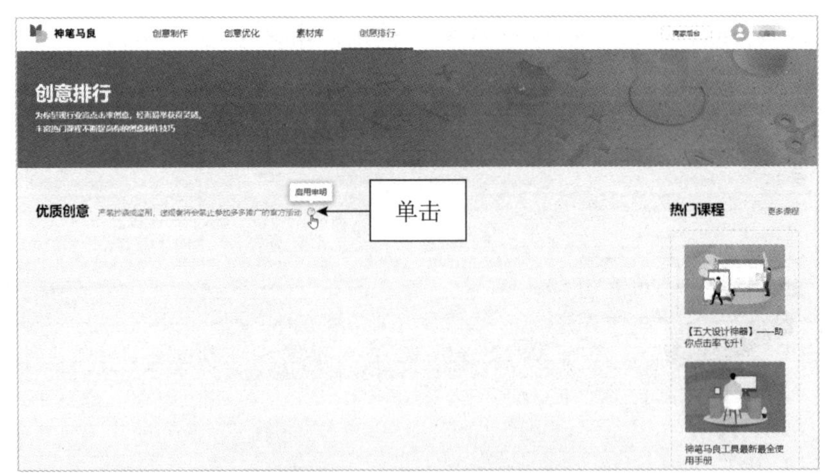

图 4-39 “创意排行”功能页面

弹出“功能启用申明”对话框，可以查看相关的功能说明，单击“确认启用”按钮即可，如图 4-40 所示。

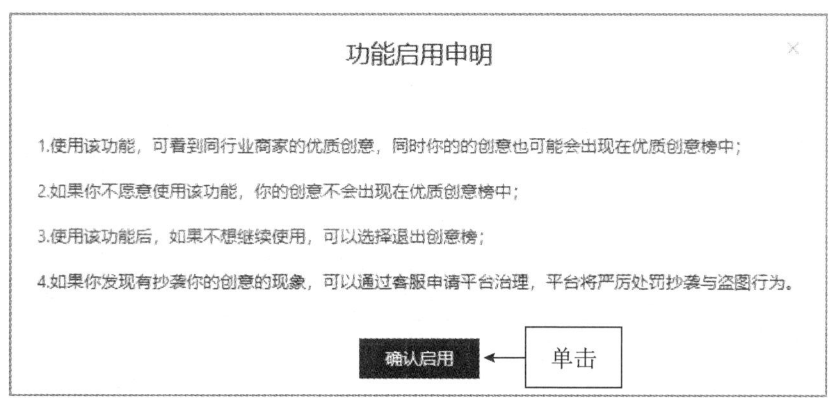

图 4-40　单击“确认启用”按钮

另外，商家也可以在“推广工具”页面的“创意工具”选项卡中选择“优质创意榜”工具进入其页面，在此可以根据类型、行业和时间进行筛选，查看优质创意排行情况，如图 4-41 所示。

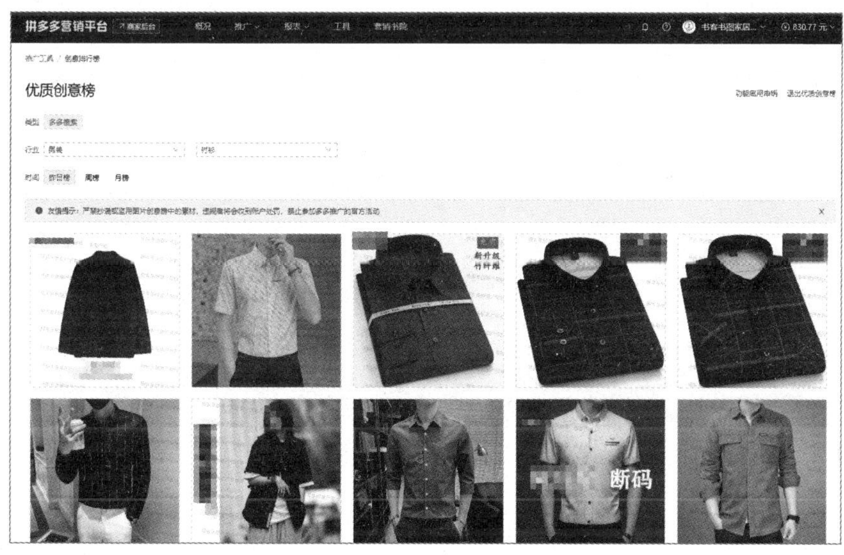

图 4-41　“优质创意榜”页面

例如，❶在“行业”下拉列表框中选择“女装 / 女士精品”选项；❷在子类目下拉列表框中选择“半身裙”选项，即可查看相关商品的优质创意排行榜，如图 4-42 所示。当商家找到合适的同款商品创意图后，单击“点击预览”按钮，查看大图效果，如图 4-43 所示。

图 4-42　查看相关商品的优质创意排行榜

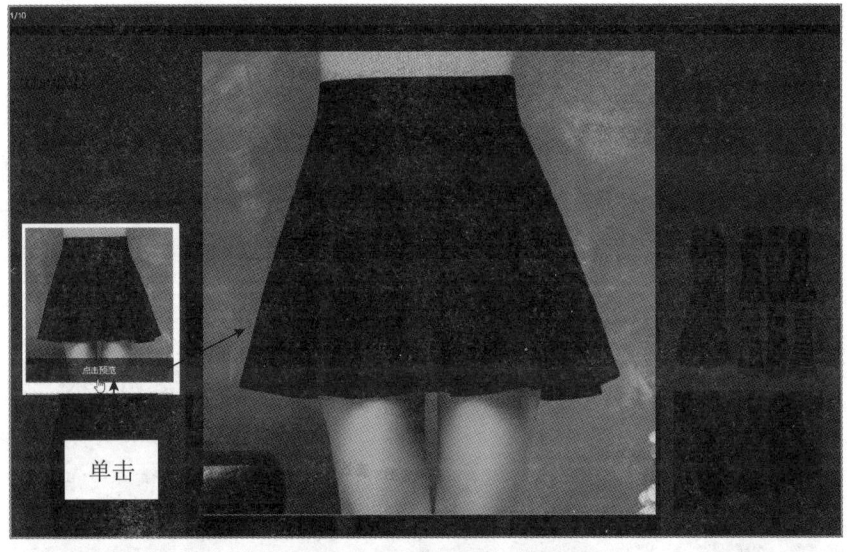

图 4-43　查看创意的大图效果

专家提醒：创意是影响商品点击率的关键因素，但很多商家对如何制作优质创意图仍然一窍不通。商家在制作创意图时，必须了解哪些图才能受到买家青睐，以及好看的图片都具备什么样的特征。因此，商家可通过优质创意榜学习借鉴行业中的优秀创意素材，帮助自己快速提升创意质量。

4.3 拼多多平台的其他装修工具

除了“神笔马良”工具外，拼多多商家后台中还提供了一些简单的装修设计工具，如抠图工具、视频制作工具和装修模板等。本节主要介绍灵犀智能抠图工具和装修模板的使用方法，帮助商家快速装修店铺和商品页面。

4.3.1 灵犀智能抠图工具

在拼多多和其他电商平台上，白底图的好处非常多，优质的白底图不仅可以帮助商品获得更多的免费流量，而且还可以报名参与相应的推广活动，同时还能让买家从视觉到心理上都相信商品的质量，更易于提高转化率。

不过，很多缺少 PS 技能的商家对于白底图感到“压力山大”，不仅做起来耗时耗力，而且制作的成品还无法通过系统审核，甚至商家连问题出在哪里都不知道。

对于这些商家的需求，拼多多推出了免费的灵犀智能抠图工具，可以帮助商家快速制作优质的白底图素材，不仅省时省力，而且还支持直接上传商品素材，提升制图效率。灵犀智能抠图工具的使用过程也非常简单、便捷，具体的操作方法如下。

（1）进入拼多多商家后台的“商品管理→商品素材”页面，❶切换至“素材工具”选项卡；❷在“抠图工具”选项区中单击“立即使用”按钮，如图 4-44 所示。

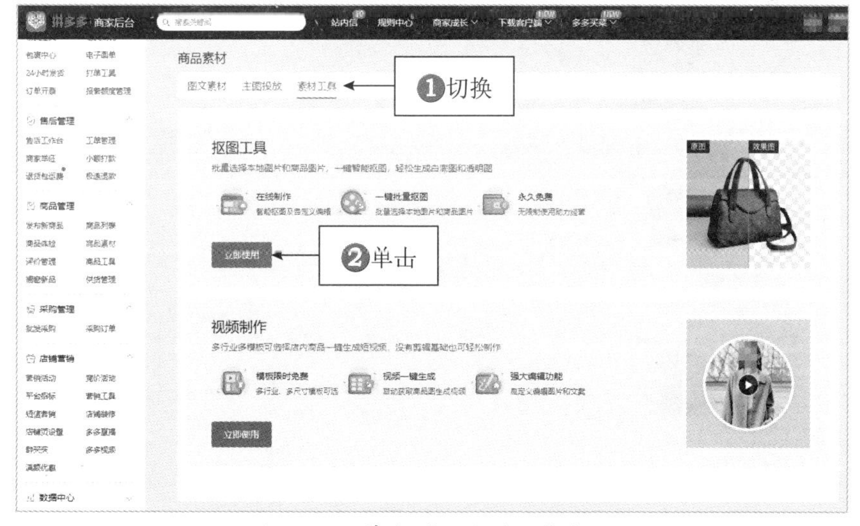

图 4-44 单击“立即使用”按钮

（2）进入“拼多多抠图工具”页面，商家可进行商品选图或者上传本地图片，如单击“选择商品图片”按钮，如图 4-45 所示。

图 4-45　单击“选择商品图片”按钮

（3）弹出“选择商品图片”对话框，❶选择相应的商品图片；❷单击“确认”按钮即可，如图 4-46 所示。在选择商品图片时，商家可通过商品 ID（Identity Document，身份标识号）或标题关键词来搜索商品，快速定位目标图片。

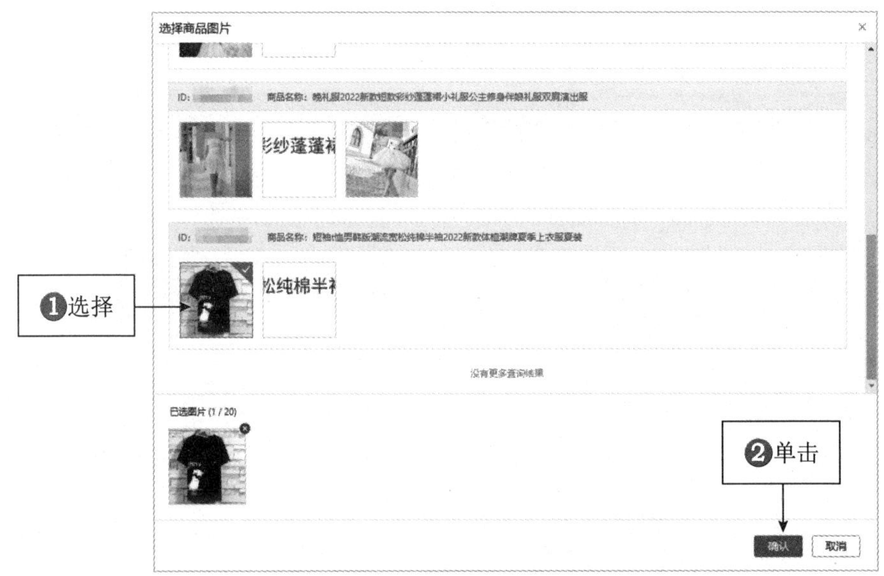

图 4-46　通过商品选图

专家提醒：在“选择商品图片”对话框中一次最多只能选择 20 张图片。

（4）完成上述步骤后，即可将其制作成透明背景图，如图 4-47 所示。

（5）将鼠标移至“继续抠图”区域上，单击“上传本地图片”按钮，可继续添加图片，如图 4-48 所示。

图 4-47　制作成透明背景图

图 4-48　单击“上传本地图片”按钮

（6）执行上述操作后，即可将本地图片制作成透明背景图，如图 4-49 所示。

（7）选中“白底”单选按钮，即可制作白底图，如图 4-50 所示。

图 4-49　制作成透明背景图

图 4-50　制作白底图

（8）如果商家对制作的白底图效果不满意，可以将鼠标移至相应的图片上，单击“编辑”按钮，如图 4-51 所示。

（9）弹出“编辑”对话框，商家可以利用还原笔和橡皮擦工具对图片进行处理，明确编辑抠图区域的范围，如图 4-52 所示。橡皮擦工具可以擦除需要清除的图像部分，还原笔工具可以还原被擦除的图像，同时该对话框还可以调整图片大小和画笔大小。

图 4-51　单击“编辑”按钮

图 4-52　“编辑”对话框

（10）制作完成后，单击“上传至图片空间”按钮，弹出“2 张可上传至商品素材”对话框，❶选择相应的白底图；❷单击“确认上传”按钮，即可保存白底图，如图 4-53 所示。

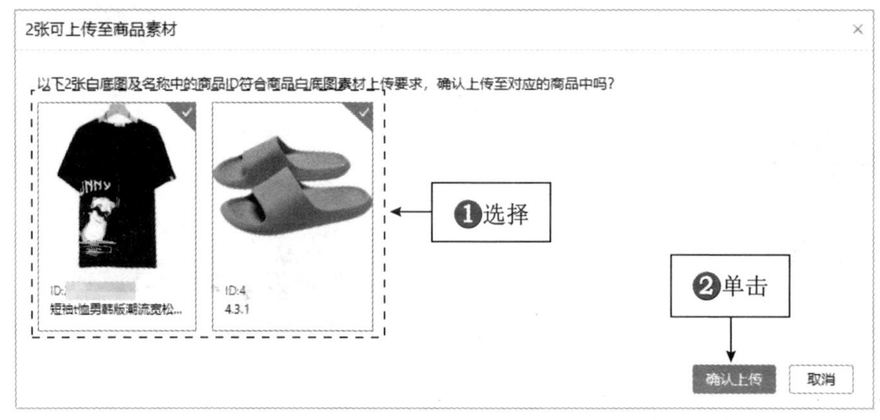

图 4-53　单击“确认上传”按钮

4.3.2　便捷高效的模板市场

对于新手或者是不会装修的商家来说，拼多多提供了“模板市场”功能，为商家提供了海量的精美模板，可以帮助商家一键装修店铺，其好处如图 4-54 所示。

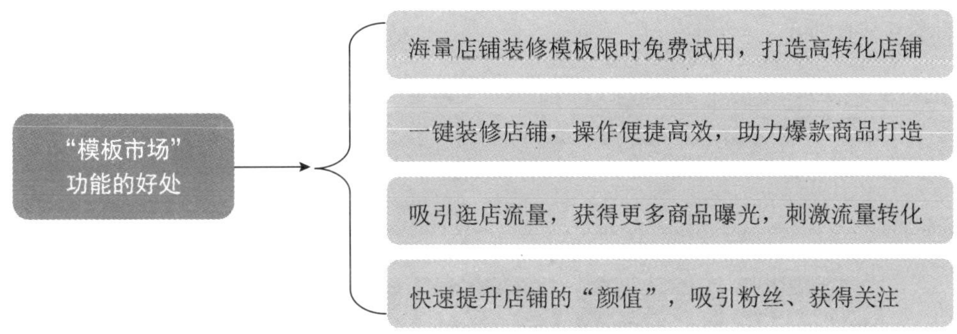

图 4-54　“模板市场”功能的好处

商家使用“模板市场”功能时无须手动选品，系统会根据算法自动填充商品。进入拼多多商家后台的“店铺营销→店铺装修→模板市场”页面，包括“推荐模板”和“我的模板”两个选项卡，如图 4-55 所示。

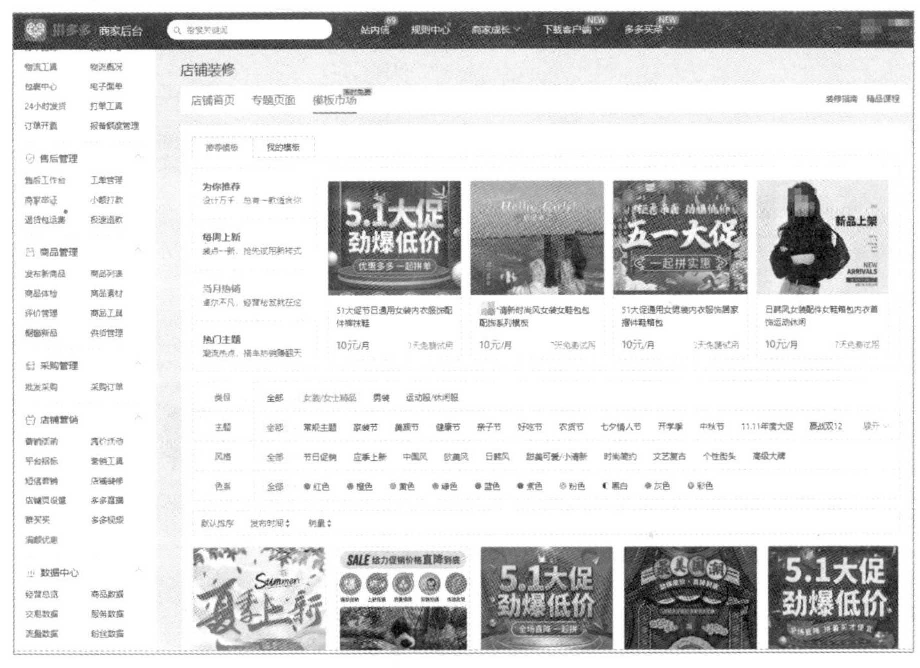

图 4-55　“模板市场”页面

“推荐模板”选项卡中提供了海量的精选模板，默认按商家的主营类目展示模板，商家可以根据商品类目、主题、风格和色系进行筛选，如图 4-56 所示。

选择合适的模板后，单击“立即订购”按钮，进入模板详情页面，即可下单免费试用 3 天或 7 天。例如，❶选择“7 天免费试用”的装修周期；❷单击“立即订购”按钮，如图 4-57 所示。进入“提交订单”页面，单击“提交订单”按钮，如图 4-58 所示。

图 4-56　筛选模板

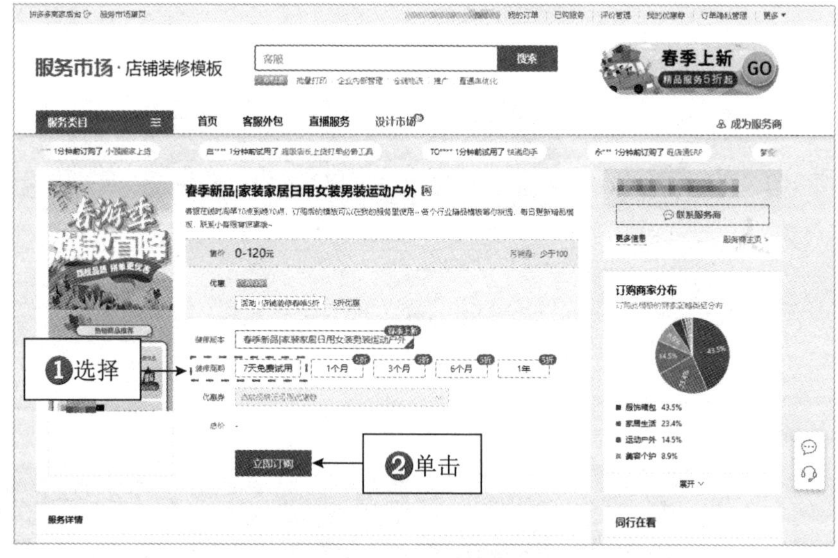

图 4-57　模板详情页面

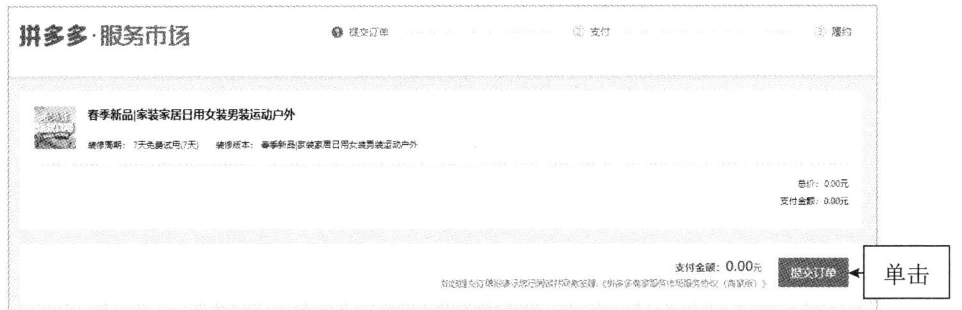

图 4-58　单击“提交订单”按钮

即可成功购买装修模板，并自动进入“拼多多店铺装修”页面，在此可以预览模板的装修效果和编辑模板，如图 4-59 所示。

图 4-59　预览模板的装修效果

在店铺编辑区域中，❶选择相应的中间组件后，系统会自动读取商品价格、商品标题、库存等信息；❷在右侧窗口中可以编辑其内容，如修改文案、更换商品等，如图 4-60 所示。

图 4-60　编辑中间组件

商家订购的模板快过期时，在预览页面中会出现相应的提示信息，商家可以根据店铺装修情况的实际需求来选择是否进行续费。

第5章 商品主图：设计优质轮播图增加点击率

在拼多多平台上买过东西的人都知道，我们只能通过眼睛的“视觉效果”去选择购买哪款产品。因此，商品主图的吸引力大小，在很大程度上决定了买家是否会点击和浏览商品，而且主图还会影响商品的排名。可见，想做好拼多多店铺，主图的设计和优化至关重要。

5.1 商品图片的拍摄技巧

在传统电商时代，买家通常只能通过图文信息来了解商品详情，目前这仍然是拼多多店铺的商品主要展示形式。因此，商家在进行店铺装修之前，首先要拍一些好看的商品照片。

照片要漂亮，更要真实，必须能够勾起买家的兴趣，这就有一定的要求了。本节主要介绍拼多多商品照片的拍摄技巧，包括布光、背景和构图等，帮助大家轻松拍出爆款商品照片。

5.1.1 不同材质的商品布光技巧

要拍出好看的商品照片，布光相当重要，不仅可以让画面更清晰，同时还可以突出商品主体。下面介绍一些不同材质的商品布光技巧。

1. 拍摄吸光体商品

例如，衣服、食品、水果和木制品等商品大都是吸光体，比较明显的特点就是它们的表面粗糙不光滑，颜色非常稳定和统一，视觉层次感比较强。因此，在拍摄这类型商品时，通常以侧光或者斜侧光的布光形式为主，光源最好采用较硬的直射光，这样能够更好地体现出商品原本的色彩和层次感，如图 5-1 所示。

2. 拍摄反光体商品

反光体商品与吸光体商品刚好相反，它们的表面通常都比较光滑，因此具有非常强的反光能力，如金属材质的产品、没有花纹的瓷器、塑料制品以及玻璃产品等，如图 5-2 所示。

图 5-1　吸光体商品示例

图 5-2　反光体商品示例

在拍摄反光体商品时，需要注意商品上的光斑或黑斑，可以利用反光板照明，或者采用大面积的灯箱光源照射，尽可能让商品表面的光线更加均匀，保持色彩渐变的统一性，使其看上去更加真实。

3. 拍摄透明体商品

如透明的玻璃和塑料等材质的商品，都是透明体商品。在拍摄这类型商品时，可以采用高调或者低调的布光方法，如图 5-3 所示。

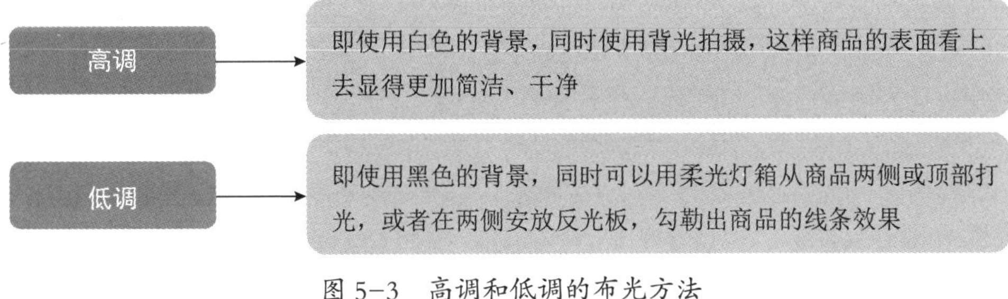

图 5-3 高调和低调的布光方法

5.1.2 商品图片的拍摄背景和摆放

在拍摄商品图片时，商家只要找到一个好看的背景或拍摄场景，即可让拍摄过程更加简单。下面总结了一些常用的商品拍摄背景。

（1）白色就是最简单的背景。在拍摄小件物品时，可以用小型摄影棚作为背景来拍摄，不仅光线明亮，而且白色的背景能够很好地突出商品主体，如图 5-4 所示。这种方法还能够轻松拍出白底图效果，如图 5-5 所示。

图 5-4 使用小型摄影棚拍摄

图 5-5 直接拍出来的白底图效果

（2）背景板：背景板有 PVC（Polyvinyl Chloride，聚氯乙烯）材质和布料材质的。例如，布料材质的背景板适合大型场景的拍摄，如静物、模特、服饰、鞋子包包、萌宠、自拍以及录制视频等。

（3）其他背景：如桌布、皮革、木地板、木料、瓷砖、牛仔布料、大理石等，都是不错的拍摄背景。商家可通过多次尝试，找到最适合商品的拍摄背景。选择背景的主要原则就是风格符合店铺定位，同时与商品相搭配。

要拍出清晰的商品照片，首先必须找到一个适合拍摄的环境，然后根据环境准备摄影设施。在拍摄过程中，可运用三脚架或一些支撑相机的支撑点，可防止拍摄过程中抖动，避免拍出来的商品照片模糊。

在拍摄商品时，商品摆放的位置也是一种非常重要的陈列艺术，不同的造型和摆放方式可以带来不同的视觉效果，如图 5-6 所示。

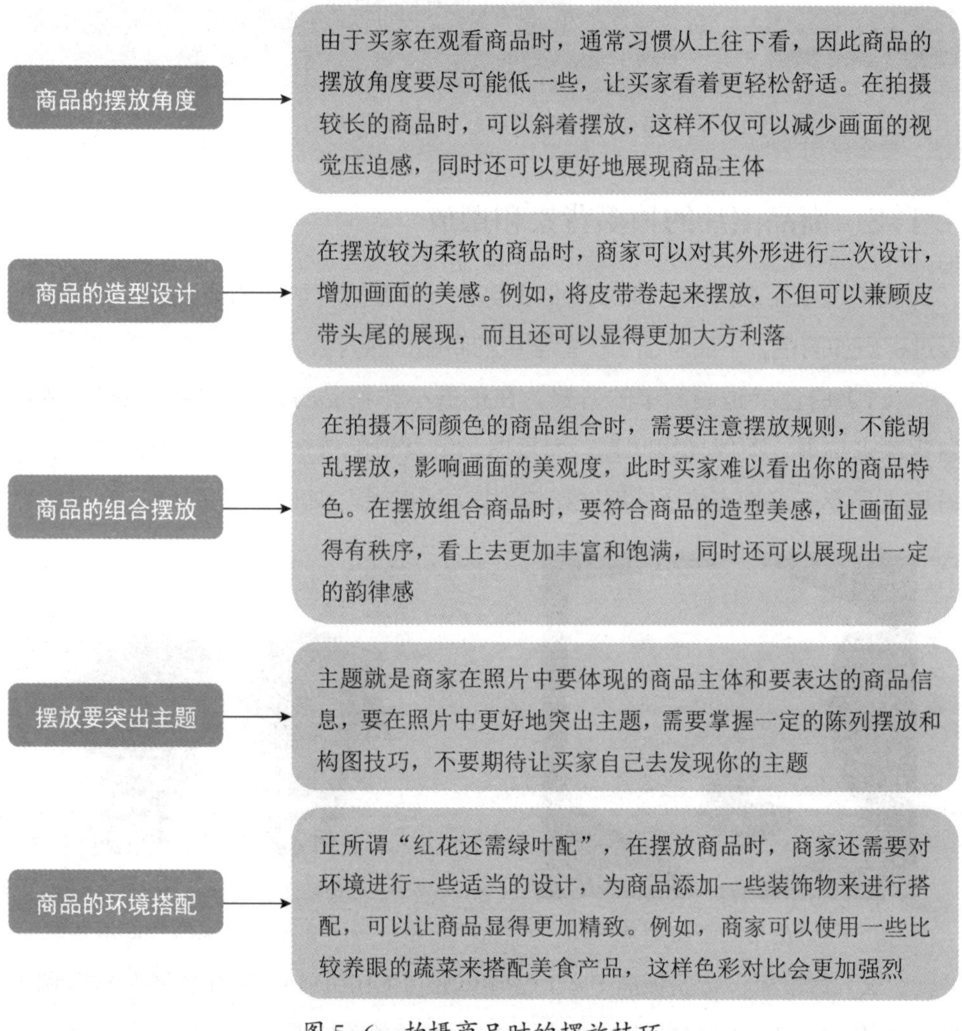

图 5-6　拍摄商品时的摆放技巧

5.1.3 高点击商品图片的构图技巧

视觉构图的应用范围很广，但其目的只有一个，就是打造一个协调好看的画面，引起人们的注意。在设计商品的创意主图或详情页图片时，道理也是如此，下面介绍一些合理构图的原则，如图 5-7 所示。

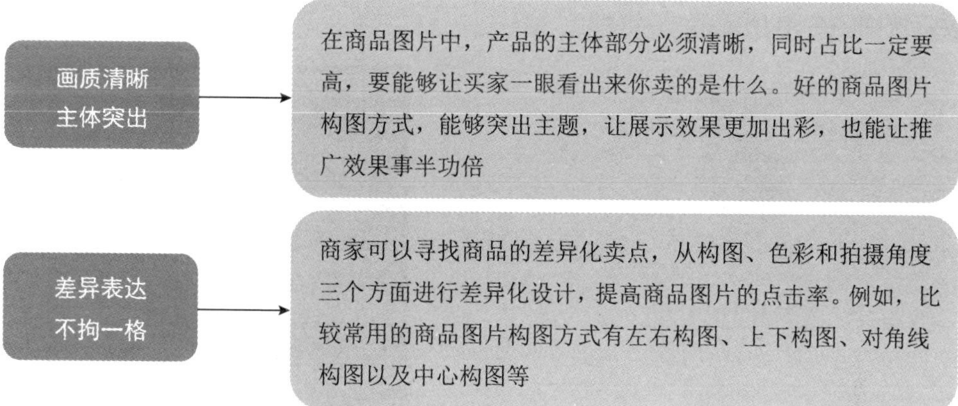

图 5-7 合理构图的原则

拍摄拼多多的商品，需要对画面中的主体进行恰当的安排，使画面看上去更有冲击力和美感，这就是构图。在拍摄拼多多商品的过程中，商家也需要对摄影主体进行适当构图，遵循构图原则，才能让拍摄的图片更加富有艺术感和美感，从而更吸引买家的眼球。下面介绍一些常用的商品构图技巧。

（1）三分构图法：顾名思义，就是将图片从横向或纵向分为三部分，在拍摄商品时，将对象或焦点放在三分线的某一位置上进行构图取景，让对象更加突出，让画面更加美观。

> 专家提醒：采用三分构图法拍摄商品最大的优点就是，将拍摄主体放在偏离画面中心三分之一处，使画面不至于太枯燥与呆板，还能突出拍摄主体，使画面紧凑有力。

（2）均分构图法：将商品主体放置在画面中心进行拍摄，将画面的垂直或者水平画幅进行均分，这种构图方法能够很好地突出商品主体，让买家很容易就能看见图片上的重点，从而将目光快速锁定对象，了解商家想要传递的信息。均分构图法最大的优点在于主体突出、明确，而且画面容易达到左右平衡的效果，构图简练，相关示例如图 5-8 所示。

（3）疏密相间构图法：图片中包括多个商品对象时，在构图取景时最好是让它们错落有致、疏密有度，疏中存密，密中见疏，二者互相间隔，彼此相得益彰。

（4）远近结合构图法：运用远处与近处的对象进行距离上或大小上的对比，来布局画面元素。利用远近结合构图法可以从不同的角度和距离展示商品，同时利用大光圈将远处的商品虚化，可以让画面层次感更强，主体特征更加明显，相关示例如图 5-9 所示。

图 5-8　均分构图法示例

图 5-9　远近结合构图法示例

（5）明暗相间构图法：顾名思义，就是通过明与暗的对比来取景构图，布局画面，从影调角度让商品画面具有不一样的美感。

5.2　制作高点击率的主图

商品的主图设计非常重要，这是买家对商品的第一印象，好的主图可以吸引他们的注意力，同时还能吸引他们快速下单，甚至对你的品牌产生认可。因此，拼多多商家一定要了解高点击率的商品主图设计思路，并掌握优质商品主图的制作技巧。

5.2.1　商品主图的设计思路

当商家拍摄并处理好商品素材照片后，即可通过主图（拼多多平台上也称为轮播图或创意）来展示商品，因此主图对于商品的重要性不言而喻。

对于经营拼多多店铺的商家来说，肯定都希望自己的商品能够大卖，但现实往往事与愿违，问题很可能就出在商品主图的设计上。因此，商家在开始设计主图前，心中必须有一个基本的设计思路，如图 5-10 所示。

买家在搜索商品时，影响他们点击某个商品的主要因素包括主图、价格、销量和关键词精准度四个方面，其中主图是最主要的因素。商家只有选择适合自己商品的主图，才能有效提升点击率。下面介绍一些高点击率主图的设计方法。

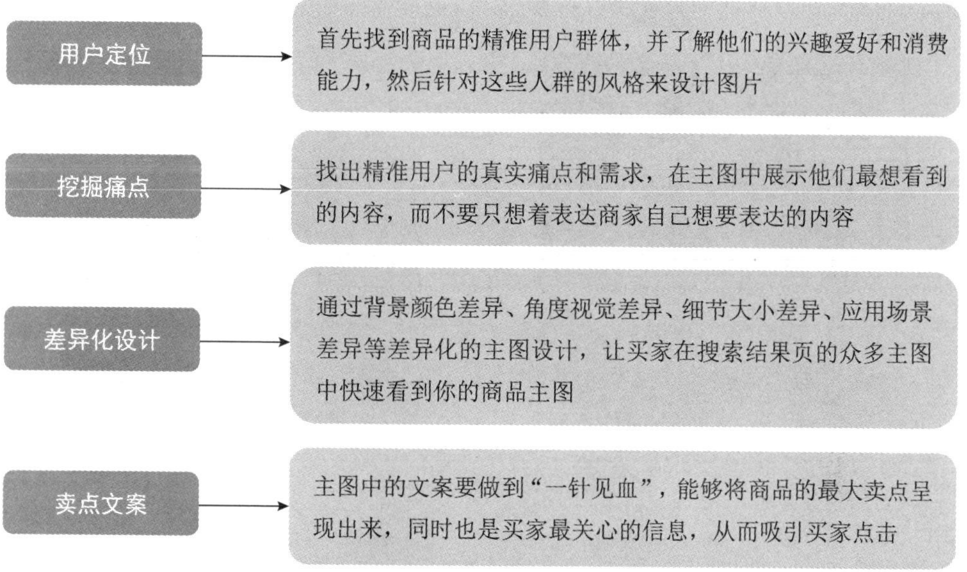

图 5-10　商品主图的设计思路

> 专家提醒：拼多多平台对于商品主图的基本要求如下。
> （1）主图尺寸：宽度和高度均大于 480px（像素）。
> （2）主图格式：仅支持 JPG 和 PNG 格式。
> （3）主图大小：1MB 以内。
> 商家在使用 Photoshop 软件设计商品主图时，可以根据上述要求调整画布大小，从而快速做出符合平台要求的主图效果。

（1）拼接图。拼接图的方式较多，如左右双拼、左右多拼、九宫格拼接、上下双拼以及混合拼图等。如图 5-11 所示，该商品主图的点击率之所以高，主要是因为通过拼接的方式，在主图上体现了两种不同的商品颜色，在表达上更加丰富，可以满足更多人群的需求。

（2）细节图。在主图中展示商品的细节特点，可以引发买家的好奇心，吸引他们点击查看商品的全貌。这种主图的点击率非常高，但如果买家看到商品全貌后，不一定是自己中意的，通常转化率一般。如图 5-12 所示，这个加绒打底裤商品主图上只显示了局部的细节特征，很容易吸引买家点击到详情页查看模特的穿着效果，如果买家认为外面的穿着效果不好看，就会关闭该商品详情页。

（3）纯色背景图。纯色背景图的颜色需要与产品有较大的反差，如白色、灰色、黑色以及各种彩色等。如图 5-13 所示，这个黑色的休闲长裤商品主图采用立体中灰色背景，能够非常好地展现裤子的质感。

图 5-11　拼接图示例

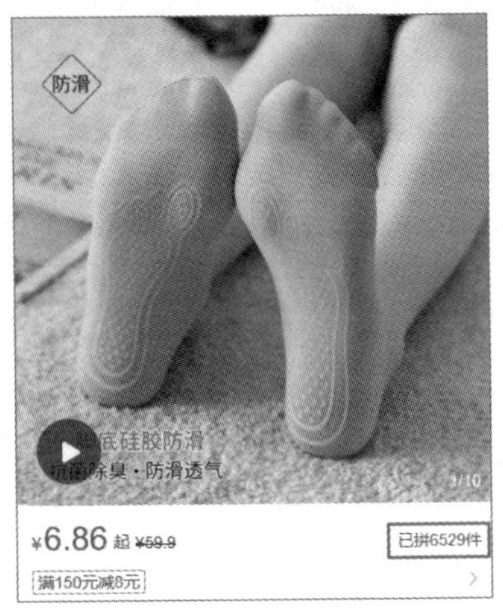

图 5-12　细节图示例

（4）卖点图。通过在主图上展现商品的卖点，主要从买家的消费心理角度来策划主图文案，解决买家的需求痛点，这类主图的点击率通常也非常高。如图 5-14 所示，该商品的主图只有一句话，即“6 个月 不沾雨”，就是针对“秋冬气温低，车内容易起雾，阻碍行车视线”的用户痛点来描述的，很容易引起买家的心理共鸣。

图 5-13　纯色背景图示例

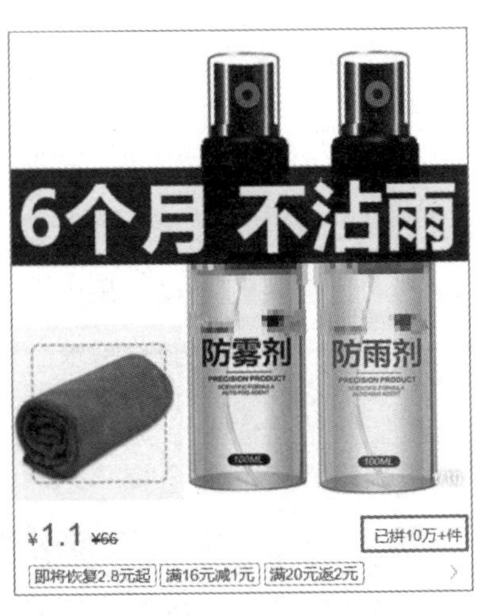

图 5-14　卖点图示例

5.2.2 主图中的商品呈现方式

主图通常包括背景、商品和卖点文案三个部分，商品是其中的主要内容，它能否体现出商品信息或者卖点，是影响图片点击率高低的关键所在。

通常情况下，主图中的商品部分需要能够展示出商品最重要的卖点信息，或者让买家更直观地了解商品本身的特点。因此，商家在设计主图时，需要采用一定的商品呈现方式，相关技巧如下。

- 直接将商品作为主体，呈现商品的某种属性，如外观、细节或赠品等，可以让买家一目了然地看清楚商品的款式、颜色等信息，适合重视外观设计的商品类目，如服饰、手机、鞋包、美妆、食品等类目，相关示例如图 5-15 所示。
- 搭配一定的背景环境，呈现商品的应用场景，如将商品放到生活或工作场景中，不仅可以满足买家的需求，而且还能够让买家产生购买商品后的想象场景，更好地激发买家的购买欲望，相关示例如图 5-16 所示。

图 5-15 呈现商品的某种属性示例

图 5-16 呈现商品的应用场景示例

- 展示商品的使用效果，呈现商品的功能特点，如加入商品使用前后的对比效果，来更好地突出商品的功能或特性，相关示例如图 5-17 所示。

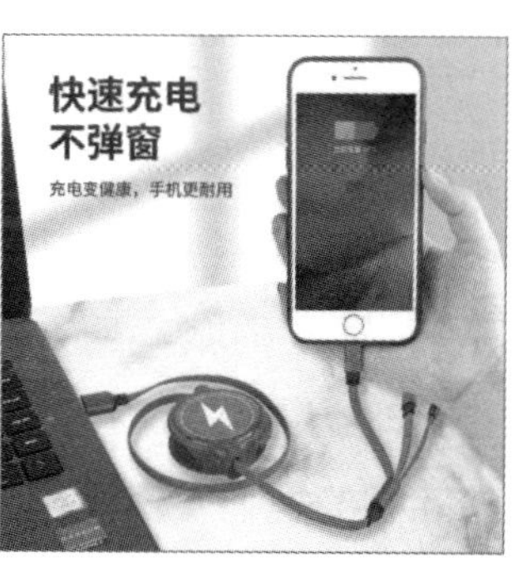

图 5-17 呈现商品的功能特点示例

通常情况下，买家进入一个店铺时，都是通过对单个商品感兴趣而进入店铺的，而单个商品在众多搜索出来的商品中是以主图形式呈现的。商品主图是用来展现商品最真实的一面，而不是用来罗列店铺的所有活动。

但是，部分商家为了将店铺中的信息尽可能多地传递出去，对主图的作用理解错误，在主图中除了商品图像以外的空隙里，还添加了如“最后一天”“只剩 100 双啦”“满百包邮”等众多的信息，主次不分，给买家一种凌乱的感觉，不能体现出店铺的专业性。

通常情况下，在主图上只需突出商品或是营销的一个点即可，不要加入太多无谓的信息。买家买东西，是冲着商品去的，而不是冲着“仅此一天”“最后一天”等附属的信息去的。当然，要设置限时购等促销信息，可以在商品详情页面中进行设计，但是在呈现商品形象的主图中，尽量不要添加此类信息。

专家提醒：在商品主图中，商家可以使用明亮的、色调和谐的溶图作为背景，将抠取的商品主图与背景合并在一个画面中，添加上简单直接的卖点文案，通过色彩上的搭配体现出淡雅的感觉，表现出一定的品质感，让买家能够一眼看到商品的外形和相关信息。

5.2.3　商品白底图的制作规范

白底图是指符合平台要求的，纯白色背景加商品主体的商品图，除了商品主体以外，其余位置都必须是纯白色（纯白色区域的色值为 RGB 值≥ 255）。从拼多多的各个商品推荐页面中可以看到，上面大部分商品主图都是白底图，这样展示的好处可以让界面看上去更加整洁、清爽。

因此，白底图是获得平台推荐流量的一个重要因素，同时很多活动都会要求主图为白底图。另外，白底图还能提升买家的视觉感受，增进产品品质，有利于提升转化率。所以，商家一定要针对自己产品类目的需求，来设计合理的白底图，抢占平台提供的曝光机会。

商家可通过上传商品白底图，来获得更多的展现机会，包括首页分类页、搜索分类页、品牌馆、电器城等展示场景。白底图的商品不仅审核通过率更高，而且用户流量和活动流量也更多。

1. 注意白底图的规则

拼多多平台对于白底图的基本要求为：纯白色背景、无牛皮癣、主体完整、主体占比为 80% ～ 90%、主体不过大或过小、单主体（套装除外）、不包含人体、主体不变形、尺寸为 480px × 480px、容量小于 3MB、图片格式为 JPG/JPEG/PNG。因此，商家在制作白底图时需要注意以下规则。

（1）尺寸规则：商品周围不能留有过多的白边，商品图的有效像素的宽或高不小于 80%，如图 5-18 所示。

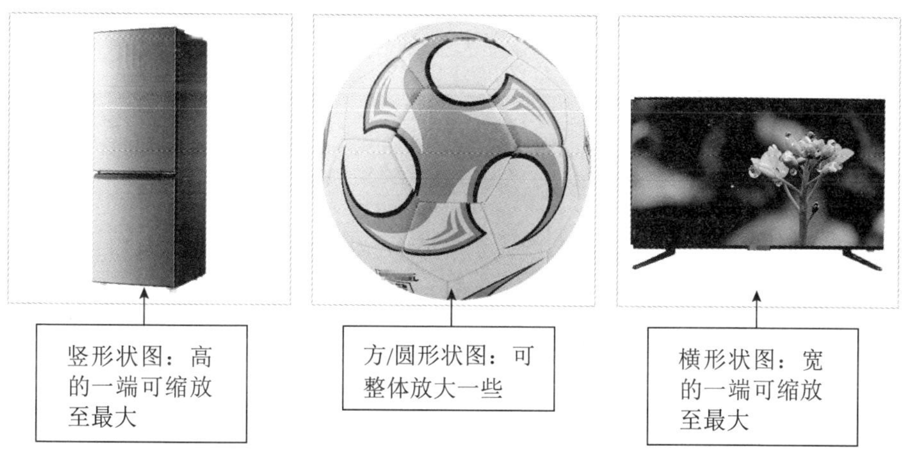

图 5-18　白底图尺寸规则示例

（2）商品图规则：非套装类目，每张图片中只能出现一个主体，不可出现多个相同的主体，并且要清晰、完整地展示商品的正面，图片中不能出现大面积的阴影，要能够突出商品的质感，如图 5-19 所示。

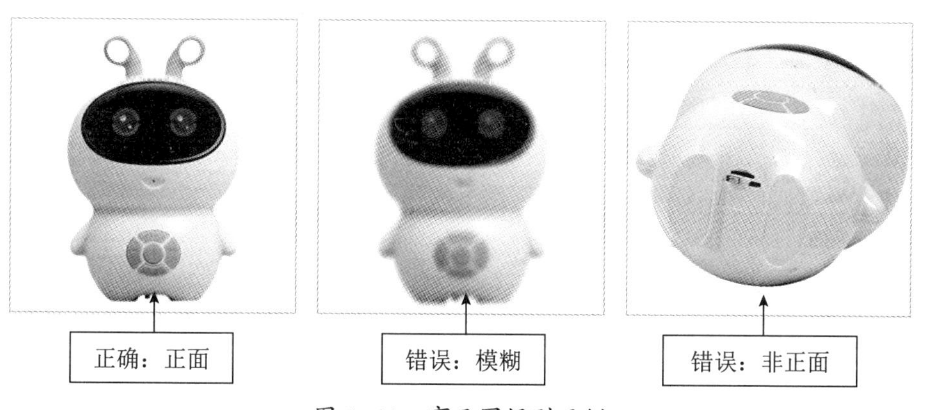

图 5-19　商品图规则示例

（3）图片位置规则：商品位于图片中央，保持主体完整且占据整个画面，同时不能将商品截断，也不能放置 Logo、文字、背景、模特、拼接图等其他元素，如图 5-20 所示。

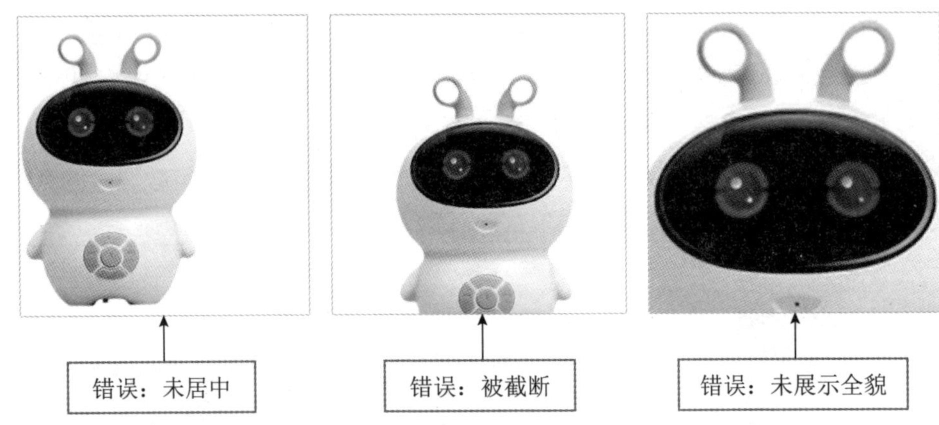

图 5-20　图片位置规则示例

2. 特殊白底图规则

下面介绍一些特殊的白底图制作规则。

（1）组合类商品：如水产肉类、新鲜果蔬、熟食、零食、坚果、特产等组合类商品，必须选择组合类商品类目，避免放入普通商品类目上传白底图时因多主体而导致被系统驳回，如图 5-21 所示。

图 5-21　组合类商品的白底图示例

（2）多主体堆积类：如抽纸、卫生纸等生活用品，可以放单品或者数量不超过三个单品的堆叠商品。

（3）面积大的单品：如地毯、墙纸或汽车内脚垫等，可放置样板图，或者将商品放入圆形区域内。

（4）识别度较低的商品：如袜子、打底裤或丝袜等，放置单品，但不能被截断或放入模特肢体。

5.2.4 商品主图的设计技巧

商品主图不能盲目设计，商家要先想好思路再动手，这样对于流量和销量的提升才会更有效。下面介绍一些拼多多商品主图的设计技巧。

1. 创意素材，抓突破点

在选取主图的素材时，要有一定的创意，同时把这些装饰素材作为突破口，直击买家的核心需求。如图 5-22 所示，在设计这张主图时，选择一张创意感很强的太空图片作为背景，可以进一步诠释商品的性能。

2. 内容全面，重点突出

主图对于商品销售来说非常重要，那些内容不全面，抓不到重点的主图引流效果可想而知，是很难吸引买家关注的。

因此，商家在设计商品主图时，一定要突出重点信息，同时内容要全面，要能够将商品的卖点充分展现出来，并且加以修饰和润色，如图 5-23 所示。对于那些无关紧要的内容，一定要及时删除，不要影响主图的表达。

图 5-22 使用创意背景素材

图 5-23 在主图中突出重点信息

3. 视觉化设计 + 产品介绍

在制作商品主图时，商家容易进入一个误区，那就是太过重视视觉化的设计，而忽略了商品信息的展示。例如，很多店铺主图看起来非常华丽、高雅，但买家并不知道它要表达什么信息，此时可能就会与商品失之交臂。

因此，商家在重视产品视觉化设计的同时，还需要适当地添加一些商品介绍，告诉买家买这个商品，他能得到什么，这样才能更好地促进商品的转化效果。

5.2.5 选择精美模板制作主图

拼多多商家后台中的“神笔马良”工具为商家提供了便捷的主图制作功能，商家不仅可以选择精美模板制作主图，而且还可以一键生成数量丰富的主图。

“神笔马良”的主图制作工具中提供了海量的精美模板供商家选择，只需简单几步即可轻松获得高质量主图，下面介绍具体的操作方法。

（1）进入“神笔马良”的“创意制作”功能页面，在“主图制作”选项区中单击“选择模板”按钮，如图 5-24 所示。

图 5-24 单击“选择模板”按钮

（2）进入“主图制作”页面，默认为“拼图模式”，商家可根据行业属性选择模板，如选择“数码电器”行业，如图 5-25 所示。

图 5-25 选择“数码电器”行业

（3）选择相应的主图模板后，单击“在线编辑”按钮，如图 5-26 所示。

图 5-26　单击“在线编辑”按钮

（4）进入主图模板编辑页面，左侧为“图层”窗口，右侧为组件设置窗口，❶如选择“商品图片”图层或者在预览区中选择商品图片后，右侧会出现“图片设置”的提示信息；❷单击“知道了”按钮，如图 5-27 所示。

图 5-27　单击“知道了”按钮

（5）在“图片设置”窗口中，单击“替换图片”按钮，如图 5-28 所示。

（6）弹出“选择商品图片”窗口，单击“本地上传”按钮，如图 5-29 所示。

图 5-28 单击“替换图片”按钮

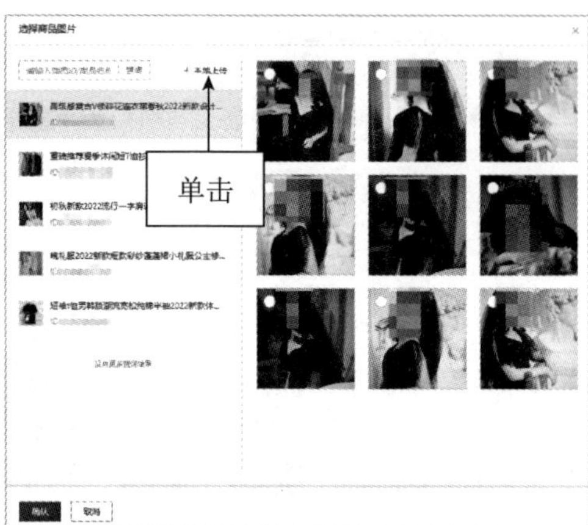

图 5-29 单击“本地上传”按钮

（7）弹出“打开”对话框，选择相应的商品图片素材，如图 5-30 所示。

（8）弹出“裁剪”对话框，对商品图片素材进行适当裁剪，如图 5-31 所示。

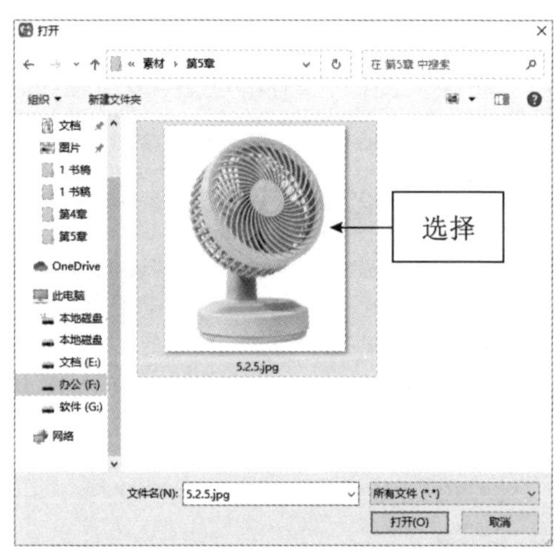

图 5-30 选择相应的商品图片素材

图 5-31 裁剪商品图片素材

（9）单击“确认”按钮，即可替换掉主图模板中的商品图片，在主图预览区中适当调整商品图片的大小，如图 5-32 所示。

（10）在“图片设置”窗口中，商家还可以调整商品图片的不透明度、旋转角度、大小、比例、颜色以及添加阴影效果等。以调整颜色为例，❶勾选“调整颜色”复选框；❷在展开的选项区中设置相应的色调、饱和度、亮度和对比度参数，即可改变商品图片的颜色，效果如图 5-33 所示。

图 5-32 调整商品图片的大小

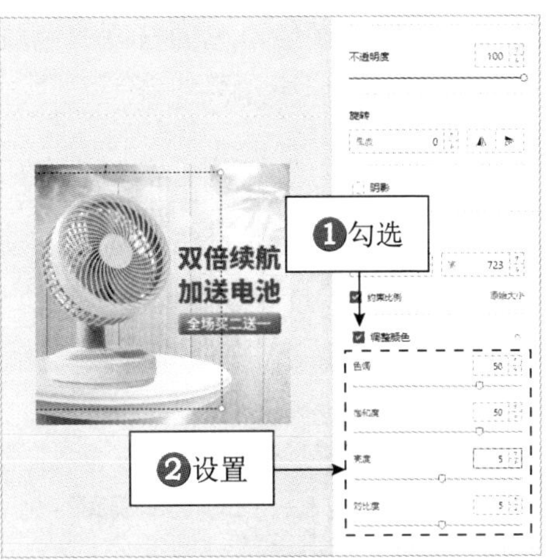

图 5-33 改变商品图片的颜色

（11）❶选择相应的文本图层或者在预览区中选择相应的文本内容后，右侧会出现“文本”的提示信息；❷单击“知道了”按钮，如图 5-34 所示。

图 5-34 单击“知道了”按钮

（12）在“文本”窗口的“内容”文本框中，❶输入相应的文案内容；❷即可替换主图中的文案，如图 5-35 所示。

（13）在下方的“文字”选项区中，商家还可以设置文本的字体、样式、字号、字距、行高、颜色、对齐方式、边框效果、阴影效果、旋转角度等。例如，

❶单击“文本颜色”选项右侧的色块；❷在弹出的调色板中可以设置相应的文本颜色，如图 5-36 所示。

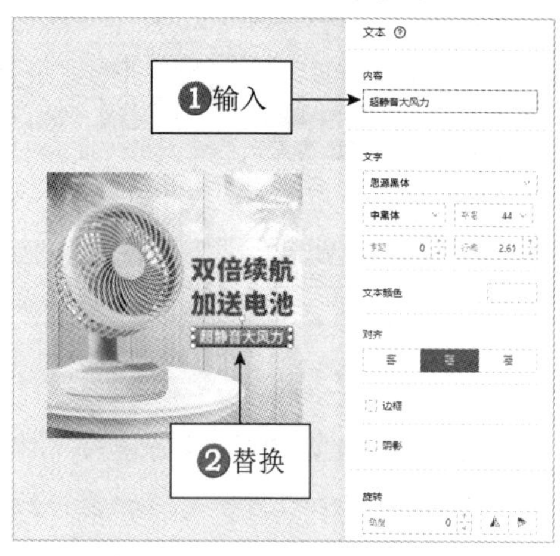

图 5-35　替换主图中的文案

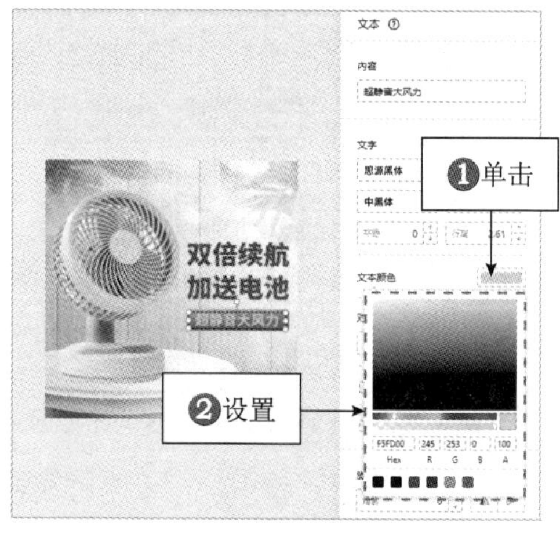

图 5-36　设置相应的文本颜色

（14）处理完主图后，❶单击“预览”按钮，即可模拟拼多多 App 的商品列表界面；❷并预览主图效果，如图 5-37 所示。单击“立即保存”按钮，即可将做好的主图成功上传至素材库。

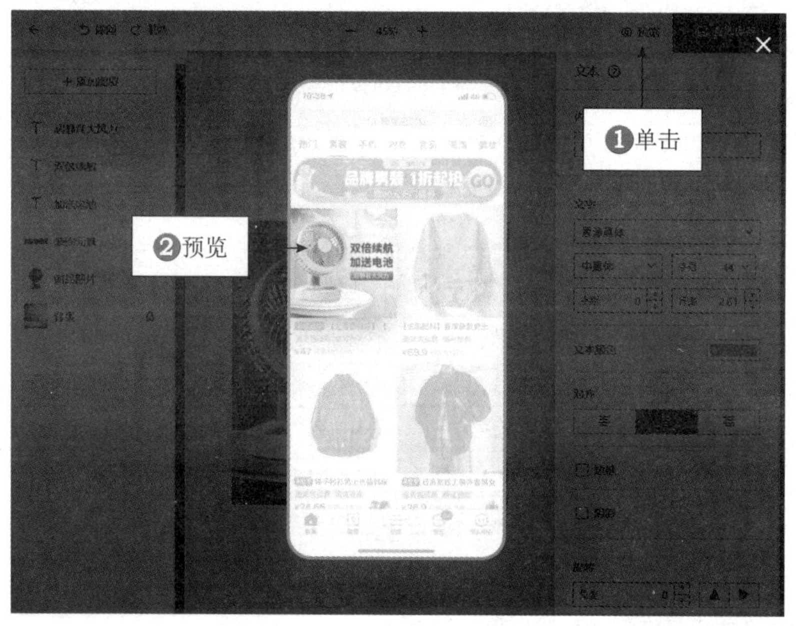

图 5-37　预览主图效果

5.2.6　一键生成数量丰富的主图

使用“神笔马良”的主图制作工具，商家仅需上传一张商品图片，即可一键生成数量丰富的主图效果，下面介绍具体的操作方法。

（1）进入“神笔马良”的“主图制作”页面，❶切换至“一键模式”选项卡；❷在“选择图片”选项区中单击“选择”按钮，如图 5-38 所示。

（2）弹出“选择商品图片”窗口，单击“本地上传”按钮，如图 5-39 所示。

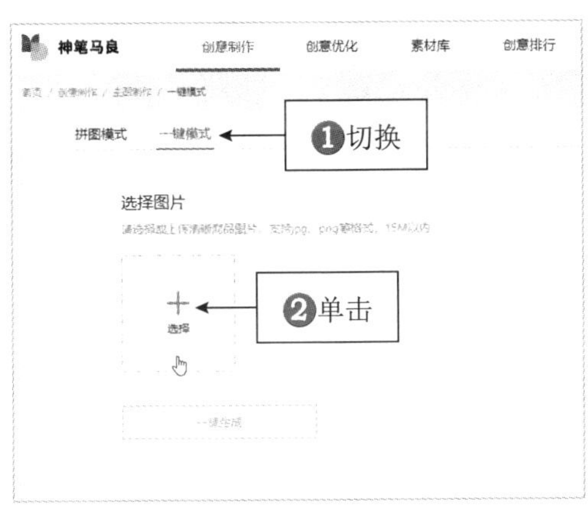

图 5-38　单击“选择”按钮

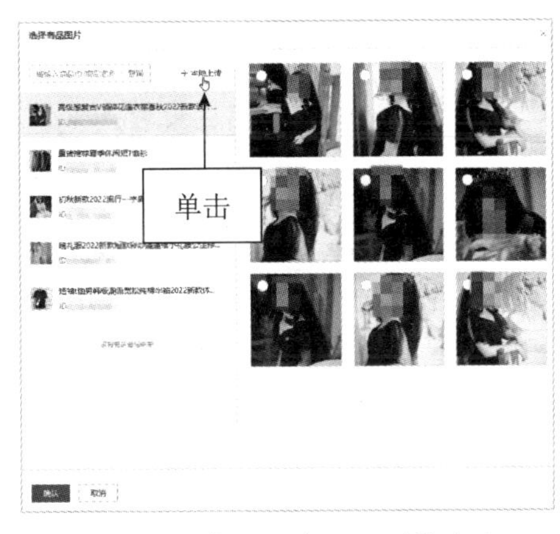

图 5-39　单击“本地上传”按钮

（3）上传相应的商品图片后，单击“一键生成”按钮，如图 5-40 所示。

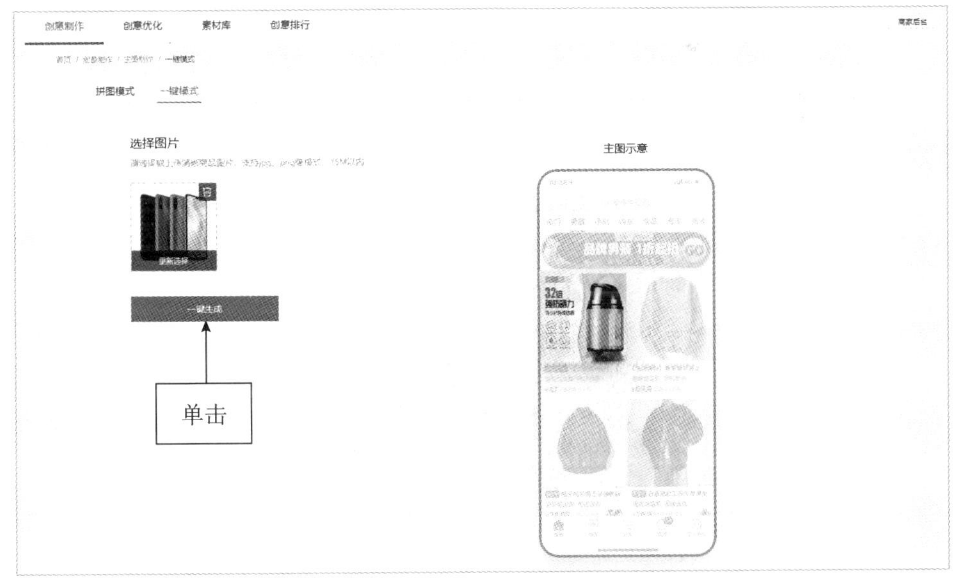

图 5-40　单击“一键生成”按钮

（4）进入“生成结果”页面，可以看到系统自动生成的多张商品主图，如图 5-41 所示。如果商家对这些主图不满意，还可以单击“生成更多”按钮，生成更多主图。

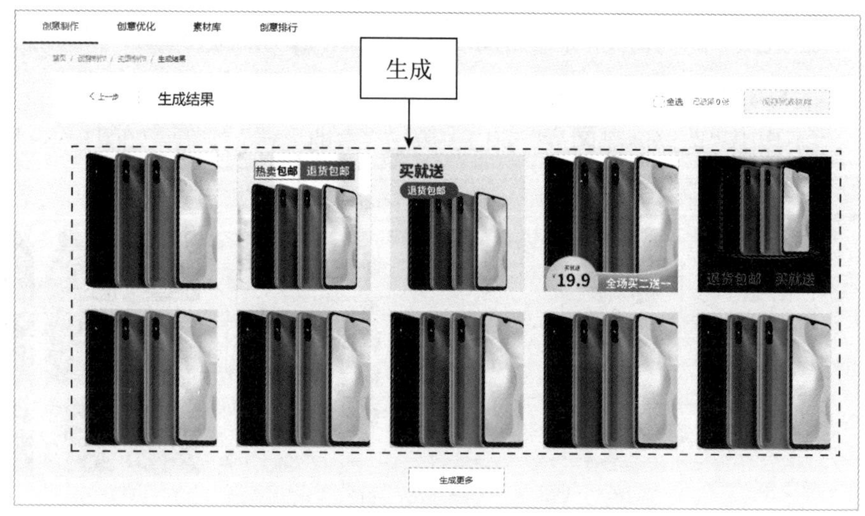

图 5-41　自动生成的多张商品主图

（5）选择相应的主图，单击“在线编辑”按钮，还可以进入主图编辑页面，对生成的主图效果进行调整，如图 5-42 所示。

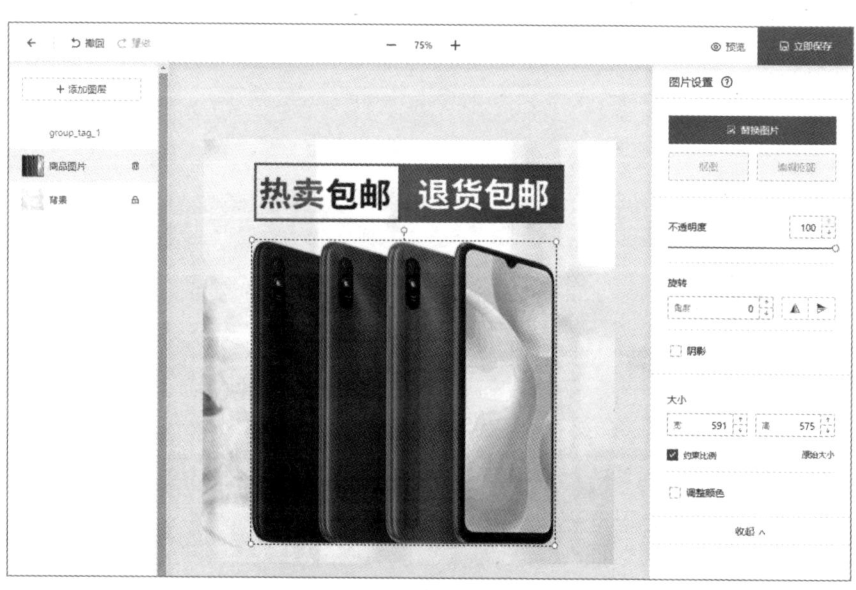

图 5-42　调整主图效果

（6）例如，在“图片设置”窗口中，❶勾选“阴影”复选框；❷在展开的选项区中设置相应的模糊、距离（X/Y）、阴影颜色和不透明度参数，即可添加阴影效果，如图 5-43 所示。

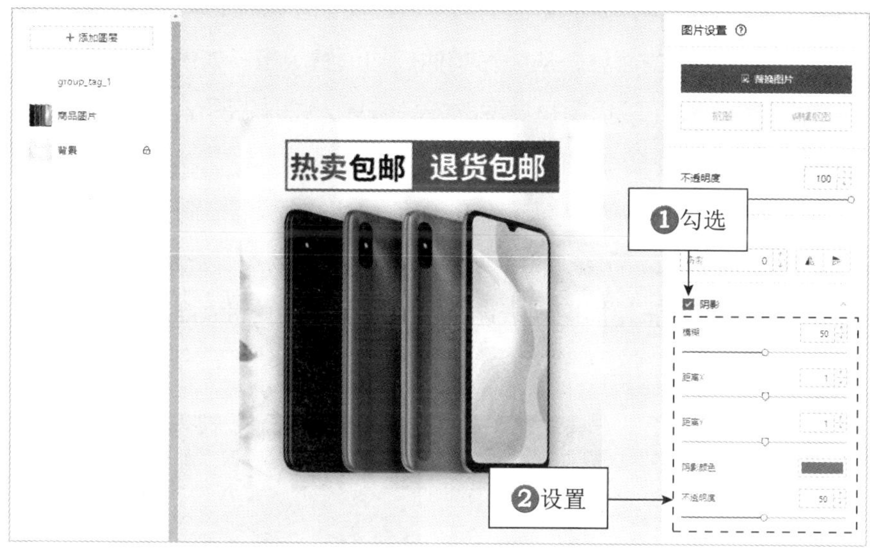

图 5-43　添加阴影效果

5.3　优化高转化率的主图

作为在商品列表中第一眼能看到的图片，主图一定要放置最具有核心竞争力的商品图片，优质的主图可有效提高商品的曝光率和转化率。拼多多的商品主图区域可以放 10 张轮播图，商家一定要合理利用好这 10 张轮播图，并通过对商品主图的优化设计处理，给买家留下良好的第一印象，从而增加商品转化率。

5.3.1　商品轮播图的设计要点

拼多多可以上传多张商品轮播图，但很多商家却忽略了这个地方，大部分都只上传了 5 张甚至更少，不知这里也隐藏了很多曝光机会。买家进入商品详情页后，第一眼看到的是轮播图，如果商家在此处能够很好地利用 10 张轮播图来传递商品信息，即可很好地聚集买家视线，吸引他们的注意力。

下面介绍一些商品轮播图的设计要点。

（1）各司其职：用 10 张轮播图展示不同的商品信息，如首图可以用来引流，副轮播图可以用来展示商品的细节、卖点、优惠信息以及售后保障等，将轮播图当成商品详情页来设计。

（2）用靠前的轮播图展示商品的主要卖点。前面几张轮播图一定要从买家的购物需求出发来设计，如优惠促销力度、产品品质保证、产品售后服务等，尽可能让买家先看到这些信息，从而影响他们的消费决策。如图 5-44 所示，这个电饼铛产品的第一张主轮播图是展现的赠品信息，同时表明了“送一年以换代修”的售后保障，用于打消买家的质量疑虑。

（3）用靠后的轮播图展示商品的详细信息。很多买家打开商品详情页后的第一步就是直接看轮播图，而不愿意往下翻看详情页，此时商家可以在主图和白底图后将最后几张轮播图当成详情页来设计，突出商品的功能，如图 5-45 所示。

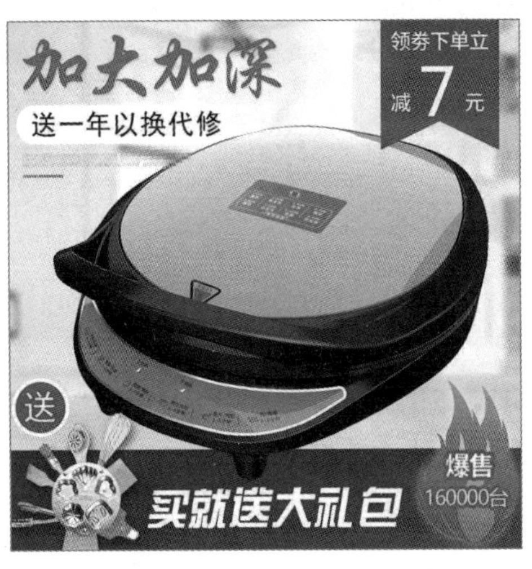

图 5-44　用靠前的轮播图展示商品的主要卖点

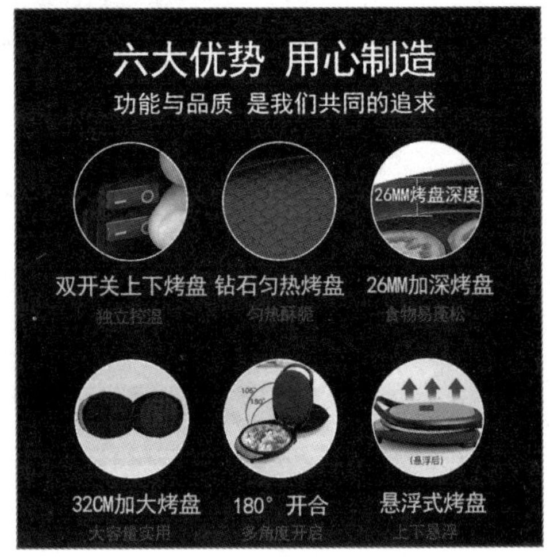

图 5-45　在轮播图上突出商品详情页的信息

（4）一张轮播图只展现一个卖点。每张轮播图上的商品卖点信息不要堆砌过多，这样会让买家找不到重点，因此商家找到最主要的卖点分配到每张图上即可。

（5）优化顺序：根据买家的浏览习惯，将他们购物最大的痛点放置在靠前的轮播图中，让买家能够快速下单，从而提高成交率。

（6）展示买家秀：如果商品的卖点比较少，商家也可以挑选一些优质的买家秀图片，将其放到轮播图中进行展示，增加商品的真实性。

5.3.2 轻松爆单的主图设计原则

主图不仅影响点击率，而且还会影响商品的转化率，如果你的主图做不好，那么商品可能会无人问津。前面介绍过主图设计的基本思路，即“找到商品的精准人群→买家的痛点需求→打造差异化的特色→策划商品卖点文案”。这样设计的目的是让更多精准的用户来点击商品主图，从而提升商品的转化率。

主图设计的基本原则是“一秒法则”，是指在一秒内，将主图中的营销信息有效传达给买家，也就是让买家通过图片“秒懂”商品的意思。

如果商品主图中的信息非常多，包括商品图片、商品品牌、商品名称、广告语、商品卖点以及应用场景等内容，对于买家来说，显然是无法在一秒内就看明白的，如图 5-46 所示。这样买家很难快速看出该商品与同类型商品有哪些差异化的优势，也无法精准对接买家的真实需求，自然也很难得到买家的点击。

如图 5-47 所示，主图放的是一个场景应用图，而且文案只有一句话，能够让买家快速了解商品的质量和使用场景，如果刚好能够满足他的需求，那么很容易吸引买家点击图片查看商品详情信息。

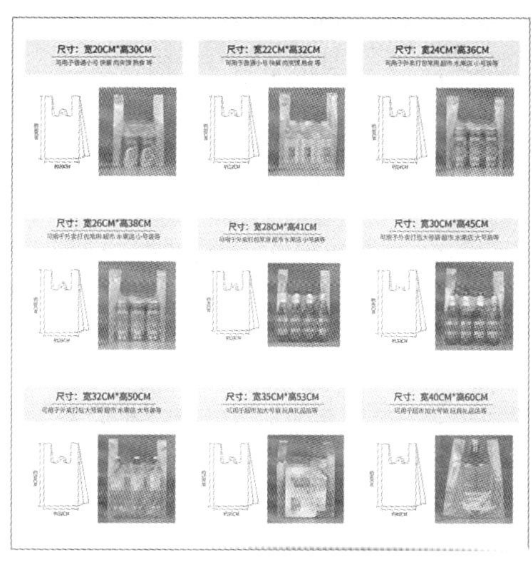

图 5-46 过于杂乱的图片示例

图 5-47 简单明了的图片示例

大部分买家在逛拼多多时，浏览速度都是比较快的，可能短短几秒会看几十个同类型商品，通常不会太过注意图片中的内容。因此，商家一定要在主图上放置能够引起买家购买兴趣的有效信息，而不能让信息成为买家浏览的负担。

5.3.3 创意主图的差异化设计

对于投放了多多搜索推广和多多场景推广的商品来说，创意主图就是商品最主要的展示渠道，其重要性不言而喻。对于商家来说，当然都希望自己的商品能够成为爆款，但“理想很丰满，现实很骨感”，现实中成功的商家往往寥寥无几。究其原因，创意主图设计不到位占了很大一部分。

在打造创意主图的差异化特色时，商家可以从以下几个方面进行设计。

（1）色彩差异化：商家可以从创意主图的背景颜色入手，使用与其他竞品不同的背景颜色，形成差异化的风格，从而快速抓住买家的眼球。打造创意主图的色彩差异化设计时，注意色彩要与店铺风格统一，同时还要保证图片的美观性。

（2）构图差异化：如图 5-48 所示，左图采用模特正面坐姿构图效果，右图采用模特侧面坐姿构图效果，不同的拍摄角度就形成了构图差异化。

（3）细节差异化：例如，下面两款鞋垫都突出“增高”卖点，左图主要通过文案来描述，而右图则采用多种不同高度的鞋垫进行对比，来体现鞋垫的具体厚度，买家对比起来会更加直观，如图 5-49 所示。

图 5-48　构图差异化的创意主图示例

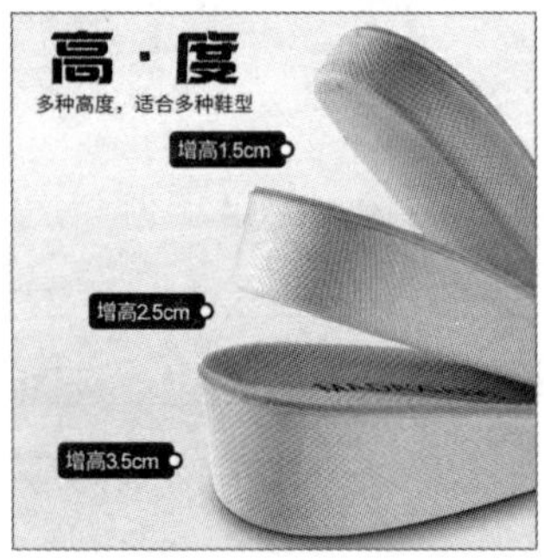

图 5-49　鞋垫产品创意主图示例

（4）场景差异化：例如，下面两款产品都是家用电子体重秤，左图为正常的产品展示效果，而右图则加入了人物称体重的场景，图片形成了场景差异化特点，如图 5-50 所示。

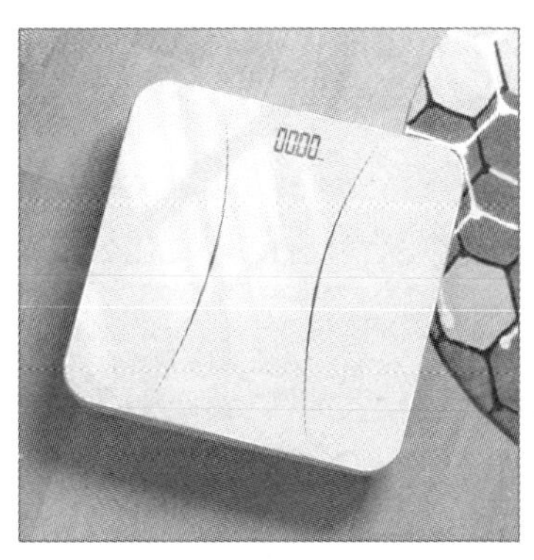

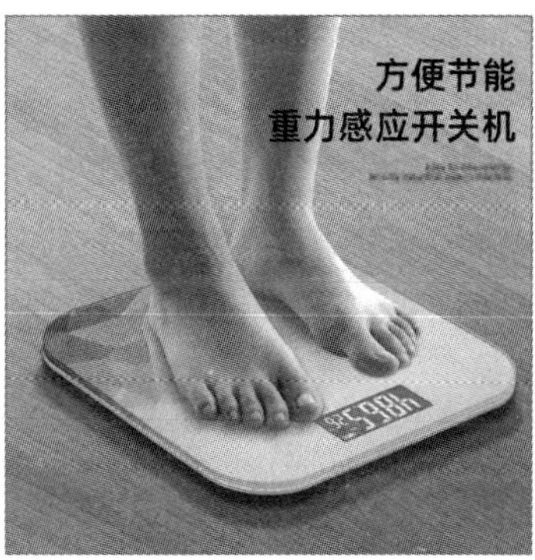

图 5-50　家用电子体重秤产品创意主图示例

5.3.4　商品主图的文案优化技巧

主图并不是要设计得很美观大气，而是要能够充分体现商品的核心卖点，从而解决买家的痛点，这样买家才有可能为你的商品驻足。很多时候，并不是商家提炼的卖点文案不够好，而是因为商家认为的卖点不是买家的痛点所在，并不能解决他的需求，所以对买家来说就自然没有吸引力。

当然，前提是商家要做好商品的用户定位，明确用户是追求特价，还是追求品质，或者是追求功能多，以此来指导主图文案的优化设计。

商家一定要记住，买家的痛点才是你的主图卖点。图片上展示的信息，如果与买家的实际需求相符合，能够表达出你的商品是他正想寻找的东西，那么点击率自然就会高。

> 专家提醒：主图一定要紧抓买家需求，切忌一味地追求“高大上”，并写一些毫无价值的内容，商家必须要知道自己的目标人群想看什么。例如，如果你的目标人群定位是中低端用户，他们要的就是性价比高的商品；如果你的目标人群定位是中高端用户，则他们要的就是品质与消费体验。

商家在设计创意图片或主图的文案内容时，文案的重要性决定你的图片是否足够有给买家点击的理由。切忌把所有卖点都罗列在主图上，记住你的唯一目标是让买家直接点击。

下面总结了写好一个主图文案要注意的几个关键点。

- 你要写给谁看——用户定位。
- 他的需求是什么——用户痛点。
- 他的顾虑是什么——打破疑虑。
- 你想让他看什么——展示卖点。
- 你想让他做什么——吸引点击。

商家不仅要紧抓用户需求，而且要用一个精炼的文案表达公式来提升点击率，切忌絮絮叨叨，毫无规律地罗列堆砌相关卖点。

另外，如果商家发布的广告创意图片审核总是通不过，那么很可能是违反了平台的相关规则。下面列举了一些比较常见的拼多多创意规范。

（1）绝对化用语。图片中不能出现《中华人民共和国广告法》禁用的绝对化用语，如“国家级”“最高级”或者“最佳”等。

（2）表述模糊信息。创意图内容中的信息要说明清楚，不能出现表述模糊的信息，如“豪礼相送”或“赠送大礼包”等。因此，商家具体送什么，一定要在图片中写明，这样买家才能知道自己买了产品后能获得什么礼品，如图 5-51 所示。

图 5-51　创意图中的话要说明白，买家才能留下来

（3）过度承诺文案。在创意图中，不能做出过度承诺，如“假一赔十”或“不甜包赔”等，也不能出现与事实不符的夸大信息，而需要真诚对话。

另外，图片中不能出现“终于降价了”或“即将卖完”等诱导买家点击的内容。同时，商家还要注意图片的美观度，需要有一定的观赏性，切不可随意拉伸和变形。

5.3.5 增加商品主图的竞争力

“神笔马良”中的主图竞争力分析工具可以自动定位商品主图中存在的问题，同时给出优化建议，帮助商家提升商品主图的竞争力，下面介绍具体的使用方法。

（1）进入“神笔马良”的“创意优化”功能页面，在“主图检测→主图竞争力分析”选项区中单击“前往使用”按钮，如图 5-52 所示。

图 5-52　单击“前往使用”按钮

（2）进入“主图竞争力分析”页面，在“选择图片”选项区中单击“选择”按钮，如图 5-53 所示。

（3）选择或上传相应的商品图片后，单击“开始分析”按钮，如图 5-54 所示。

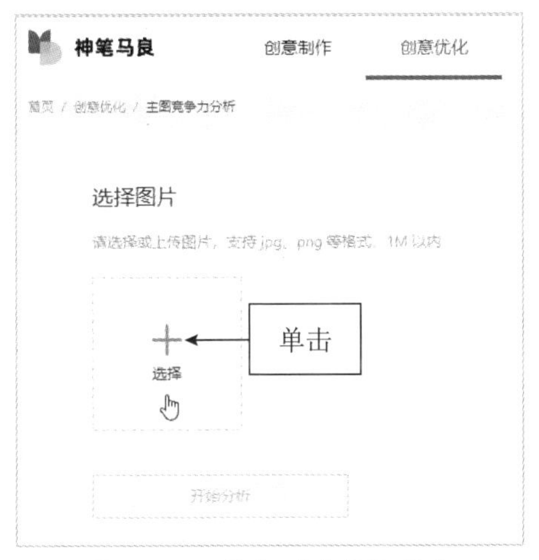

图 5-53　单击“选择”按钮

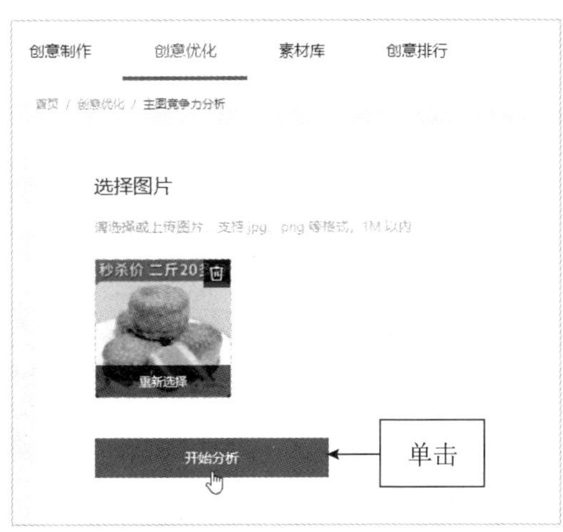

图 5-54　单击“开始分析”按钮

（4）进入“分析结果→图片分析”页面，在此可以查看主图的竞争力分析结果，包括美观度（图片是否整洁、是否为恶心图或牛皮癣图）、清晰度（图片是否模糊）、识别度（图片主体是否清晰可辨认）、抢眼度（图片在细分类目中夺人眼球的能力）、潜力度（图片在细分类目中获取自然流量的潜力）五个指标，如图 5-55 所示。

图 5-55　查看主图的竞争力分析结果

（5）单击“下一步，立即优化”按钮，系统会自动对主图进行优化处理，同时生成一批候选图片，如图 5-56 所示。建议商家选择合适的图片保存备用，在对商品进行推广时优质创意图片越多，推广效果也会更好。

图 5-56　优化主图生成候选图片

5.3.6 提升商品主图的清晰度

使用“神笔马良”中的清晰度提升工具，系统将会自动分析商家上传的商品图片，并优化图片的细节清晰度，提升图片的整体质量，下面介绍具体的使用方法。

（1）进入“神笔马良”的“创意优化”功能页面，在“主图优化→清晰度提升”选项区中单击“前往使用”按钮，如图 5-57 所示。

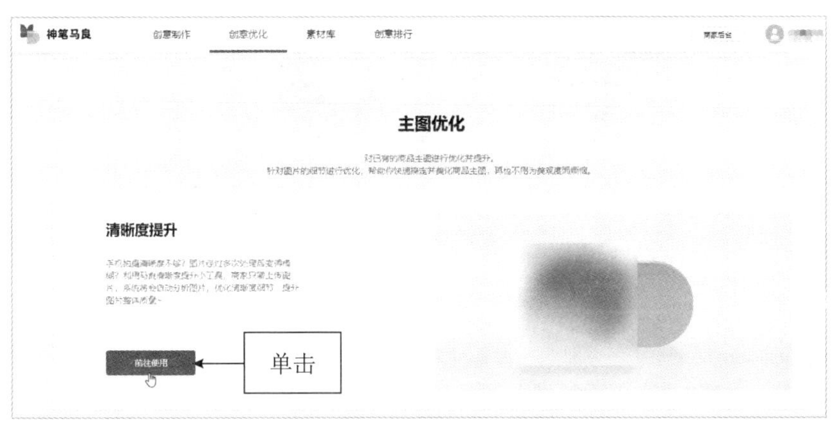

图 5-57 单击“前往使用”按钮

（2）进入“清晰度提升”页面，在“选择图片”选项区中单击“选择”按钮，如图 5-58 所示。

（3）选择或上传相应的商品图片后，单击“一键提升清晰度”按钮，如图 5-59 所示。

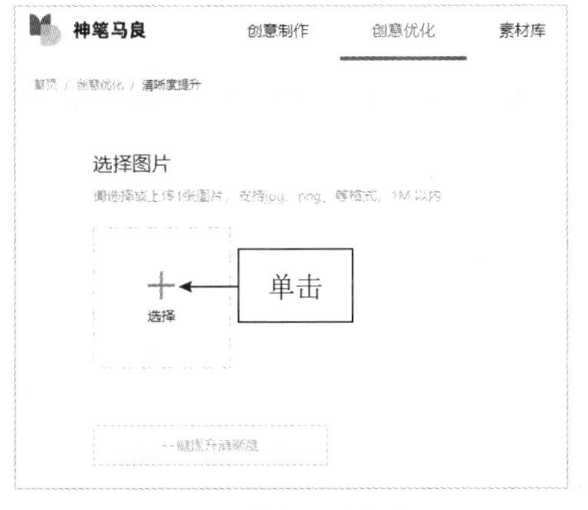

图 5-58 单击“选择”按钮

图 5-59 单击“一键提升清晰度”按钮

（4）进入“优化结果”页面，显示优化前后的图片效果对比，单击“保存到素材库”按钮即可，如图 5-60 所示。

图 5-60　显示优化前后的图片效果对比

第6章

商品视频：快速引流获客提升店铺销量

随着时代的发展，商业模式也在不断地发展中，不管你身处哪个行业，在面对火爆的短视频潮流时，都要积极做出改变，否则你的思路将跟不上时代的发展而被淘汰。尤其对于在网上开店的商家来说，更要改变思维，抓住这波短视频内容营销的流量红利，利用短视频迅速提升商品销量。

6.1 商品视频的策划与拍摄

如今，短视频电商已经越来越流行，抖音、快手及 B 站等短视频平台都推出了各种电商功能，如抖音小店、快手小店以及 B 站橱窗等。大量短视频博主通过这些平台的电商功能来“种草”或带货，不仅收获了百万粉丝，而且上架的商品也非常抢手。

同时，传统电商平台也开始向短视频发力，如淘宝的哇哦视频、苏宁的头号买家以及京东的商品短视频等，各种短视频产品或功能如雨后春笋般不断涌现。在短视频火爆的当下，各大电商平台都在积极布局短视频电商模式，为商家带来更多的流量渠道和成交场景。

拼多多也不例外，不仅有主图视频，而且还推出了店铺首页视频、商详页视频和种草短视频等。但是，商品视频不是随便发发就能吸引买家和促成成交的，而是需要商家掌握一定的视频策划技巧。本节将介绍拼多多平台上各种商品视频的相关策划技巧，让商家也能拥有那些短视频博主的惊人带货能力。

6.1.1 主图视频的策划技巧

主图视频，顾名思义，就是在主图前面的视频，拼多多平台也称为商品轮播视频（简称轮播视频），展示效果如图 6-1 所示。对于新手来说，主图视频是免费发布的，而且主图视频没有门槛，只需一部手机或相机就可以轻松拍摄。

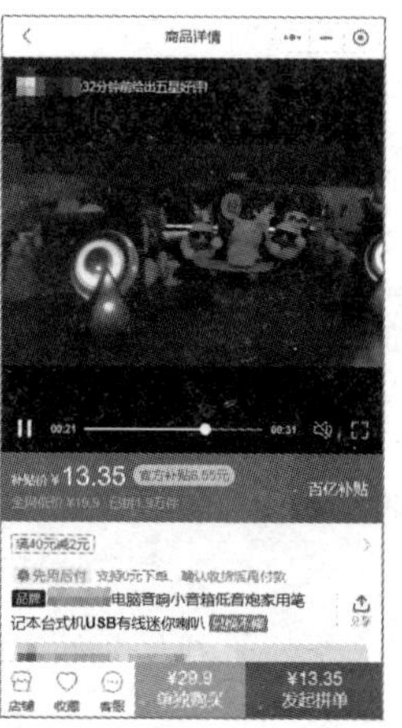

图 6-1　主图视频的展示效果

人类大脑接收信息的偏好为“视频 > 图片 > 文字”，视频更能全方位地传递商品的信息。当商家给商品添加主图视频后，买家点击主图左下角的播放按钮▶，即可播放预览视频内容。

主图视频是买家进入商品详情页后第一个看到的内容，与轮播图和描述图相比，主图视频可以多维度地展示商品的优势，更好地突出展示商品的细节、功能，让买家对商品有更多的了解，增加买家的停留时间，提升商品的转化率和收藏加购率，甚至还可以引导商品搭配。尤其对于想突出自家商品与同款质量不同、版型不同、细节品质不同的商家来说，更应该用视频去加强体现。

主图视频是用来呈现无法用图片展示的产品卖点的，商家也可以借助视频，用对比商品的方式来突出优势和卖点。例如，服装类的商品可以借助模特所在的地点转移做场景化的带入，很容易刺激买家的购买欲望。而单纯的图片轮播形式，并不能吸引买家，给他们带去有说服力的信息。

主图视频在内容上要更贴合商品，提升商品转化率的目的性更强。拼多多平台对于主图视频的拍摄要求如下。

（1）时长为 60 秒以内，太长了买家也没有耐心看完。

（2）宽高比为 1 ： 1、16 ： 9 或 3 ： 4，如图 6-2 所示。

图 6-2　1 ： 1（左）、16 ： 9（中）和 3 ： 4（右）的主图视频

（3）建议分辨率要不小于 720P（有效显示格式为 1280px × 720px）。

（4）支持 MP4、MOV、M4V、FLV、X-FLV、MKV、WMV、AVI、RMVB、3GP 等格式。

（5）禁止上传违禁内容，包括但不限于涉黄、涉暴和站外引流等。

6.1.2　商详视频的策划技巧

商详视频对商品的使用方法、材质、尺寸、细节等方面内容进行展示，同时有的商家为了拉动店铺内其他商品销量，或者提升店铺的品牌形象，还会在商详视频中添加搭配套餐、公司简介等信息，以此来树立和创建商品的形象。下面重点介绍商详视频的好处、要求、拍摄、规则与策划等内容。

1. 商详视频有什么好处

商详视频通常位于商品详情页的顶部位置，可用于展示商品详情页的全部内容，如图 6-3 所示。商详视频能够有效利用手机屏幕进而聚焦信息的特点，为买家提供一个更加纯粹、直观的购物场景，让他们通过视频即可充分了解商品的方方面面。

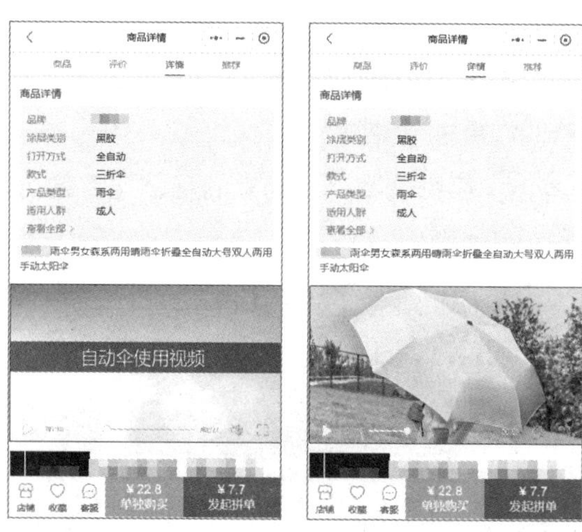

图 6-3　商详视频的展示效果

如果买家已经进入商品详情页，则说明他对该商品有一定的兴趣，而商详视频与图文内容相比，它可以更细致、直观、立体、全方位地展示商品的卖点和优势，能够有效刺激买家下单，提高商品转化率。

> 专家提醒：拼多多的商详视频最长可达 3 分钟，对剧本的创作更加灵活多变，商家可以将自己的商品更好地融入视频中，从多个角度来提升店铺和商品形象，更好地建立与买家之间的信任。

2. 商详视频的平台要求

通过“视频＋文字＋图片”制作的商品详情页，转化率通常会更高，转化率高了，商品销量自然也就上去了。那么，商详视频有哪些要求呢？

拼多多平台对于商详视频的要求如下。

- 尺寸比例：16 ∶ 9。

- 时长：3 分钟以内。
- 建议分辨率：≥ 720P。
- 视频格式和禁止上传违禁内容的要求与主图视频相同。

3. 商详视频的拍摄思路

优秀的商详视频通常包括商品卖点、品牌故事、设计理念等内容，在拍摄时尽量要多一些创意，用创意将商品的功能和卖点展现出来。

商家可以想一想自己做商详视频的目的是什么？是想用来打新？还是讲解商品的使用方法？或者是做商品的促销推广？总之，商家要先明确商详视频的使用目的，才能做出符合要求的作品，从而精准定位好视频受众。图 6-4 所示为商详视频的拍摄思路。

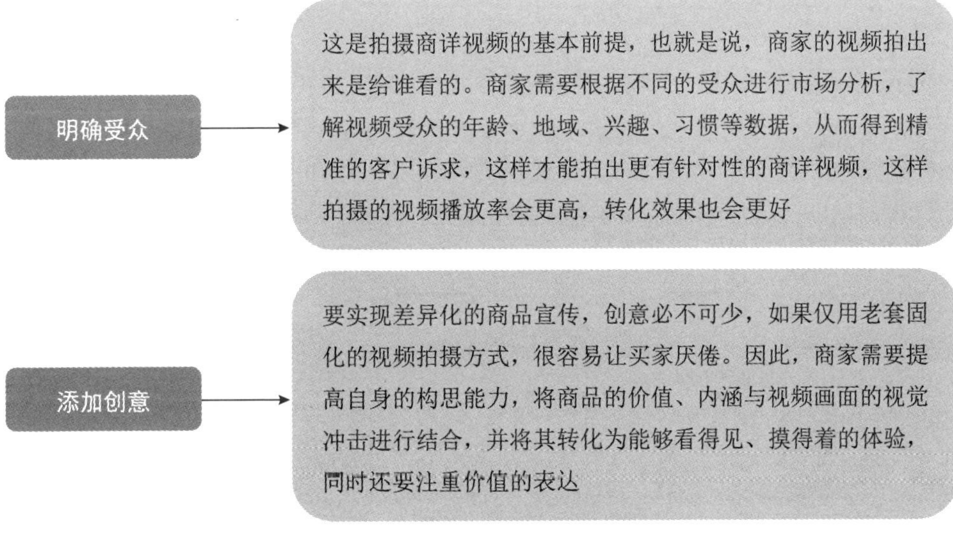

图 6-4 商详视频的拍摄思路

4. 商详视频的制作规则

各电商平台对于商详视频都有很严格的条件规范，商家如何才能做出符合平台规则的视频呢？下面从四个方面分析商详视频的常见制作规则。

（1）定义规则：商详视频是围绕商品拍摄的视频，主要用于展示商品的外观、功能和使用场景，与商品具有极强的关联性。

（2）发布规则：通常情况下，商详视频的发布不需要提前报名，商家可以在拼多多商家后台进行上传，然后由系统进行审核，符合条件后即可展示到对应商品的详情页置顶位置上。

（3）类目规则：拼多多平台的商详视频限制类目和轮播视频一致，包括易涉刀类、虚拟类、易涉政类、烟草类、保健品类等。

（4）内容规则：商详视频的内容要有新意、有吸引力，画面清晰稳定，构图合理，包装精致，同时以单品展示为主，对单品的功能、特点进行详细介绍，不能出现二维码、微信、QQ 等导流信息。

5. 商详视频的内容策划

与单调的文字和图片相比，视频的内容更丰富，记忆线也比较长，信息传递更直接、高效，一个优秀的商详视频能带来更好的销售业绩。

如今，短视频、直播带货当道，人们已经没有足够的耐心去浏览商品的图文信息，因此商详视频的重要性不言而喻。图 6-5 所示为商详视频的内容策划技巧，能够帮助商家打造优质的商详视频。

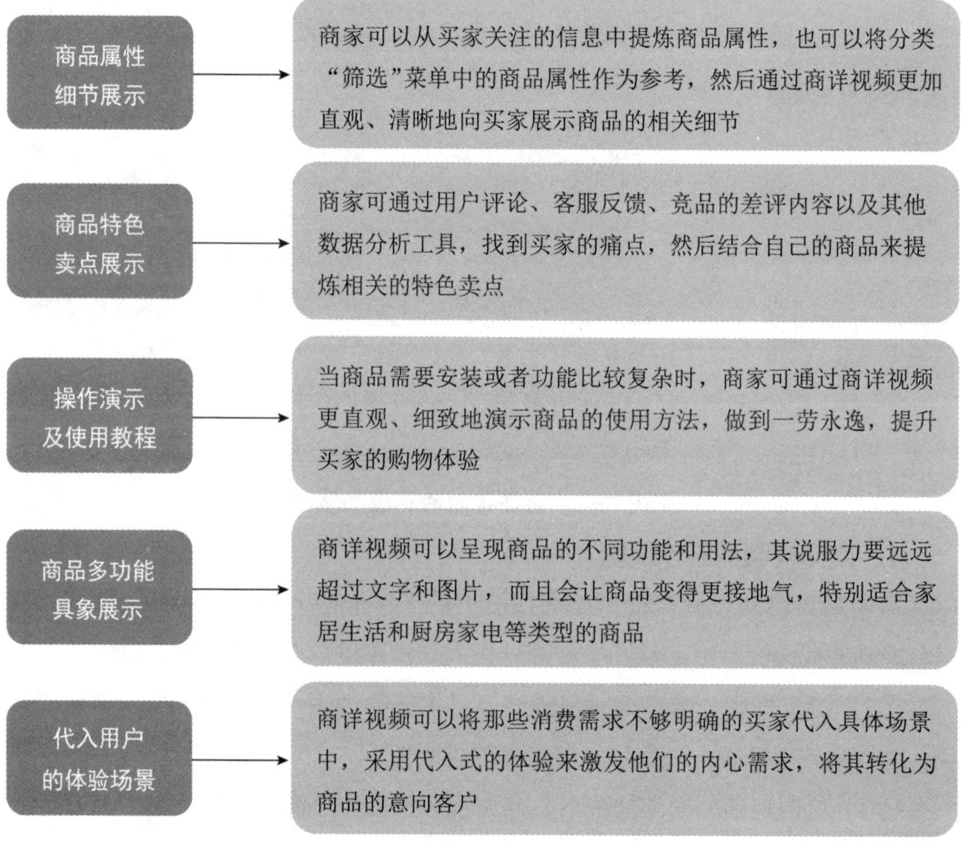

图 6-5　商详视频的内容策划技巧

商详视频不仅简单明了，而且还可以直击用户痛点，能够让买家深入了解商品的相关信息，增加买家在商品详情页的停留时间，并形成“种草”效果，以及能够快速达成成交。

6.1.3 种草视频的策划技巧

相对于图文内容来说，短视频可以使产品种草的效率大幅提升。因此，种草视频有着得天独厚的带货优势，可以让买家的购物欲望变得更加强烈，其主要优势如图 6-6 所示。

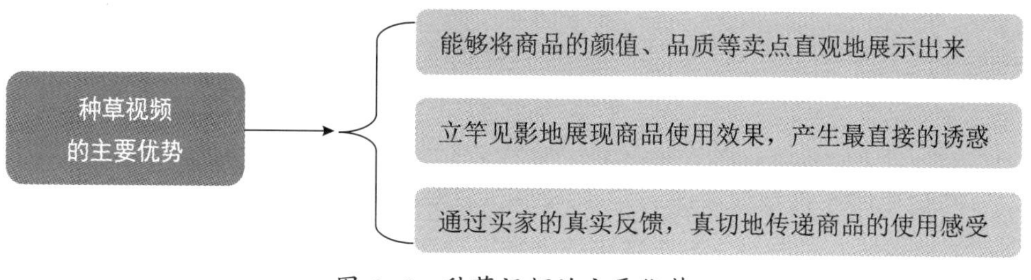

图 6-6 种草视频的主要优势

种草视频不仅告诉潜在买家你的产品是如何如何的好，还可以快速建立信任关系。种草视频的带货优势非常多，其基本类型如图 6-7 所示。

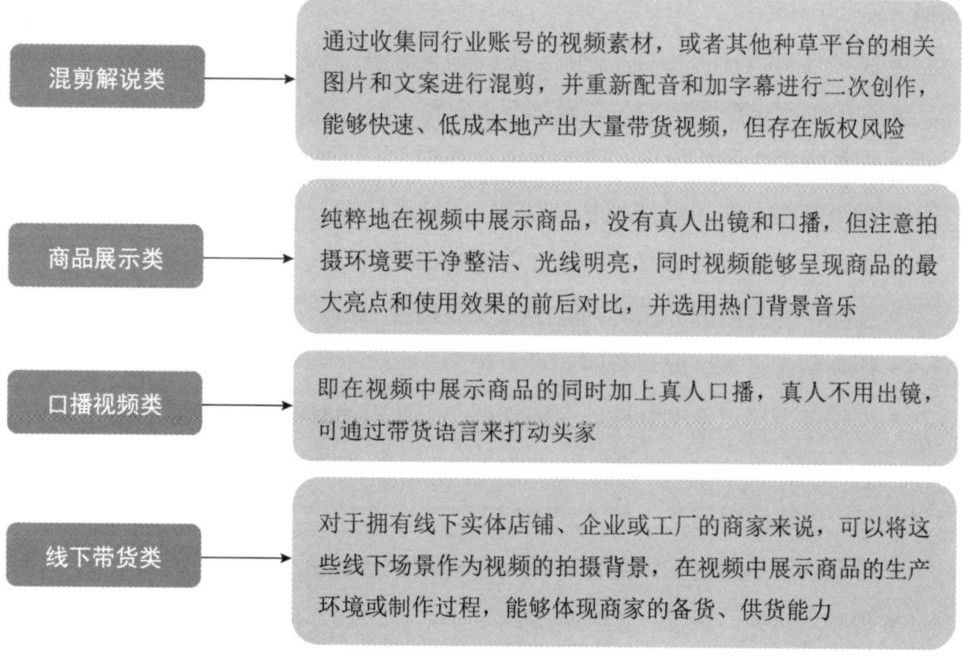

图 6-7 种草视频的类型

任何事物的火爆都需要借助外力，而爆品的锻造升级也是如此。在这个产品繁多、信息爆炸的时代，如何引爆产品是值得每一个商家都思考的问题。从种草视频的角度来看，打造爆款需要做到以下几点，如图 6-8 所示。

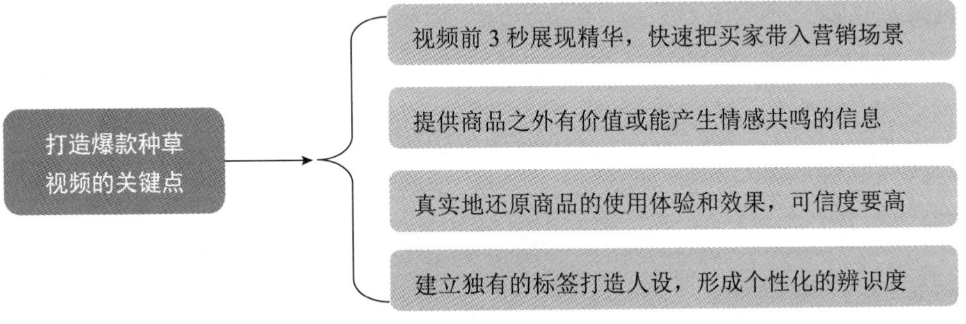

图 6-8　打造爆款种草视频的关键点

商家在制作种草视频时，对于内容的拍摄和策划一定要满足平台规则，否则可能会影响视频流量，甚至还可能会被平台删除或封号。下面详细介绍拼多多平台对于种草视频的相关禁忌和要求。

（1）禁忌 1：格式低质问题。如视频画面非常模糊，无法看清其中的内容等，这种存在明显的格式低质问题的视频无法通过平台审核。下面还列出其他一些格式低质问题。

- 视频带有明显的水印，影响买家的观看体验。
- 视频画面被严重裁剪，导致画面不完整。
- 视频的边框部分过大，而主体内容面积太小，不到整体画面比例的 1/3。
- 视频画面出现倾斜、变形、拉伸、压缩等问题。
- 视频是直接对着屏幕拍的，或者由简单的图片组成。
- 视频中的空白屏、黑屏内容时间长度超过 10 秒。
- 视频杂音过大，或者长时间没有声音。
- 视频进行了过度的变速或变声处理，无法听清其中的内容。

（2）禁忌 2：内容质量问题，无价值。视频的内容质量出现问题，或者内容是毫无价值的垃圾信息，相关问题如下。

- 视频内容是随意拍的画面，没有主题和信息增量。
- 视频为搞笑、颜值、情景剧等纯娱乐内容，缺乏信息价值。
- 视频画面全程静止或纯粹的挂机内容，无独特观点。

- 视频内容中的信息过于陈旧，发布时效过期太久。

（3）禁忌 3：广告问题，纯商业广告。种草视频尽量不要直接使用商品主图视频，或者为纯商业广告，相关问题如下。

- 视频内容为商业广告，如商详视频或广告宣传片等。
- 视频为单纯的商品（女装除外）展示，无信息增量。
- 广告内容夸张、虚假，如有医疗风险的广告内容。
- 视频中存在微信、手机号或第三方网址链接等信息。
- 视频中存在时间过长的剧情广告，且时长已过半。
- 带货口播内容的时间太长，如“点击下方链接购买”等。

种草视频的封面要择优选择，同时不能出现上述低质内容，并确保封面图片清晰美观，能够看清其中的人脸、画面细节和内容重点等。另外，封面不能采用纯色的图片，或者随意截取视频中的某一帧，必须能够展现一定的内容信息。

种草视频的封面尺寸为 9 ：16，标题要控制在 20 个字以内。同时，封面文案的配字大小和颜色都要合适，必须能够让人看得清楚，同时不能出现标点错误、错别字等情况。

种草视频可以将日常生活作为创作方向，包含但不限于这几类：穿搭美妆、生活技巧、美食教学、健康知识、家居布置、购买攻略等。拼多多平台对于种草视频的基本要求为：视频大小≤ 200MB；格式为 MP4；尺寸为 720P；建议比例为 9 ：16 的竖版；帧率为 2fps；时长为 10 ～ 60 秒。

> 专家提醒：种草视频的声音和画质都必须清晰，最好配有字幕，同时无违规、虚假、站外引流、不当言论、恶心恐怖等内容。种草视频的内容必须有意义、有价值，不能是纯搞笑、纯娱乐、纯音乐或监控录像等内容。

6.1.4 商品视频的剧本策划

剧本是视频内容的重要组成部分。许多人之所以喜欢刷短视频，主要是因为这些短视频的剧本情节设计得非常吸引人。那么，对于商品视频来说，剧本的设计不仅需要有足够大的脑洞，同时还应该将剧本与商品进行充分融合。

具体来说，商家可以重点从商品视频的剧本设计和抓住买家的消费心理这两个方面进行思考。下面主要以服装类商品为例，介绍五种常见的商品视频剧本类型，帮助商家打开思路，写出符合自身需求的商品视频剧本。

1. 只要视频画面好看即可

这种剧本类型对于拍摄条件的要求较高，如漂亮的模特和背景，缺一不可。商家可以选择室内摆拍场景或者街拍场景来作为背景，让模特摆Pose（姿势），或者走走路，总之怎么好看怎么拍即可。这类剧本的关键在于拍摄产品的使用场景，比较适合服装、鞋类以及化妆品等类目。

以服装产品为例，可以多拍模特穿上服装后的上身效果，相关技巧如图6-9所示。当然，不仅模特要美丽动人，同时商家在拍摄时还需要给视频添加一些滤镜或美颜效果，以及契合主题的背景音乐，让画面显得更加好看，更能打动买家。后期的视频处理对于软件的要求不高，大部分的视频剪辑工具都可以胜任。

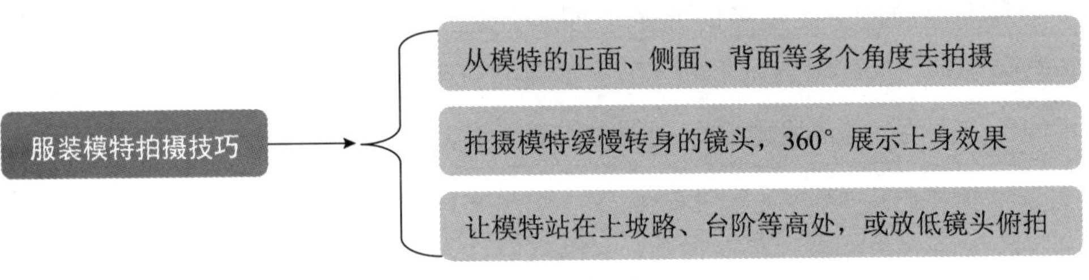

图 6-9 服装模特拍摄技巧

2. 用道具展示产品的品质

在拍摄商品视频的过程中，商家可以使用各种道具来证明商品的品质优势，向买家充分表明自己的产品材料好、做工好和质量好。

> 专家提醒：使用道具拍摄商品视频时，不仅要添加合适的背景音乐，同时还需要加上解说字幕。因为很多电商平台的主图视频默认是静音的，买家如果不主动点击喇叭图标🔇开启声音，是听不到任何声音的。所以，商家必须给产品视频添加字幕，从而将每一步所展示的商品特点进行解说，让买家一目了然。

3. 紧扣买家需求推荐商品

对于商家来说，买家需求必须准确把握，否则你的产品很难对准买家的胃口，那么自然也难以吸引他们下单。

这种类型的剧本需要商家进行思考，同时还需要搭配实际使用场景来进行说明。拍摄这种类型的商品视频剧本，有一个非常重要的前提，就是模特在镜头前的表现力要强，能够表现商品的风格、主题、立意和特点。

同时，商家还可以借助光线、拍摄角度、背景音乐和后期调色，烘托视频的气氛，起到画龙点睛的作用，让模特更有表现力。

4. 向买家展示穿搭的技巧

当买家看到商家的商品后，如果商家能够给他一个必买的理由，相信买家会毫不犹豫地下单。例如，很多女孩子在买衣服时，常常会想："我买了这条裤子后，该穿什么样的衣服进行搭配呢？"此时，商家可以在视频中向买家展示商品的穿搭技巧，并以此为剧本来进行拍摄。

如果商家没有模特，也可以将搭配好的衣服和裤子挂在一起，或者铺开放在一起，告诉买家应如何进行穿搭。总之，要拍摄这种商品视频剧本，商家不仅要懂得穿搭技巧，还需要有用于搭配的服装，并添加合适的背景音乐。

5. 商品图片一键生成 PPT

很多不会拍摄商品视频的商家，或者没有商品和模特资源的商家，可直接用商品主图来制作 PPT 幻灯片形式的商品视频。商家在策划这类商品视频剧本时，可以借助对比竞品的方式，突出自己的商品优势和卖点，增加视频的说服力。

6.1.5 商品视频的拍摄技巧

在拍摄商品视频时，商家同样需要在镜头的角度、景别以及运动方式等方面下功夫，掌握一些常用的运镜手法，能够更好地突出视频的主体和主题，让买家的视线集中在你想要展示的商品对象上，同时让视频画面更加生动，更有画面感。

镜头拍摄包括两种常用类型，分别为固定镜头和运动镜头。固定镜头是指在拍摄商品视频时，镜头的机位、光轴和焦距等都保持固定不变，适合拍摄主体有运动变化的对象，如 360° 旋转产品、展示产品用途和特色等画面。图 6-10 所示为使用电动转盘拍摄固定镜头的商品视频。

图 6-10 使用电动转盘拍摄固定镜头的商品视频

运动镜头是指在拍摄的同时会不断地调整镜头的位置和角度，也可称为移动镜头。因此在拍摄形式上，运动镜头比固定镜头更加多样化，常见的运动镜头包括推拉运镜、横移运镜、摇移运镜、甩动运镜、跟随运镜、升降运镜以及环绕运镜等。商家在拍摄商品视频时可以熟练使用这些运镜方式，更好地突出画面细节和表达主题内容，从而吸引更多买家关注你的商品。

在拍摄商品视频时，商家还要善于运用近景、全景、远景、特写等景别，让画面中的情节叙述和感情表达等有表现力。例如，远景镜头可以更加清晰地展现商品的外貌形象和部分细节，以及更好地表现视频拍摄的时间和地点。

另外，对于拍摄静物商品视频而言，比各种拍摄角度更重要的是画面内一定要有运动的元素，如果固定拍摄角度，将商品放在拍摄台上一动不动，这样拍出来的视频和照片没有任何区别。因此，商家在拍摄商品视频时，一定要让画面运动起来，从而增强视频的感染力。

> 专家提醒：运镜的基础是稳定，不管你是用手机，还是相机或者摄像机，在拍摄时都要保持器材的稳定，这是获得优质画面的基础。建议大家在采用运镜手法拍摄商品视频时，尽量用稳定器来固定拍摄设备，从而避免画面产生不必要的抖动模糊。

6.1.6 商品视频的拍摄禁忌

商品视频的目的是将实际商品展现在买家面前，很多商家对于这一点的认识还不够，白白浪费了商品视频这么好的展现资源位。下面介绍一些商品视频的拍摄禁忌，大家一定要小心避免这些误区，否则商品视频只能成为一种摆设。

1. 背景拒绝脏乱差

商品必须是视频展示的主体，而且为了凸显商品，整个视频画面务必做到干净、整洁，背景不能乱七八糟。如图 6-11 所示，视频背景中的各种家具和杂物等都会分散买家的注意力，无法成功展示商品。

如图 6-12 所示，这个童装视频就做得很好，使用纯色的布作为背景，不仅简单、干净，而且能够更好地突出商品使用的日常场景，让买家觉得物有所值。

图 6-11　背景脏乱差的主图视频

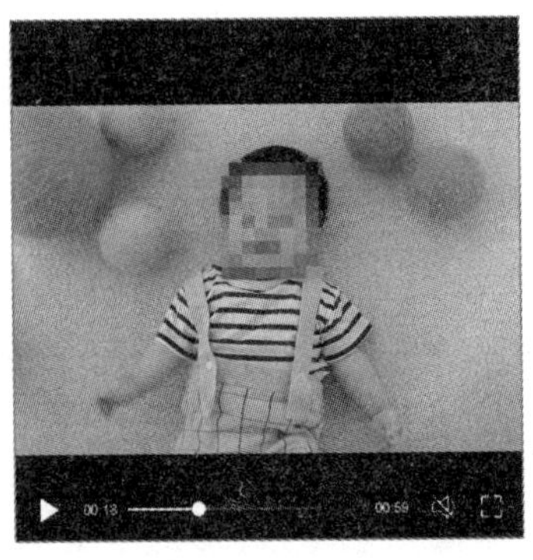

图 6-12　背景好的主图视频

2. 模特行为要合理

商家在拍摄商品视频时，除了要展现商品的卖点外，也要注意买家观看视频的体验，这其中就包括模特行为的合理性。任何在视频中出现的元素都有可能影响买家的观看体验，千万不要因为这些细节问题引起他们的反感。

例如，服装类和鞋包类的主图视频，通常采用模特试穿的展示形式，很多都是直接采取模特快速切换姿势拍商品照片的方式，其实这样无法完整展示出真实的穿着场景，而且还会引起买家的反感和怀疑。

另外，很多商家直接将做站外推广的视频搬运到主图视频的位置，这样买家看了后可能会怀疑商品的真实性。因此，商家们一定要注意商品视频中的这些小细节，视频做好后多检查下，不合理的地方要及时进行优化，提升买家的观看体验。

3. 注重视频开端

在利用一些视频软件剪辑时，开头会带上软件的片头、广告或水印，而且持续时间还比较长，这会极大地影响买家的观看欲望。在碰到这种情况时，商家可以更换计算机自带的剪辑软件再进行一些简单的操作，去掉这种片头即可。

很多人看视频基本都不会看完的，通常只会看前面几秒。商品视频的前几秒如果连商品都没有出现，那么买家可能会直接说“拜拜”了，毕竟他们的时间都是有限的。

一个商品视频前 5 秒通常会让买家决定是否继续看下去，也因此视频开头非常重要，要尽快出现商品主体，抓住买家的眼球，提高浏览深度。

6.2 商品视频的制作与剪辑

积木视频是拼多多官方推出的一款免费视频制作工具，拥有众多的行业模板可以选择，能够帮助商家将店内的商品一键生成为视频，即使没有剪辑基础的商家也可轻松制作商品视频，助力商家提升店铺流量和转化率。

6.2.1 根据行业选择视频的模板

积木视频拥有多种行业和不同尺寸的模板可供商家选择，如服饰、数码3C、车品、玩具、居家日用、母婴家装、食品饮料、电器、美妆等行业。下面介绍选择视频模板的具体操作方法。

（1）进入拼多多商家后台主页，在左侧导航栏中选择“商品管理→商品素材”选项，如图 6-13 所示。

（2）进入“商品素材”页面，单击“素材工具”选项卡，如图 6-14 所示。

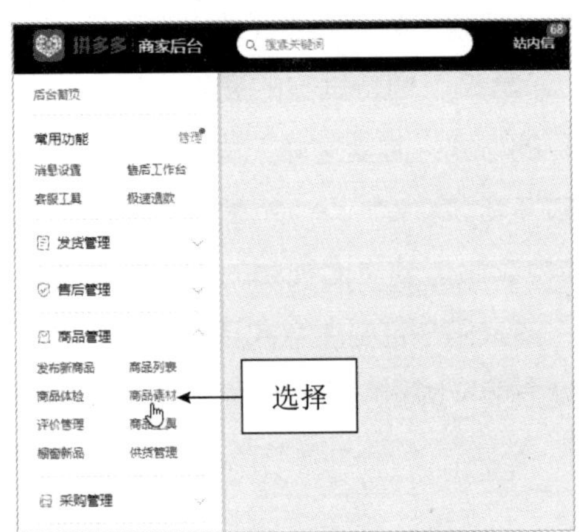

图 6-13　选择“商品素材”选项

图 6-14　单击“素材工具”选项卡

专家提醒：积木视频的模板根据视频的画面尺寸分为 3 种，1 ：1 为正方形的视频，3 ：4 和 16 ：9 为长方形的视频，商家可以都浏览试用一下。目前，积木视频还是初期版本，只为部分行业设计模板，后续会陆续增加新的模板。

（3）切换至“素材工具”选项卡，在“视频制作”选项区中单击“立即使用”按钮，如图 6-15 所示。

（4）进入“积木视频”的引导页面，单击“立即使用”按钮，如图 6-16 所示。

图 6-15　单击“立即使用”按钮

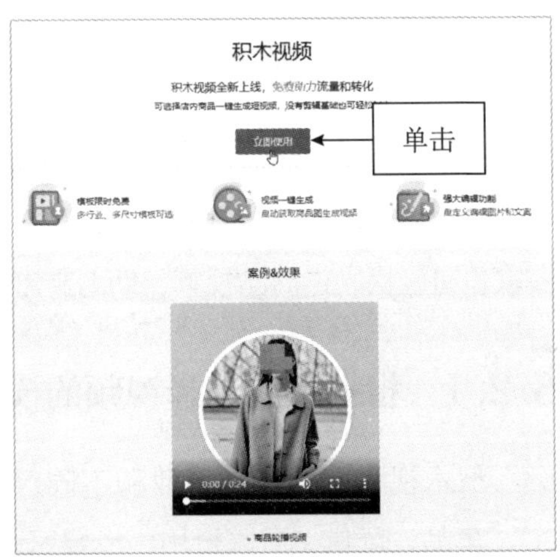

图 6-16　单击“立即使用”按钮

（5）进入“积木视频”的制作页面，商家可以根据视频尺寸和行业风格来筛选模板，点击相应的模板缩略图，即可播放预览模板视频效果，如图 6-17 所示。

图 6-17　预览模板视频效果

6.2.2　商品视频的两种制作方式

商家选择好自己想要使用的模板后，选择“商品一键生成”或“自定义素材”两种方式来自动生成主图视频。

例如，单击“商品一键生成”按钮，弹出“选择商品生成视频”对话框，如图 6-18 所示。选择好店内的商品后，系统会自动获取该商品中的素材图片并进行筛选，将其中的优质图片自动替换进视频模板中，效果如图 6-19 所示。

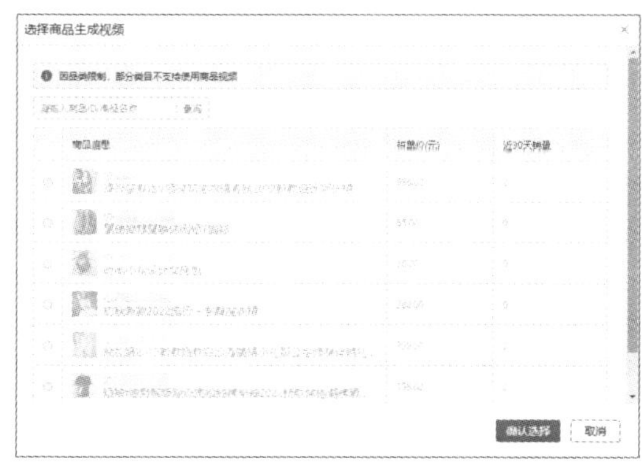

图 6-18　“选择商品生成视频”对话框

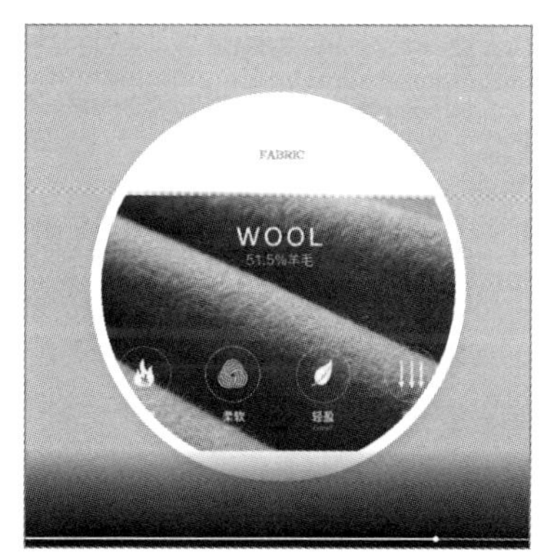

图 6-19　模板效果

下面以“自定义素材”为例，介绍具体的操作方法。

（1）选择相应模板后，单击“自定义素材”按钮，如图 6-20 所示。

（2）进入“选择素材”页面，单击“本地上传”按钮，如图 6-21 所示。

图 6-20　单击“自定义素材”按钮

图 6-21　单击“本地上传”按钮

（3）弹出“打开”对话框，选择相应的商品图片，如图 6-22 所示。

（4）单击“打开”按钮，❶添加商品图片；❷单击“智能生成”按钮，如图 6-23 所示。

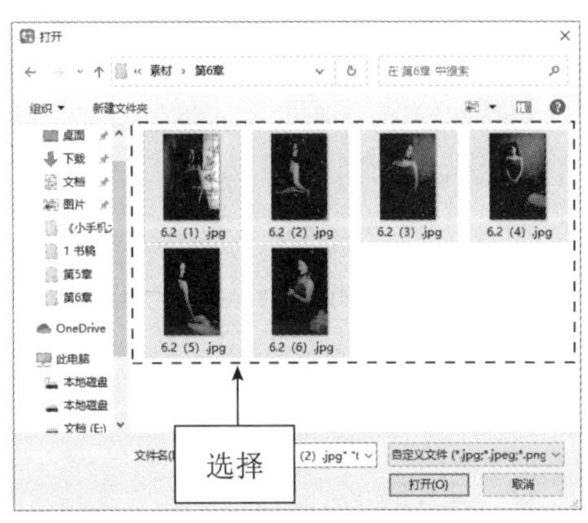

图 6-22　选择相应的商品图片

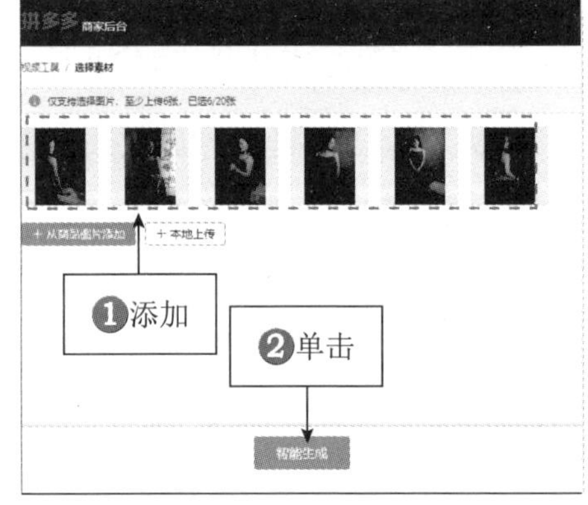

图 6-23　单击“智能生成”按钮

6.2.3　商品视频素材的编辑处理

进入“视频编辑”页面，商家可以对每个片段进行编辑，修改其中的图片和文案内容。编辑视频素材的具体操作方法如下。

（1）生成视频后，单击相应片段下方的“编辑”按钮，如图 6-24 所示。

（2）弹出“编辑片段”对话框，如图 6-25 所示。

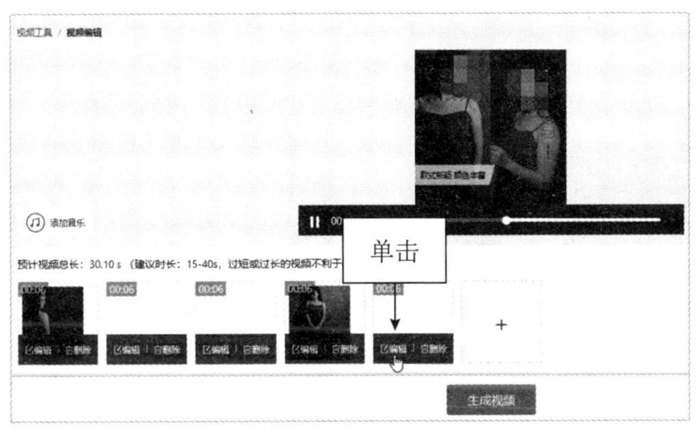

图 6-24　单击“编辑”按钮

（3）在“字幕”文本框中输入新的文案，如图 6-26 所示。

（4）将鼠标移至素材图片上，单击“上传本地图片”按钮，如图 6-27 所示。

（5）弹出“打开”对话框，选择相应的商品图片，如图 6-28 所示。

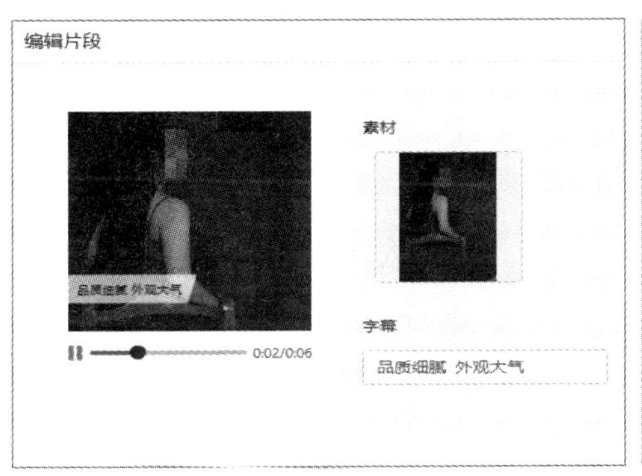

图 6-25　“编辑片段”对话框

编辑片段
素材
字幕
输入
散发性感雅致魅力

图 6-26　输入新的文案

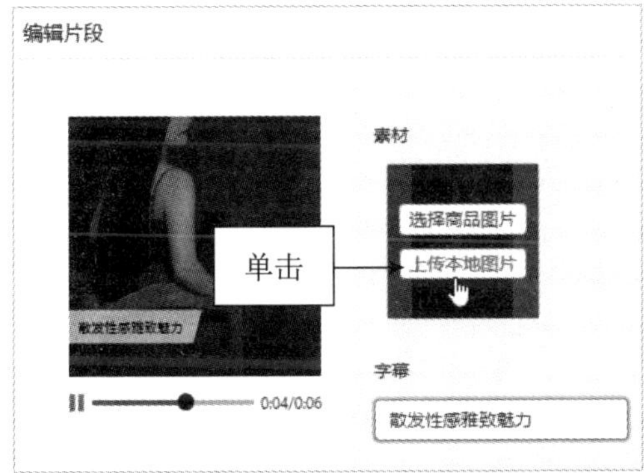

图 6-27　单击“上传本地图片”按钮

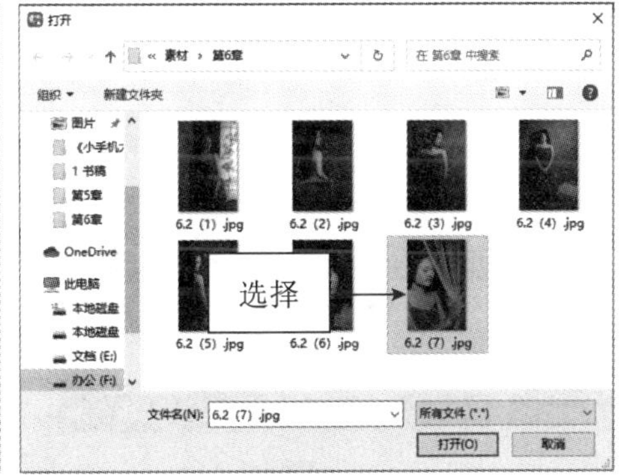

图 6-28　选择相应的商品图片

（6）单击“打开”按钮，❶即可更换图片素材；❷单击“确认”按钮，即可完成视频片段的编辑，如图 6-29 所示。

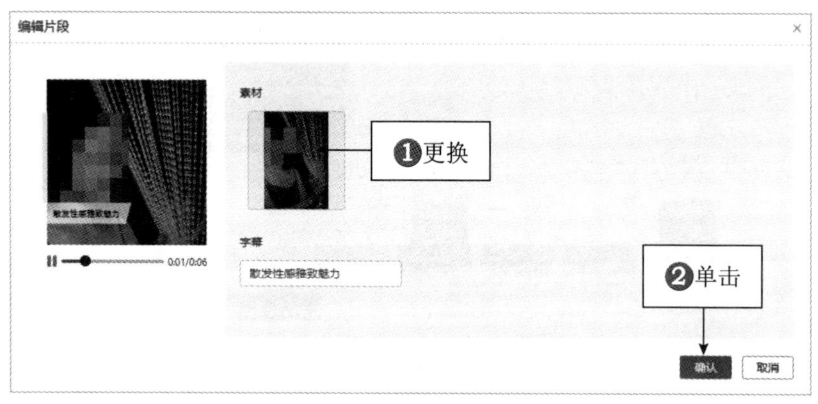

图 6-29　单击“确认”按钮

专家提醒：在编辑文案内容时，注意一定要与实际情况相符合，否则系统一旦发现商家使用模板时没有修改合适的文案，会考虑关闭轮播视频权限。

6.2.4　为商品视频添加背景音乐

商家可以选择合适的商品视频背景音乐，不过预览视频时音乐不会播放出来，只有在视频渲染完成后才能听到音乐。添加视频背景音乐的具体操作方法如下。

（1）在“视频编辑”页面中，单击“添加音乐”按钮，如图 6-30 所示。

（2）弹出“选择音乐”对话框，单击“舒缓”按钮，如图 6-31 所示。

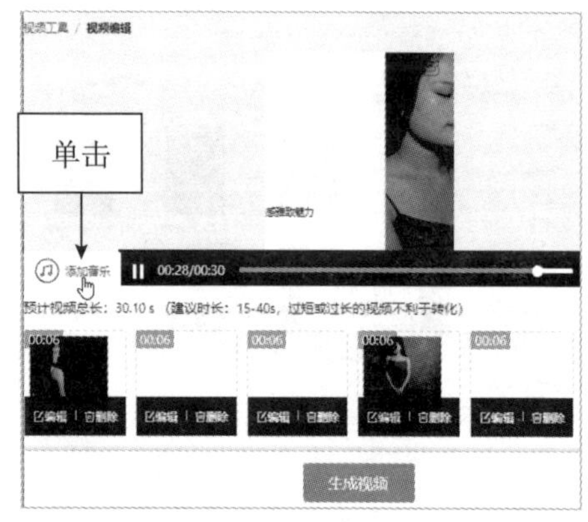

图 6-30　单击“添加音乐”按钮

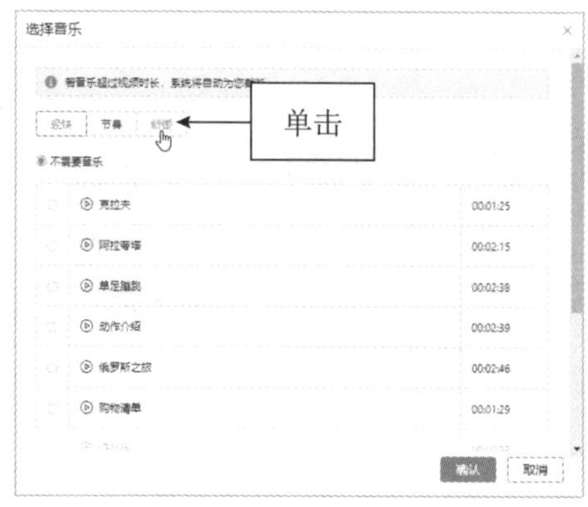

图 6-31　单击“舒缓”按钮

（3）在“舒缓”选项卡中选中相应音乐前的单选按钮，单击“播放”按钮⊙进行试听，如图 6-32 所示。

（4）单击“确认”按钮，即可添加背景音乐，如图 6-33 所示。

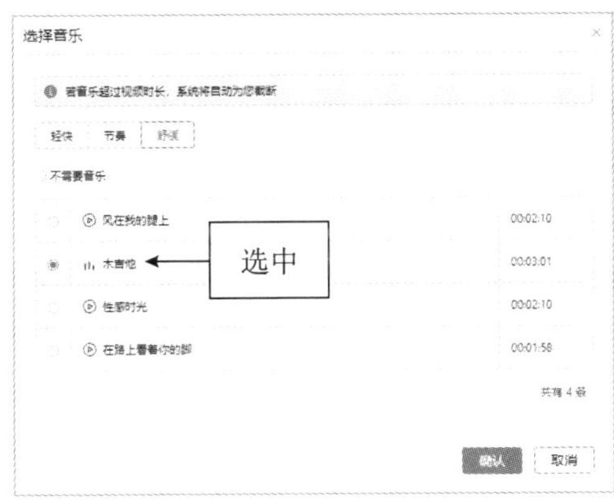

图 6-32　选中相应音乐

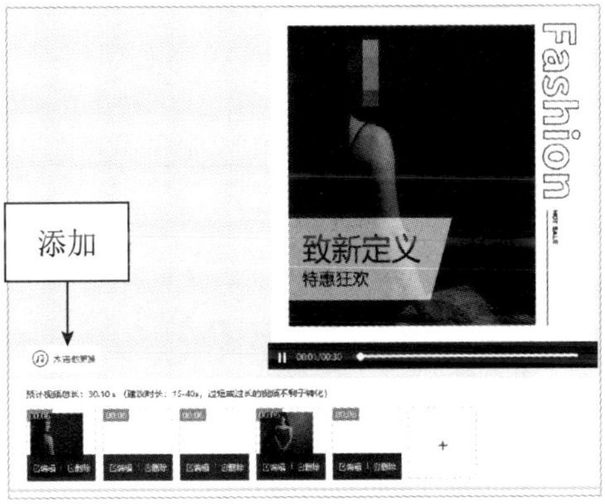

图 6-33　添加背景音乐

6.2.5　保存与预览商品视频效果

在保存视频时，商家可以选择只保存视频而不添加到商品中。如果商家已经上传了对应的商品，建议商家还是直接选择商品上传更好，否则还要去商品编辑页面重新上传视频。保存和查看主图视频的具体操作方法如下。

（1）商品视频编辑完成后，单击“生成视频”按钮，如图 6-34 所示。

（2）弹出信息提示框，单击“查看我的视频”按钮，如图 6-35 所示，即可保存商品视频。

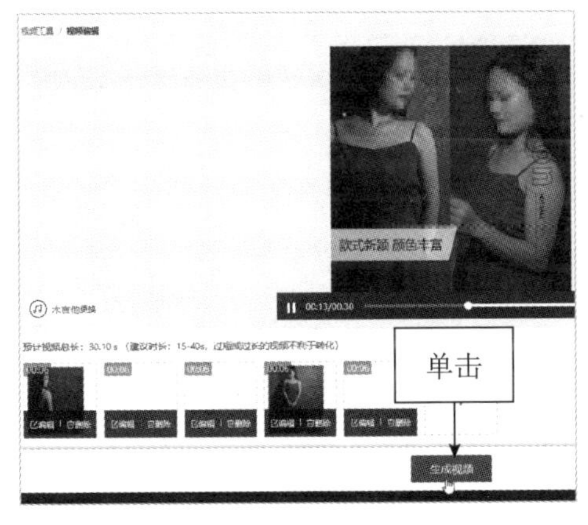

图 6-34　单击“生成视频”按钮

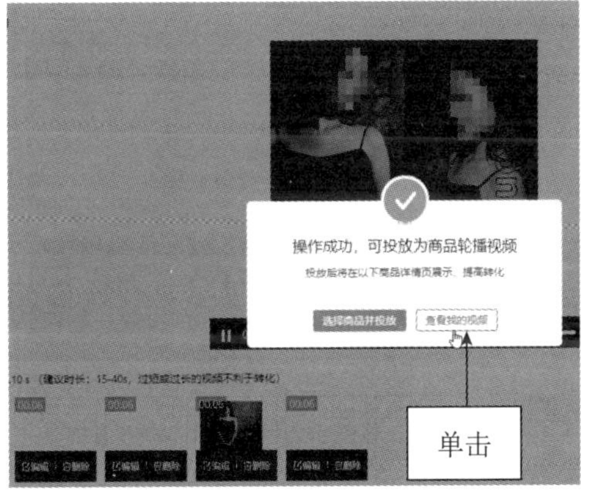

图 6-35　单击“查看我的视频”按钮

专家提醒：在拍摄和制作商品视频的过程中需要注意很多规范，以求用最佳画面和文案来展示出商品的特点，提升买家的购买欲望。

（3）进入“我的视频”页面，即可看到生成的主图视频效果，如图 6-36 所示。

（4）在视频上右击，在弹出的快捷菜单中选择“视频另存为”命令，可以将视频存到计算机上，如图 6-37 所示。

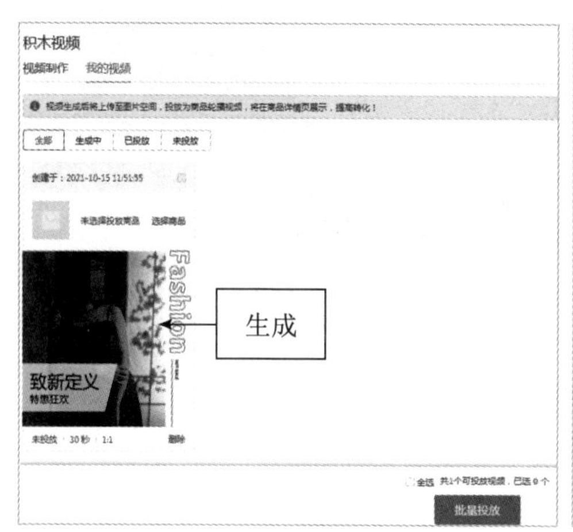

图 6-36 “我的视频”页面

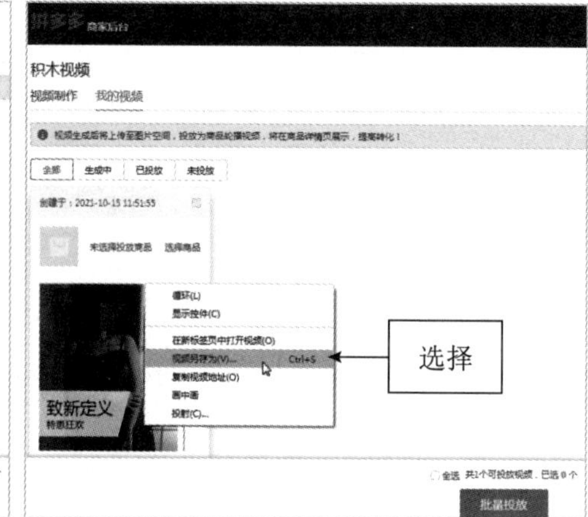

图 6-37 选择“视频另存为”选项

如果商家没有选择投放到轮播视频，则视频生成之后，系统会自动帮商家上传至图片空间。在拼多多商家后台的左侧导航栏中选择“店铺管理→图片空间”选项进入其页面，在“全部文件”列表中可以看到一个“积木视频”文件夹，点开后可以进行复制链接、删除和下载等操作，如图 6-38 所示。

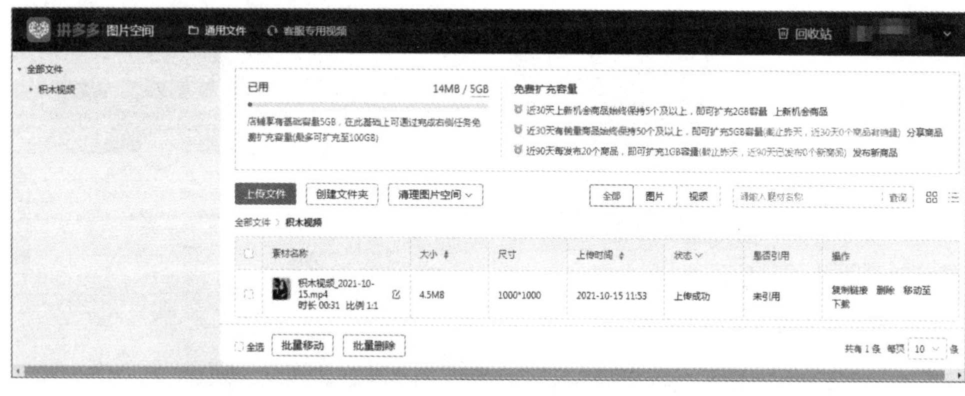

图 6-38 管理“积木视频”文件夹

需要注意的是，生成视频需要一些时间，系统会在后台制作视频，此时商家可以切换到其他页面，过一两分钟再去“我的视频”页面查看视频的状态。图 6-39 所示为使用积木视频制作的主图视频效果。

图 6-39　主图视频效果

6.3　商品视频的上传与应用

当商家制作好商品视频后，可以将其上传或应用到各个店铺页面，提升店铺装修效果，如店铺首页、主图区域、商品详情页或店铺关注页等渠道，让买家能够及时看到和点击播放，从而吸引买家购买视频中的商品。本节主要介绍各种商品视频的上传渠道与应用技巧。

6.3.1　添加视频组件

目前，大众对于短视频的喜爱度非常高，其带货转化率高达 70% 以上。尤其是在流量竞争非常激烈的电商平台中，带货类短视频的出现，无异于给商家们增加了一个流量极大的商品曝光渠道，因此大量商家都在积极布局短视频以争抢流量。

商家可以在店铺首页中添加视频组件，对主推商品或促销活动进行介绍，增加进入店铺首页的买家下单率，下面介绍具体的操作方法。

（1）进入“拼多多店铺装修”页面，在左侧的“开始装修”窗口的“视频组件”选项区中，选择“视频”组件，如图 6-40 所示。

（2）❶在店铺首页中添加一个“视频”组件；❷单击“上移”按钮⬆将其调至首页的顶部位置，如图 6-41 所示。

图 6-40　选择“视频”组件

图 6-41　添加“视频”组件

（3）在右侧的“视频”窗口中，单击“选择视频”按钮，如图 6-42 所示。

（4）弹出“图片空间”对话框，选择相应的商品视频，如图 6-43 所示。

图 6-42　单击“选择视频”按钮

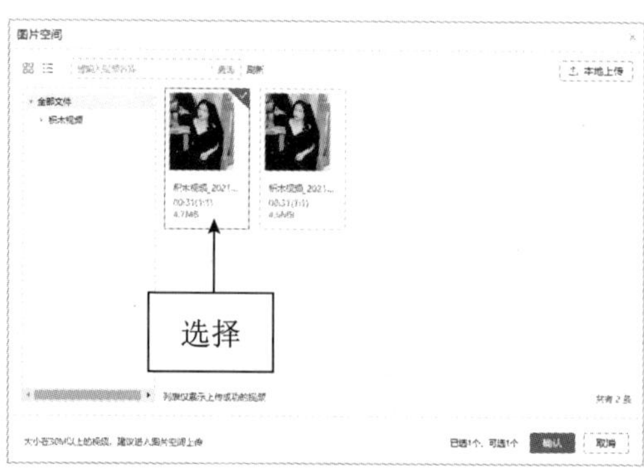

图 6-43　选择相应的商品视频

（5）单击“确认”按钮，弹出“选择视频封面”对话框，拖动播放进度滑块，选择相应的视频帧作为封面，如图 6-44 所示。

图 6-44　选择相应的视频帧作为封面

（6）单击“确定”按钮，即可在店铺首页添加商品视频，效果如图 6-45 所示。

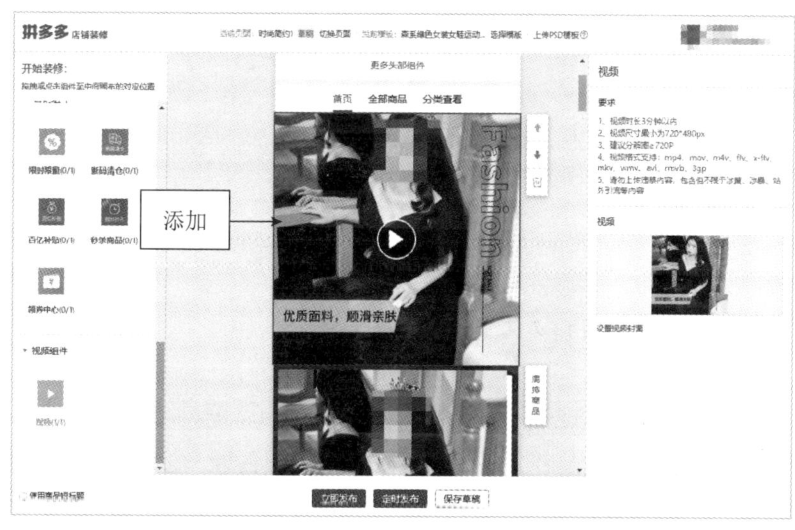

图 6-45　添加商品视频

6.3.2　上传主图视频

在拼多多平台上，新开店的商家合规经营一段时间后，即可自动获得主图视频权限。如果商家发现自己还不能上传主图视频，建议根据以下规则进行检查。

- 店铺未缴纳保证金。
- 未绑定银行卡。
- 店铺经营异常。
- 店铺开店时长未超过 30 天。
- 店铺近 90 天内无销量。

给商品上传主图视频对营销效果很有帮助，商家可以在发布商品时，在“基本信息→商品轮播视频”处单击“上传视频”按钮进行上传，如图 6-46 所示。

图 6-46 单击“上传视频”按钮

6.3.3 上传商详视频

在拼多多平台上，普通店铺新入驻时无法立即获取商详视频权限，商家可向对接运营申请开通。进入拼多多商家后台的“店铺管理→店铺信息→基本信息”页面，❶单击“招商对接联系方式”右侧的“查看”按钮；❷在弹出的“招商对接联系方式”对话框中单击“申请进群”按钮即可，如图 6-47 所示。

如果店铺运营一段时间后仍然没有获取商详视频权限，建议商家检查店铺保证金、绑定银行卡和经营的商品类目是否可发布商详视频。拥有商详视频权限的商家，在拼多多商家后台的“编辑商品”页面中找到商详视频的发布入口，单击“上传视频”按钮即可，如图 6-48 所示。

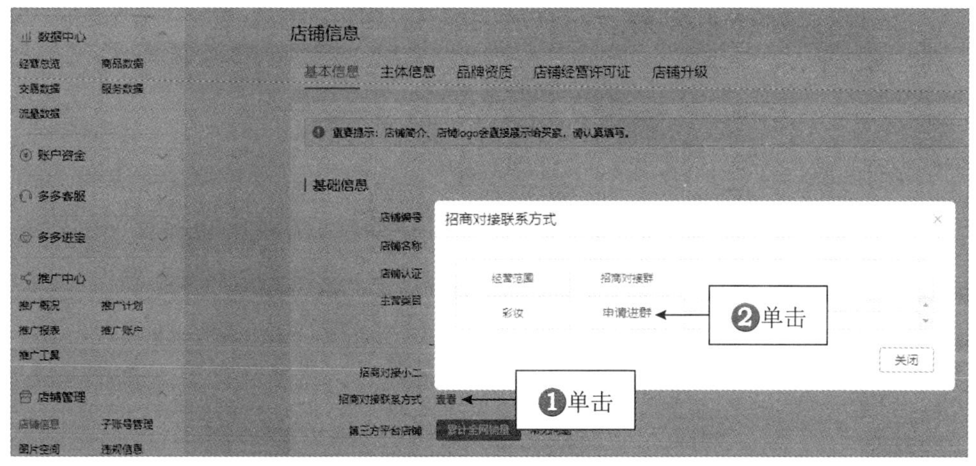

图 6-47　联系对接运营的方法

图 6-48　单击“上传视频”按钮

6.3.4　上传种草视频

目前，很多电商平台对于种草视频的扶持力度都非常大，如拼多多提供了优先审核、推荐加成和专属运营等权益。下面介绍在拼多多平台上发布种草视频的基本流程。注意，拥有直播权限且店铺关注数≥ 1 的商家才可以发布视频。

（1）打开拼多多商家版 App，在“店铺”界面的“常用应用”选项区中点击“多多直播”按钮，如图 6-49 所示。

（2）进入“多多直播”界面，点击底部的“创建视频”按钮，如图 6-50 所示。

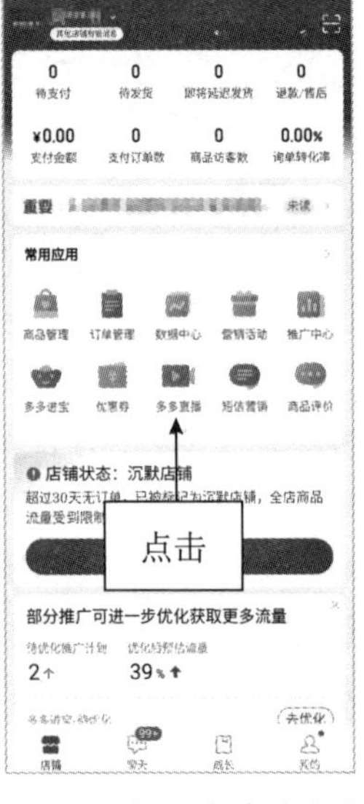

图 6-49　点击“多多直播”按钮

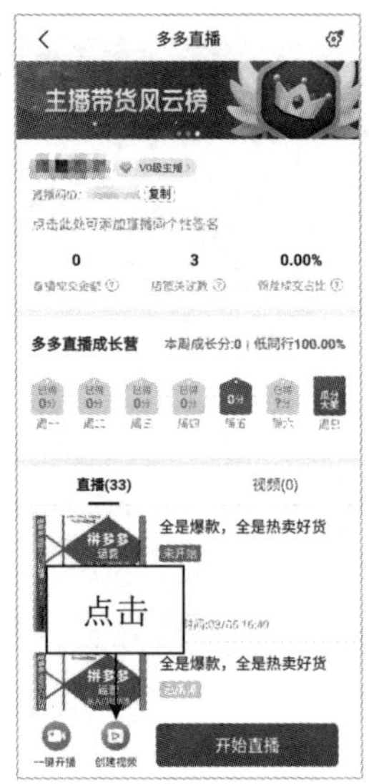

图 6-50　点击“创建视频”按钮

（3）进入“全部视频”界面，选择要发布的商品视频，如图 6-51 所示。

（4）进入“预览视频”界面，点击“下一步”按钮，如图 6-52 所示。

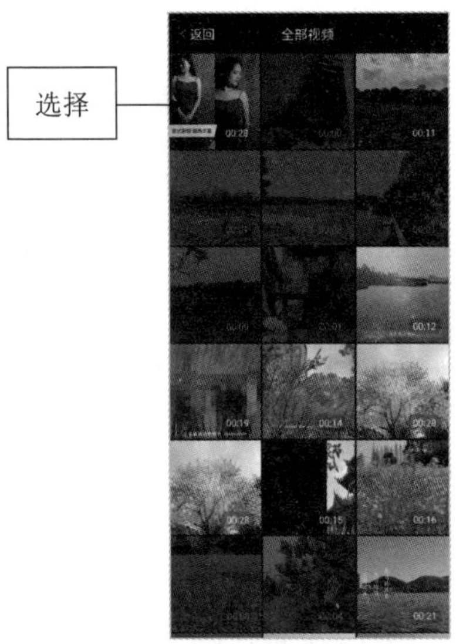

图 6-51　选择要发布的视频

图 6-52　点击“下一步”按钮

（5）进入“编辑视频”界面，在此可以设置视频的封面和标题，如图 6-53 所示。注意，视频标题为非必填项目，限制在 40 个字以内。

（6）点击“选择商品”按钮，进入“添加商品”界面，商家可通过店铺商品或商品 ID 等方式来添加商品，如图 6-54 所示。

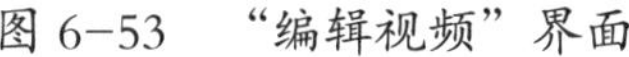
图 6-53 “编辑视频”界面

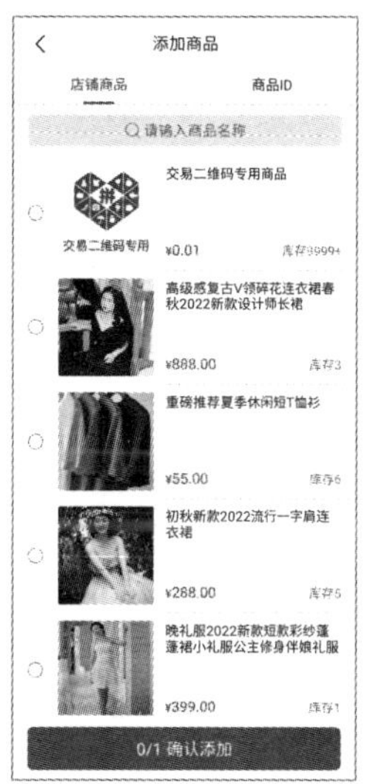

图 6-54 “添加商品”界面

专家提醒：如果种草视频和商品的关联性很强，商家也可以在视频中添加商品链接，这样买家在观看视频时可以直接点击商品拼单卡片进入商品详情页，能够减少下单路径，有效提升商品的转化率。

（7）在“编辑视频”界面中点击“发布视频”按钮，即可发布视频，并显示发布进度，如图 6-55 所示。

（8）稍等片刻，即可发布视频，同时进入审核阶段，如图 6-56 所示。

图 6-55 显示发布进度

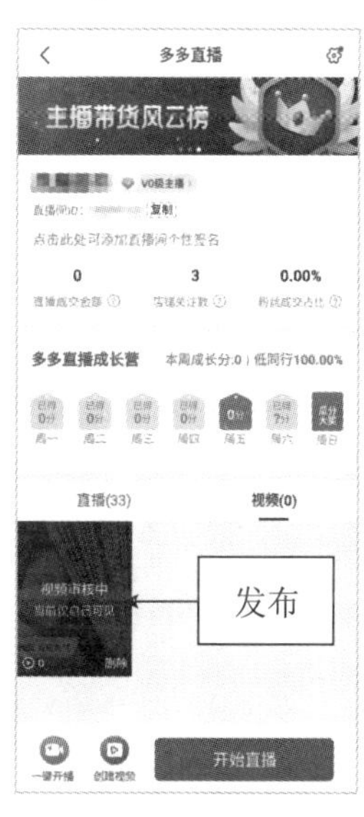

图 6-56 发布视频

审核通过后，买家即可在店铺首页或店铺关注页中看到该视频。需要注意的是，拼多多禁止发布的视频内容情况包括但不限于以下几种。

- 不得违规推广，包括不限于售卖假冒或盗版商品等。
- 不得发布违禁商品。
- 不得存在易导致交易风险的行为。
- 不得侵犯他人权益。
- 不得宣传第三方平台信息，禁止为第三方平台导流。

第7章

直播封面：抢占拼多多平台的流量红利

商家在拼多多平台上直播时，还需要对直播间进行一定的视觉优化和美工设计，包括直播封面、直播标题、直播场地、背景装饰、直播公告以及广告素材等细节，从而让直播间获得平台推荐，赢得更多的流量红利。

7.1 优质直播封面的图文标准

拼多多直播的封面图通常包括主播人像图和带货商品图两种类型，不同的封面类型有不同的质量标准，同时商家还需要注意封面和标题的制作标准，确保做出符合平台规则的直播封面图文效果，本节将进行具体介绍。

7.1.1 主播人像封面图标准

对于歌舞娱乐类或者专业技能类的主播来说，可以使用自己的人像图作为直播封面，具有打造个人 IP 的作用。优质人像封面图的相关标准如图 7-1 所示。

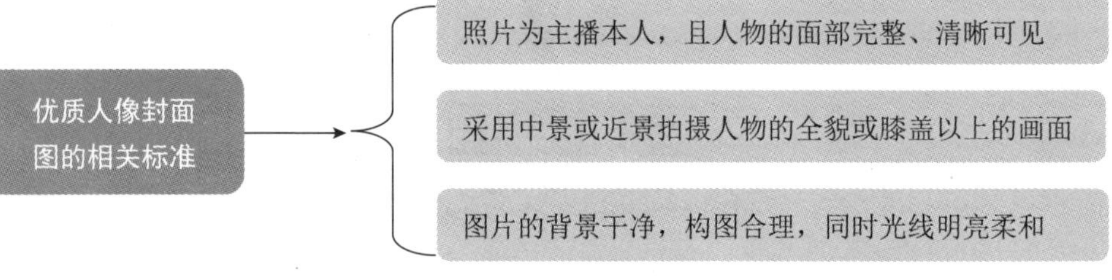

图 7-1 优质人像封面图的相关标准

图 7-2 所示为采用主播人像图的直播封面，展现出优雅的穿搭效果。

图 7-2 采用主播人像图的直播封面

另外，商家还需要注意避免使用一些低质的人像封面图，具体如下。

- 不是主播本人的图片，如网络上随便找的人像图。
- 使用未经授权的明星照片。
- 直接用直播间的截图。

- 没有美感的大头照，或者后期处理太差的图片。
- 多人合照或拼接的图片。
- 有不雅着装与动作的照片。
- 用床作为道具拍摄的照片，或斜躺着拍摄的照片。
- 文字过多或背景杂乱的照片。

7.1.2 直播商品封面图标准

如果商家的目的不是打造个人 IP，而是想通过直播来卖货提升商品销量，那么就可以选择商品图作为直播封面。优质商品封面图的相关标准如图 7–3 所示。

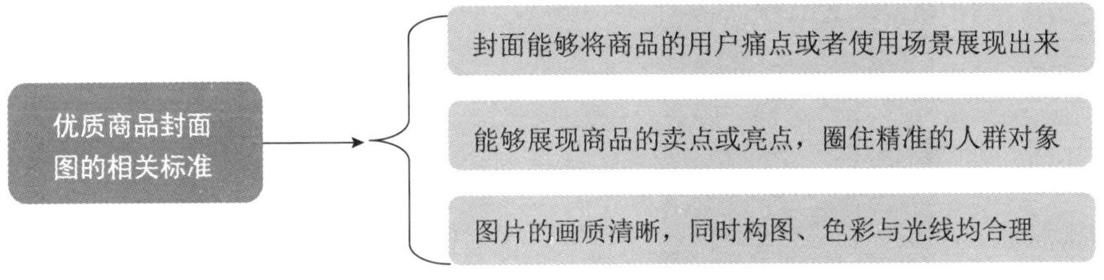

图 7–3 优质商品封面图的相关标准

图 7–4 所示为采用商品的使用场景画面作为直播封面图的示例。图 7–5 所示为展现商品外观特征的直播封面图。

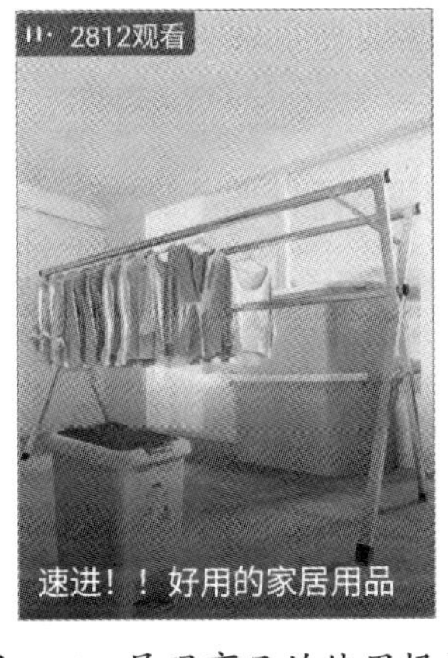

图 7–4 展现商品的使用场景

图 7–5 展现商品的外观特征

图 7–6 所示为构图和色彩精美的直播封面图。图 7–7 所示为展现商品内部细节品质的直播封面图。

图 7-6　构图和色彩精美

图 7-7　展现商品品质

图 7-8 所示为充分展现商品的款式与颜色的直播封面图。图 7-9 所示为充满设计感的商品直播封面图。

图 7-8　展现商品的款式与颜色

图 7-9　充满设计感的商品

另外，商家还需要注意避免使用一些低质的商品封面图，具体如下。

- 商品图上的文字太多，背景杂乱。
- 采用低水平的 PS 设计图或拼图。
- 随意拍的实物图，构图与光线较差。
- 使用动漫、表情包或者风光照片等与商品无关的图片。
- 呈现商品的使用效果时，有夸大宣传的嫌疑。
- 图片效果不美观，令人反感。
- 为图片加上了不必要的边框。

专家提醒：在制作直播封面时，一定要注意图片大小。拼多多的直播封面图片大小不得低于 800×1 200 的分辨率。如果遇到图片不够清晰的情况，商家最好重新制作封面图片，甚至是重新拍摄素材，因为画面清晰度将会直接影响买家的观看体验。

7.1.3 优质直播标题的标准

拼多多直播的标题需要简单明了，让买家快速了解你直播的是什么商品或内容，从而快速抓取他们的购物选择。

1. 优质标题

对于不同的直播内容，拼多多商家在设计直播标题时可采用不同的方法，相关技巧如下。

（1）卖货类直播标题：优质的卖货直播间标题需要明确直播主题，突出内容亮点。下面为卖货类直播标题的一些常用模板。

- 模板 1：使用场景 / 用户痛点 + 商品名称 + 功能价值。
- 模板 2：情感共鸣型标题，更容易勾起买家的怀旧心理或好奇心。
- 模板 3：风格特色 + 商品名称 + 使用效果。
- 模板 4：突出活动和折扣等优惠信息。

（2）达人才艺类直播标题：通过标题来表现主播的特长或才艺。下面为达人才艺类直播标题的一些常用模板。

- 模板 1：主播名称或歌单 + 互动文案。
- 模板 2：主播身份 + 互动文案。

（3）聊天情感类直播标题：标题需要能够直击用户痛点，让买家产生共鸣。下面为聊天情感类直播标题的一些常用模板。

- 模板 1：顺口溜 + 个人标签或昵称。
- 模板 2：聊天主题 + “进来聊聊”。

2. 低质标题

在撰写直播间的标题时，商家还要注意不要走入误区，一旦使用一些低质的标题，很可能会对直播间的数据造成不可小觑的影响。图 7-10 所示为常见的低质直播间标题类型。

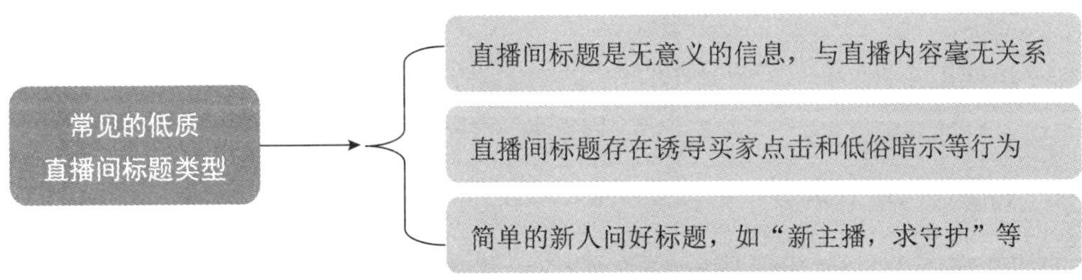

图 7-10 常见的低质直播间标题类型

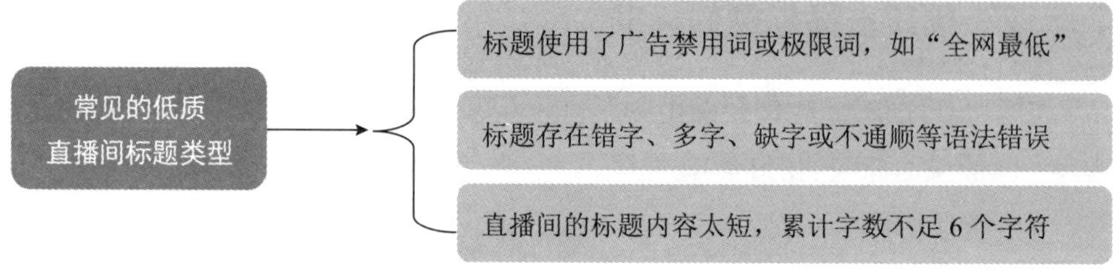

图 7-10　常见的低质直播间标题类型（续）

7.2　直播封面图的优化和设置

因为大多数买家会根据直播的封面决定是否查看直播内容，所以商家在制作直播封面时，一定要尽可能地让自己的直播封面看起来有吸引力。为此，商家需要了解并掌握拼多多直播封面图的优化和设置技巧，这也是本节将重点介绍的内容。

7.2.1　封面模板的设计思路

如果商家想要快速制作出高大上的直播封面，那么，设计一个固定的封面图模板不失为一种有效的手段。因为固定的封面图模板制作完成后，商家只需对具体内容进行替换，就能快速制作出新的直播封面图。

当然，要想利用固定模板快速制作“高大上”的直播封面还有一个前提，那就是制作的固定封面图模板必须也是同样优秀的。因此在制作直播的固定封面图模板时，商家一定要多花一些心思，因为一个固定的封面图模板会直接影响利用该模板制作的直播封面的显示效果。

通常来说，固定封面图模板比较适合直播发布频率较高，或者时间精力比较有限的商家使用。因为固定模板制作完成后，就能快速制作出具体的直播封面，可以为商家节省大量的时间。

7.2.2　改善封面的构图美感

同样的主体，以不同的构图方式拍摄出来，其呈现的效果可能会存在较大的差异。而对于商家来说，一个具有美感的直播封面无疑更能吸引买家眼球。因此，商家在制作直播封面时，应选择用合适的构图方式呈现主体，让直播画面更具美感。

图 7-11 所示为不同构图风格的两个直播封面。左侧的直播封面使用场景图，

但呈现的事物太多，让人看得眼花缭乱，难以把握具体的主体，而且整个封面的美感不足，因此观看量较少。右侧的直播封面则是用“特写＋白底图”的方式来展示商品主体，买家只要一看直播封面就能快速把握主体，而且整个画面也比较美观，因此观看量达到 6.2 万。

图 7-11　不同构图风格的两个直播封面

7.2.3　直播封面的设置技巧

手机开播和电脑开播的基本流程差不多，但手机不受空间和时间限制，商家可以在任何有手机网络的地方创建直播间和设置合适的封面图。

在手机端设置直播封面的具体操作方法如下。

（1）打开拼多多商家版 App，进入“店铺”界面，在“常用应用”选项区中点击“多多直播”按钮，如图 7-12 所示。

（2）进入“多多直播”界面，点击“开始直播”按钮，如图 7-13 所示。

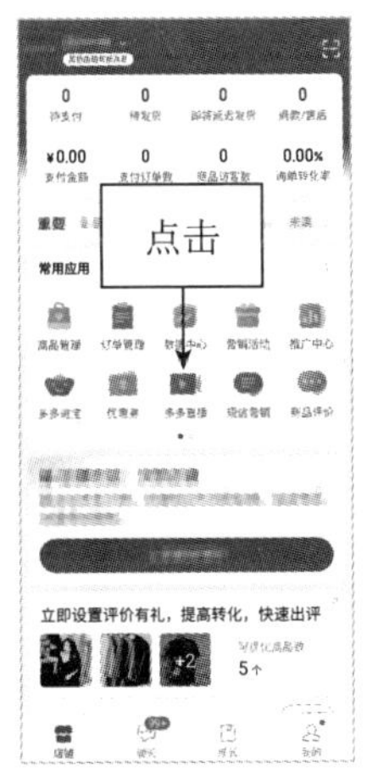

图 7-12　点击“多多直播”按钮

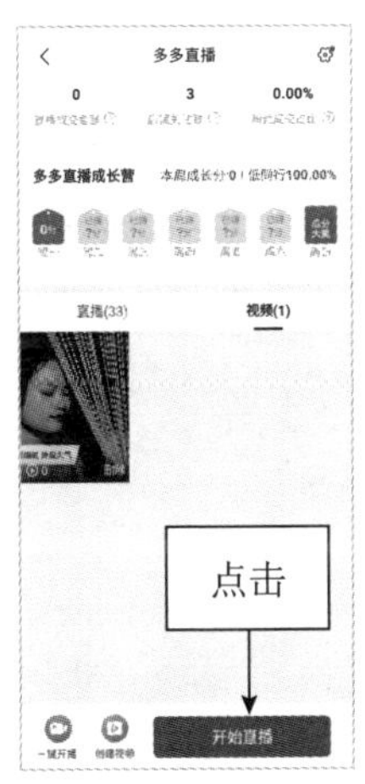

图 7-13　点击“开始直播”按钮

（3）进入“真人直播”的开播设置界面，点击“更换封面”按钮，如图 7-14 所示。默认的直播封面为店铺 Logo。

（4）进入“图片”界面，在手机相册中选择一张封面图片，如图 7-15 所示。

（5）根据辅助线对图片进行适当裁剪，从而突出封面中的主体人物，如图 7-16 所示。

（6）点击✓按钮，即可添加直播封面图片，如图 7-17 所示。商家还可以再次点击“更换封面”按钮来更换直播封面图片。点击“小红盒”按钮可以添加直播商品，点击“开始直播”按钮，即可开始创建直播间。

图 7-14　点击“更换封面”按钮

图 7-15　选择一张封面图片

图 7-16　适当裁剪图片

图 7-17　添加直播封面图片

7.3 直播间的装修与美化处理

优秀的直播间装修效果能够增强商品氛围，促进买家下单。本节主要介绍拼多多直播间的装修与美化处理技巧，帮助商家做好直播的视觉营销，从而提升直播带货的效果。

7.3.1 直播场地和角度的布置

在布置直播场地时，需要注意房间面积和直播角度两个方面。

1. 房间面积

直播间的房间面积不宜过小或过大，通常为 20 ～ 50m^2，这样不仅能够容纳直播设备和主播，而且还可以摆放足够多的商品。

（1）房间面积过小：直播间会显得非常杂乱拥挤。

（2）房间面积过大：不仅直播间的装修费用更高，而且整个空间会显得太空旷，同时麦克风也容易产生回音，影响买家的观看体验。

2. 直播角度

主播在直播时，主要包括坐姿和站姿两种姿势，不同的姿势可以选择不同的直播角度，如图 7-18 所示。

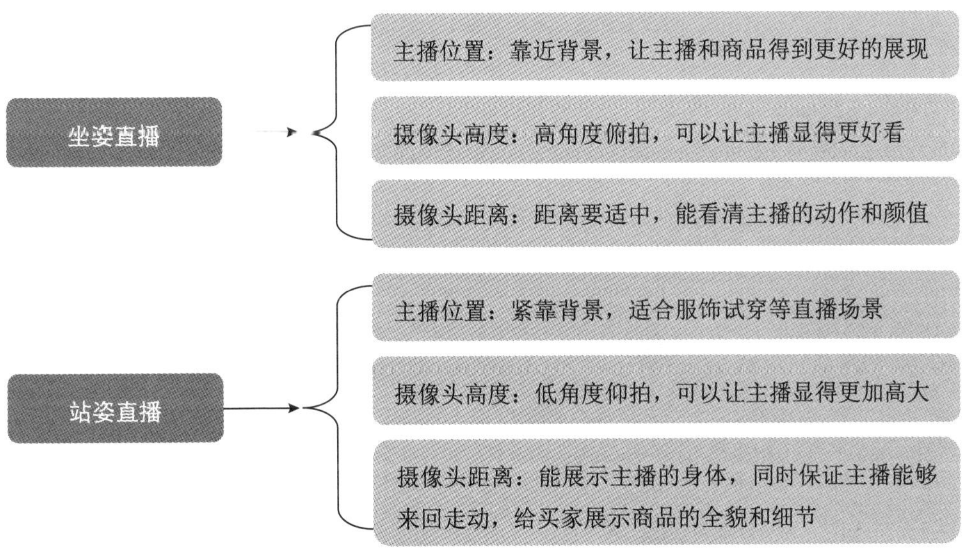

图 7-18　坐姿和站姿的直播角度设置方法

7.3.2 直播间的灯光搭配设置

直播间的灯光要求相较于拍摄短视频来说稍低一些，通常只需一盏顶灯和两盏补光灯即可，当然这也是最基本的搭配方案。

1. 顶灯

顶灯通常安装在直播间的房顶上，位置最好处于主播的头顶上方 2 米左右，作为整个直播间的主光源，起到照亮主播、商品和环境的作用。商家在选择顶灯设备时，可以挑选一些有主灯和多个小灯的套装，这样能够从不同角度照射到主播，让其脸部清晰明亮，同时消除身后的背影，以及确保商品不会产生色差，如图 7-19 所示。

顶灯的功率大小主要根据直播间的面积来选择，如 20 ～ 30m^2 的直播间可以选择 50W 左右的 LED（Light Emitting Diode，发光二极管）吸顶灯套装，不仅更加节能，而且还可以更好地控制光线的亮度。

图 7-19 顶灯套装设备

2. 补光灯

直播间通常会用到两盏补光灯，即 LED 环形灯和柔光灯箱，两者搭配使用可以增强主播和商品的直播效果，如图 7-20 所示。

图 7-20 LED 环形灯（左图）和柔光灯箱（右图）

LED 环形灯通常放置在主播前方，将色温调节为冷色调，能够消除顶灯产生的阴影，更好地展现主播的妆容造型，以及提升商品的轮廓质感。柔光灯箱则通常是成对购买的，可以放在主播或商品的两侧，其光线均匀柔和，色彩饱和度更好，层次感更丰富。

7.3.3 直播间的背景装饰设计

商家在选择直播间的墙纸或墙漆等背景装饰物时，需要注意以下事项，如图 7-21 所示。

另外，直播间的背景墙如果是白色墙壁，则商家要尽量用墙漆、墙纸或背景布重新装饰，以提升直播间的视觉效果。

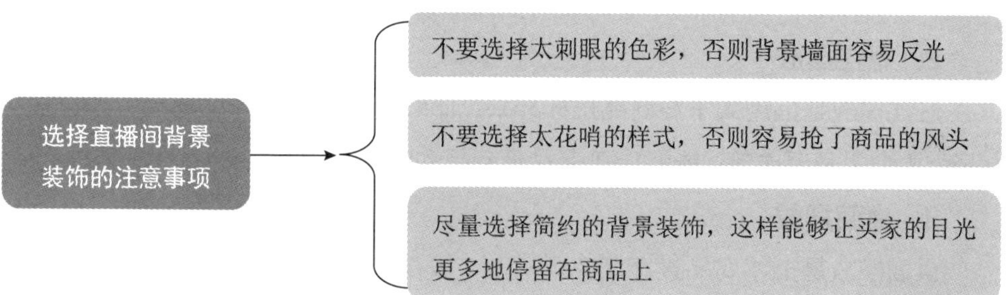

图 7-21 选择直播间背景装饰的注意事项

（1）墙漆或墙纸：尽量选择饱和度较低的纯色墙漆或墙纸，如莫兰迪色系就是非常好的选择。另外，商家也可以在墙纸上印上品牌的 Logo 或名称，增强买家对品牌的记忆。

（2）背景布：其最大的优势是更换比较方便，而且成本也比墙漆或墙纸更低，非常适合新手商家、主播和短视频创作者使用。

专家提醒：商家可以定制一些背景布，让厂家做成品牌墙或者漂亮的 3D 图案墙等，增强直播间的创意性。

7.3.4 直播间的商品摆放技巧

电商直播离不开商品，通常主播会同时介绍多个商品，而且同一个商品也有很多不同的款式，因此在直播间摆放商品也非常有讲究，商家需要根据直播的产品和类目来选择合理的摆放方式。

1. 货架摆放

货架摆放是指将商品置于货架上，放在主播身后，比较适合鞋子、化妆品、零食、包包以及书籍等小商品。使用货架摆放商品时，需要注意以下事项，如图 7-22 所示。

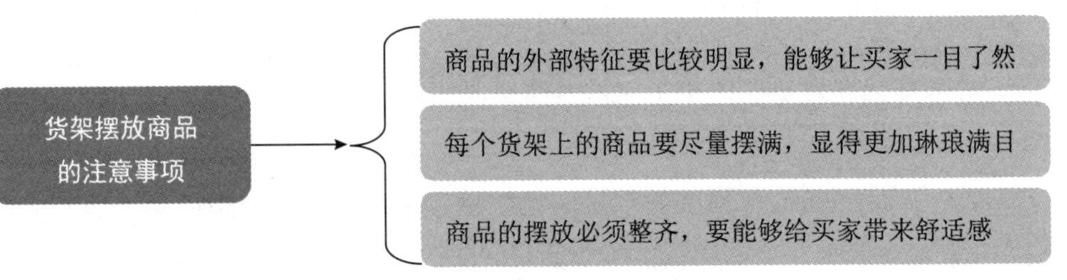

图 7-22 货架摆放商品的注意事项

2. 悬挂摆放

悬挂摆放是指用架子将商品悬挂起来，比较适合易于悬挂的商品，如衣服、裤子、雨伞以及毛巾等，能够让买家对于商品的整体效果有一个比较直观的了解。

3. 桌面摆放

桌面摆放是指将商品直接摆在桌子上，放在主播前面，比较适合美食生鲜、美妆护肤以及珠宝饰品等类目的商品。当然，不同类目的商品，摆放方式也有所差别，相关技巧如下。

（1）美食生鲜：可以在桌面上多摆放一些商品，同时主播可以拿出一些食品进行试吃，让直播画面显得更加诱人。

（2）美妆护肤：对于护肤品或化妆品等商品来说，可以按产品系列类进行分类摆放，突出商品的丰富程度。

（3）珠宝饰品：一次不要摆太多商品，尽量摆放得整齐一些，同时可以用包装盒进行收纳衬托。

7.3.5 让主播的颜值变得更高

多多直播也有美颜功能，可以让主播的颜值变得更高，从而让直播间更加有吸引力，得到更多粉丝的关注。在拼多多商家版 App 中创建直播间后，点击左下角的“设置”按钮，如图 7-23 所示。在弹出的设置菜单中点击“调整美颜”按钮，如图 7-24 所示。

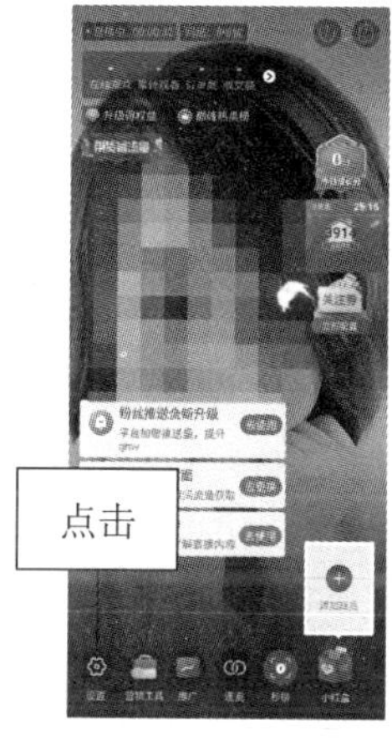

图 7-23 点击“设置”按钮

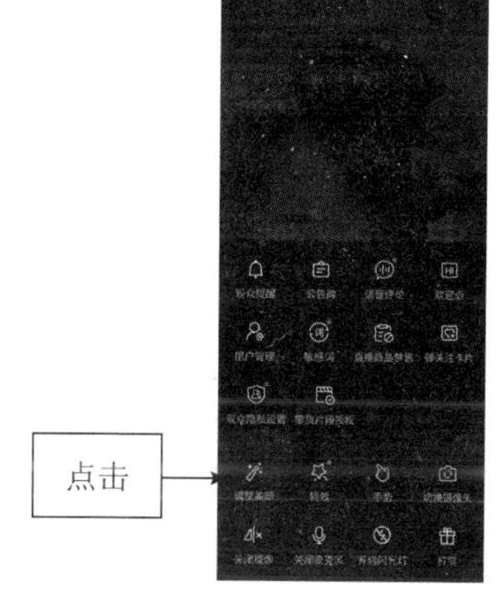

图 7-24 点击“调整美颜”按钮

在弹出的美颜菜单中可以调整人物的“美白”“磨皮”“大眼”等效果，如图 7-25 所示。例如，点击“美白”按钮，可以让主播的皮肤显得更加洁白；点击“磨皮”按钮，可以消除主播皮肤部分的斑点、瑕疵和杂色等，让皮肤看上去更加光滑、细腻；点击“大眼”按钮，可以让主播的眼睛显得更大、更迷人。

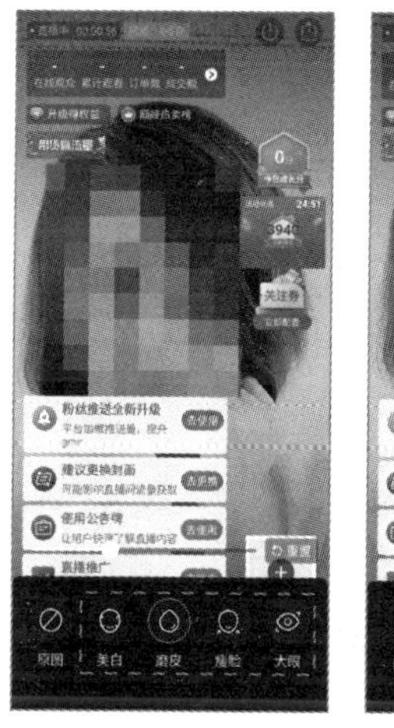

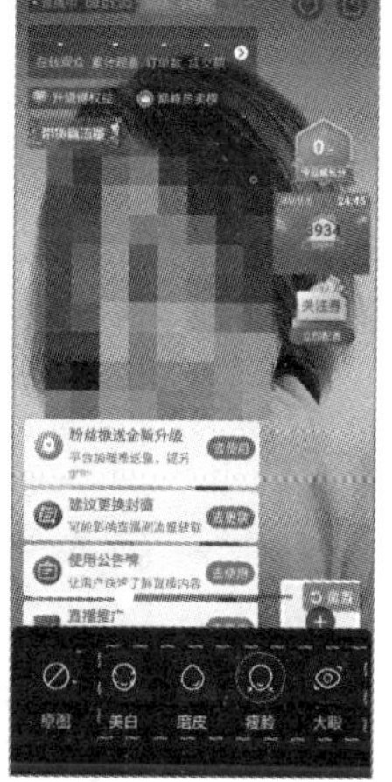

图 7-25 调整美颜效果

> 专家提醒：在调整美颜功能时，主播可以拖动美颜菜单上方的白色圆形滑块◯，调整美颜效果的应用程度。

另外，主播还可以在设置菜单中点击“特效”按钮，在弹出的“特效”菜单中选择相应的特效素材，即可应用到直播画面中，不仅让主播显得更加可爱，而且还能增加趣味性，如图 7-26 所示。

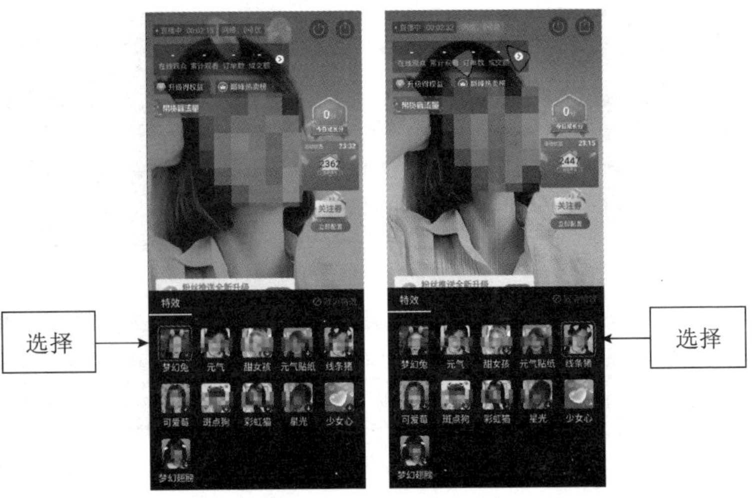

图 7-26　在直播间应用特效

7.3.6　直播公告展现重点信息

直播间的公告牌拥有很多使用场景，而且商家可以自行策划其中的文案内容，方便在不同时间进入直播间的买家查看本场直播的重点信息，展示效果如图 7-27 所示。同时，公告牌也可通过一些样式设计来提升直播间的装修效果。

图 7-27　直播间公告牌展示效果

下面介绍设置拼多多直播间公告牌的操作方法。

（1）在拼多多商家版 App 中创建直播间后，在设置菜单中点击“公告牌”按钮，如图 7-28 所示。

（2）弹出“选择样式”窗口，在其中选择相应的公告牌模板，如图 7-29 所示。

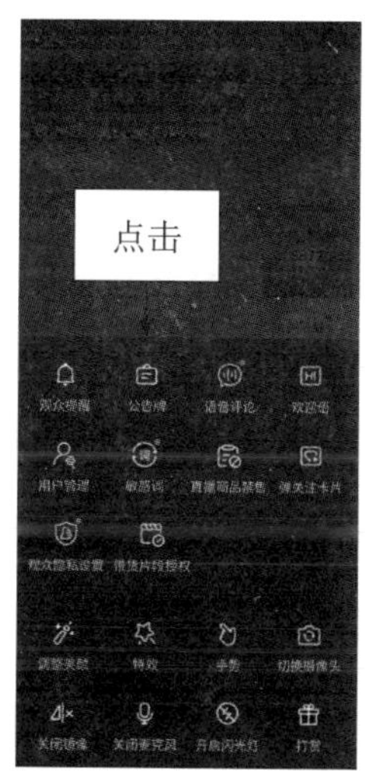

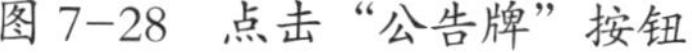
图 7-28　点击“公告牌”按钮

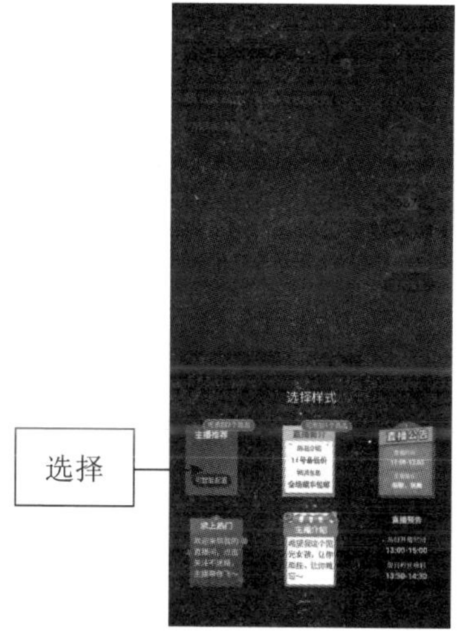

图 7-29　选择相应的公告牌模板

（3）弹出“公告栏设置”对话框，点击“选择商品”按钮，如图 7-30 所示。

（4）弹出“选择小红盒商品”对话框，选中相应的直播商品，如图 7-31 所示。

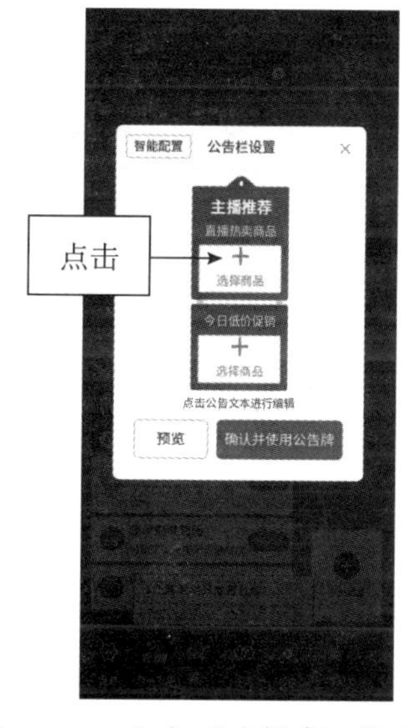

图 7-30　点击“选择商品”按钮

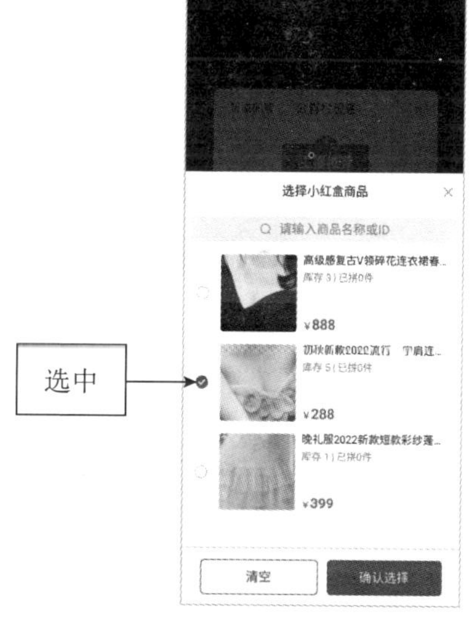

图 7-31　选中相应的直播商品

（5）在公告牌中添加商品内容，如图 7-32 所示。

（6）点击“预览”按钮，预览公告牌效果，如图 7-33 所示。

（7）点击“确认并使用公告牌”按钮，进入该直播间的买家可以在左上角看到公告牌，如图 7-34 所示。无论买家何时进入直播间，都能够看到公告牌中的信息。

图 7-32　添加商品内容

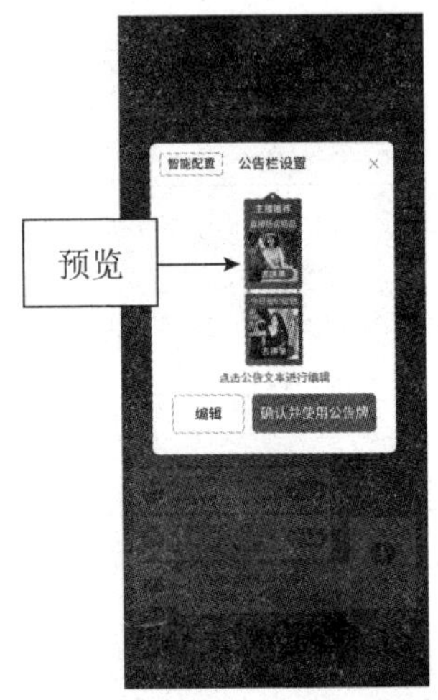

图 7-33　预览公告牌效果

专家提醒：在直播间的设置菜单中点击“欢迎语”按钮，在弹出的“设置欢迎语”对话框中，输入一些用于介绍本场直播特色的文案内容，如图 7-35 所示，从而提升新进入直播间买家的停留时长。

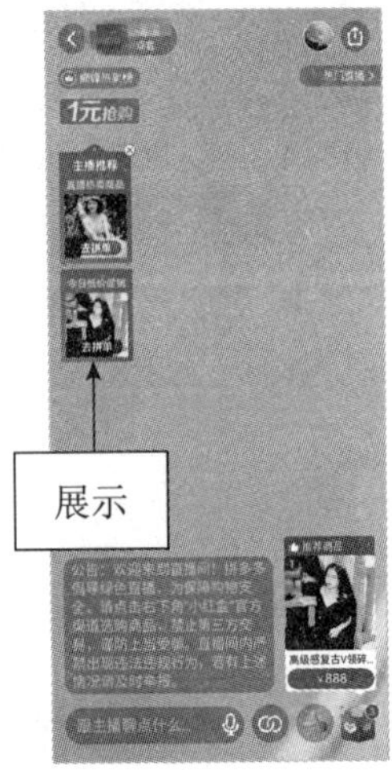

图 7-34　公告牌展示效果

图 7-35　输入欢迎语

在直播间中使用公告牌后，在设置菜单中点击“公告牌”按钮，在底部弹出的菜单中选择编辑、替换或关闭公告牌。在拼多多平台上，直播公告的内容形式主要有以下几种。

- 抽奖或秒杀等活动预告。
- 直播间活动玩法介绍。

- 主播基本信息描述。
- 本场直播内容描述。
- 商品介绍或物流信息。

7.3.7 设置广告素材全面曝光

当商家通过网页渠道（拼多多创作者服务平台）创建直播间时，还需要提供广告素材，如图 7-36 所示。广告素材主要用于通过“多多搜索”或“多多场景”等推广工具推广直播间时使用，不同工具的展示位置不一样。

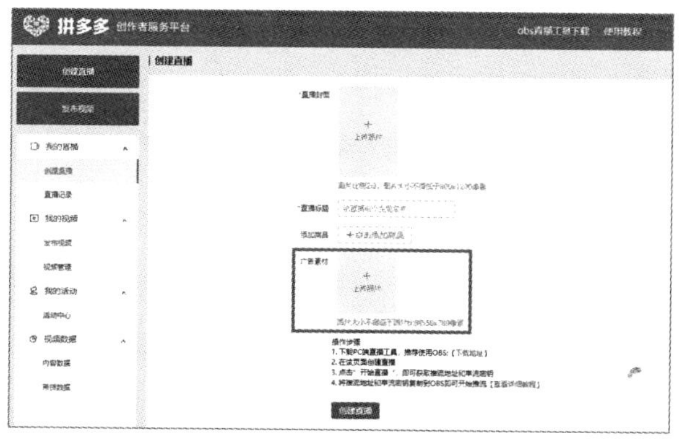

图 7-36 通过网页渠道创建直播间

- 当商家通过“多多搜索”工具投放直播广告时，广告素材将会展示在拼多多用户端的搜索结果页面中，如图 7-37 所示。
- 当商家通过“多多场景”工具投放直播广告时，广告素材将会展示在各个营销活动页面的直播任务中，如图 7-38 所示。

如果商家同时用“多多搜索”和“多多场景”工具进行直播间推广，则买家在不同渠道看到的直播间创意图也是不同的。

- 在“多多搜索”推广渠道中，系统会根据直播间的封面或者广告素材来自动生成创意图。因此，如果商家开通了“多多搜索”的推广计划，则一定要记得上传广告素材，否则一旦直播间封面效果差，就会对点击率产生较大的影响。
- 在“多多场景”推广渠道中，创意图可能是直播间小红盒商品列表中的主图，也可能是广告素材。因此，如果商家开通了“多多场景”的推广计划，则需要在直播间添加直播商品，否则直播间会没有曝光量。另外，商家还需要确保直播商品主图的美观度，以免影响点击率。

图 7-37 搜索结果页面中的广告素材

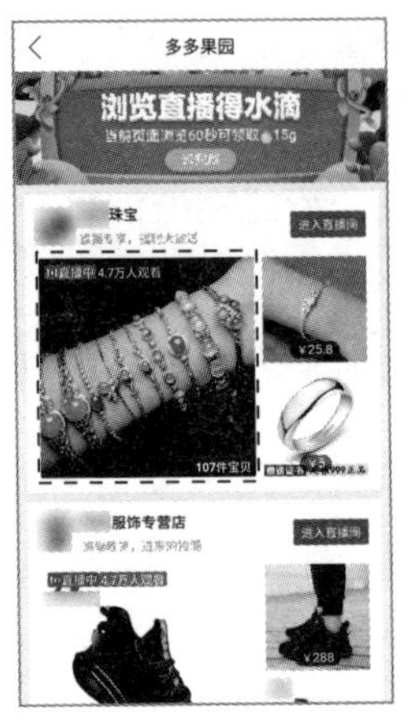

图 7-38 营销活动页面中的广告素材

总而言之，商家在创建直播间时，要尽可能地上传广告素材，以避免优质流量的流失。需要注意的是，商家可以在广告素材上添加文案，如直播利益点或者直播商品优势等内容，但不能违反广告创意规则。

7.3.8 电脑开播画面效果设置

如果商家使用电脑开播方式，则可以通过拼多多推出的“多多直播”软件（也称为“拼多多直播伴侣”）来快速创建自己的专属直播间。同时，商家还可以在直播界面中添加各种画面元素，如图片、文字、视频等，让直播间的内容更加丰富，画面效果更加吸睛。

通过“多多直播”软件开播后，在直播间窗口下方，❶单击“画面管理”按钮，弹出“画面管理”对话框；❷单击“画面素材”按钮，弹出“画面管理”对话框，在直播界面中添加“本地图片”“文字”“视频”以及“网络转播”等多种画面形式，如图 7-39 所示。

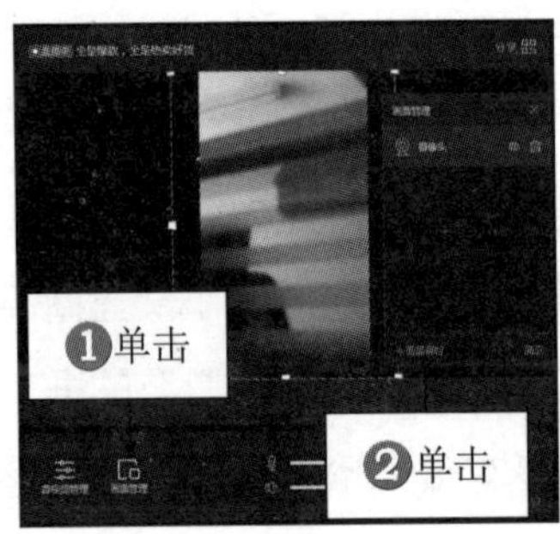

图 7-39 “画面管理”对话框

第8章

广告海报：快准狠助力店铺与商品爆单

拼多多拥有丰富的广告推广工具，能够多维、持续提升店铺的品牌形象，同时广告流量可控，商家投放广告后即可获得流量。目前，拼多多处于广告流量红利期，通过广告可以触达更多的买家。本章主要介绍各种广告海报和营销组件的设计方法，帮助商家紧抓流量红利期，迅速提升生意。

8.1 添加店铺首页营销组件

店铺页面应如何进行装修？这是一个值得所有拼多多商家深思的问题。回答这个问题之前，商家必须先清楚买家进入店铺的目的是什么？通常情况下，买家进入店铺无非抱着以下三种心态。

（1）找优惠：看看店铺有没有优惠券可以领？有什么促销活动？

（2）找商品：看看店铺中是否有其他适合自己的商品？以及店铺风格是否符合自己的气质？

（3）找信赖：看看店铺的整体销量、买家评价、粉丝人数、服务保障等情况，以此推断店铺中的商品质量。

基于买家的这些心态，其实店铺装修也没有想象中那么难，本节主要从买家“找优惠”的角度入手，商家可以在店铺首页添加各种营销组件来进行装修，用优惠来打动买家。

8.1.1 添加限时限量组件

“限时限量”是一种通过对折扣促销的商品货量和销售时间进行限定，以实现“饥饿营销”的目的，可快速提升店铺人气和GMV（Gross Merchandise Volume，商品交易总额）。

在“拼多多店铺装修”页面左侧的“开始装修”窗口中，❶选择“营销组件”选项区中的“限时限量”组件；❷即可在店铺首页中添加“限时限量”组件，如图 8-1 所示。

图 8-1 添加“限时限量”组件

在右侧的“限时限量”窗口中，单击“限时限量商品创建”超链接。进入“创建限时限量购”页面，在此可以快速创建“限时限量购”活动，如图 8-2 所示。

图 8-2 创建“限时限量购”活动

> 专家提醒：“限时限量购”的活动类型包括以下两种。
> （1）限量促销：对一定数量商品进行打折销售，售卖完毕后恢复原价。
> （2）限时促销：在规定时间内对商品进行打折销售，时间结束后恢复原价。

创建“限时限量购”活动后，活动商品将在店铺首页中的“限时限量”组件内展示，如图 8-3 所示。

图 8-3 活动商品展示效果

买家在日常购物时，通常会因为限时或限量优惠而下单，因此限时限量活动可以更好地抓住买家的消费心理，提升商品支付转化效果，辅助商家完成爆品孵化、新品 / 滞销品提量以及尾货清仓等目标。

8.1.2 添加断码清仓组件

“断码清仓”是拼多多平台打造的一个“电商清仓卖场”，活动入口位于拼多多首页的第二个图标位，如图 8-4 所示。同时，商家参与“断码清仓”活动后，可以获得拼多多 App 和官方公众号的长期推送，以及大促期间的导流支持和首页长期导流 Banner，能够覆盖千万消费人群。

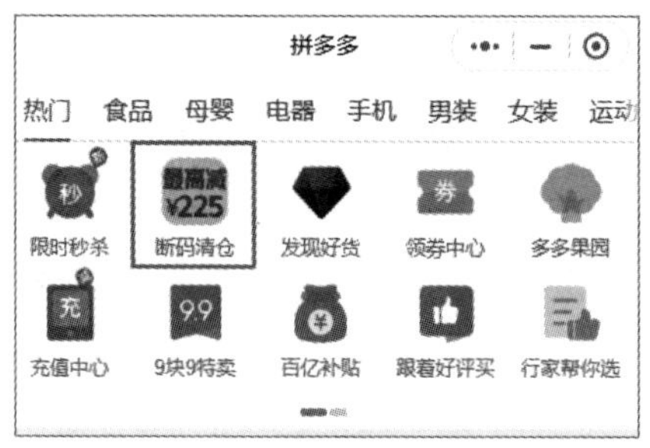

图 8-4 “断码清仓”的活动入口

“断码清仓”活动的流量庞大且稳定，非常适合商家快速集中清掉知名品牌断码货、尾货。在“拼多多店铺装修”页面左侧的“开始装修”窗口中，❶选择“营销组件”选项区中的“断码清仓”组件；❷即可在店铺首页中添加“断码清仓”组件，如图 8-5 所示。

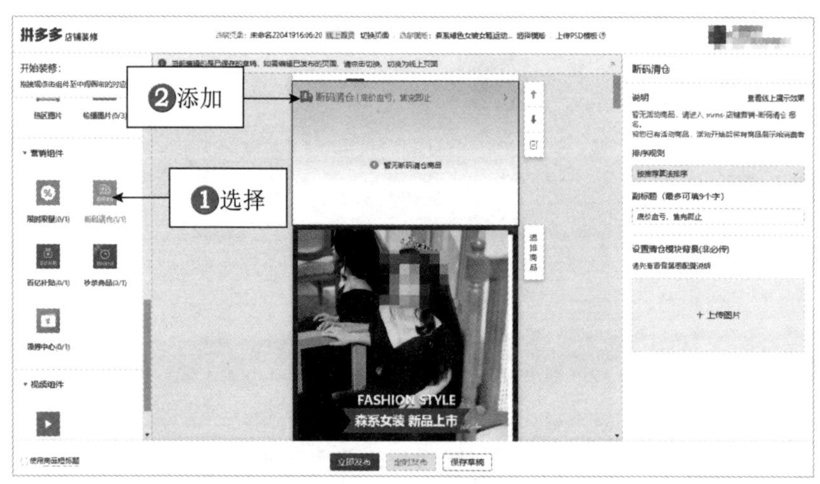

图 8-5 添加“断码清仓”组件

在右侧的“断码清仓”窗口中，商家可以查看组件说明，以及设置排序规则、副标题和清仓模块背景。单击“背景图配置说明”超链接，在弹出的“PDD装修断码清仓背景图规范”窗口中可以查看“断码清仓”活动背景图的基本规则，包括使用场景、尺寸规则和内容区域规则，如图 8-6 所示。

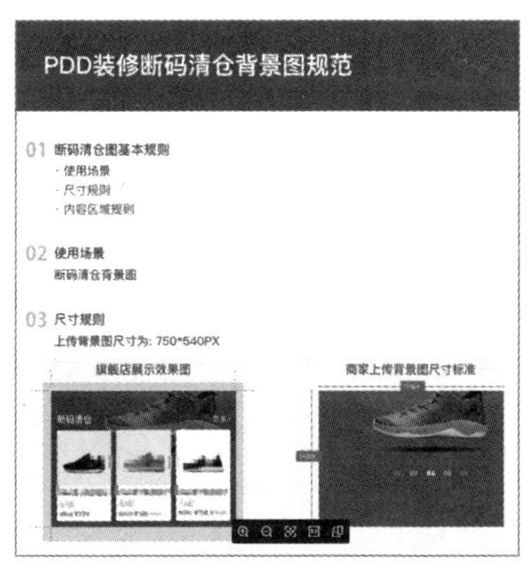

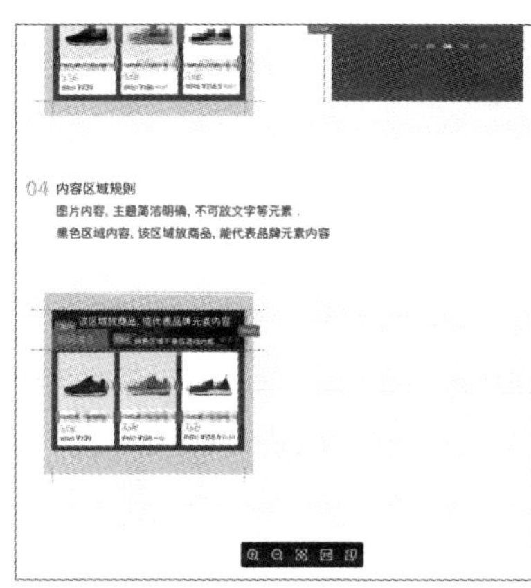

图 8-6　“断码清仓”活动的背景图规范

商家制作出符合规范的“断码清仓”活动背景图后，单击“上传图片”按钮，即可更换背景图，如图 8-7 所示。

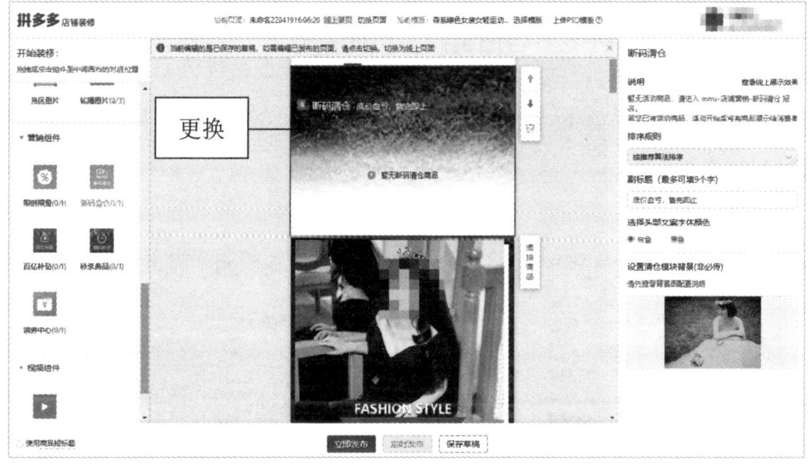

图 8-7　更换背景图

商家必须先创建“断码清仓”的活动商品，才能在该组件中添加商品。进入拼多多商家后台的“店铺营销→营销活动→营销活动首页”页面，在“营销活动报名”选项区的“活动类型”一栏中，单击“断码清仓百亿补贴”选项卡，即可筛选出相关的营销活动，如图 8-8 所示。商家可以选择合适的活动并单击“去报名”按钮，即可报名参与“断码清仓”活动。

图 8-8　“断码清仓”活动的报名入口

8.1.3　添加百亿补贴组件

“百亿补贴”活动是指拼多多官方给提供优质商品的商家进行精准补贴，报名成功的商品能够在站内外各个渠道获得更多免费流量，如图 8-9 所示，以促进商品有更好的销量。“百亿补贴”活动的商品还会优先在拼多多的搜索位和分类页等位置进行展示，标题增加大促标志和展示活动的横幅，让商品销量暴增，如图 8-10 所示。

图 8-9　“百亿补贴”活动展示渠道

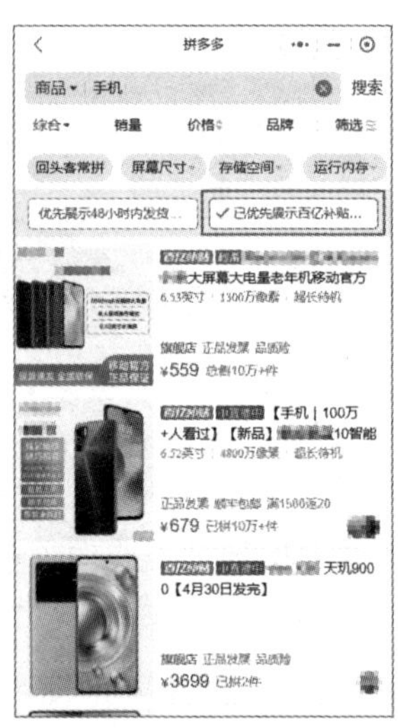

图 8-10　通过优质资源位展示活动商品

在“拼多多店铺装修”页面左侧的“开始装修”窗口中，❶选择“营销组件”选项区中的“百亿补贴”组件；❷即可在店铺首页中添加“百亿补贴”组件，如图 8-11 所示。

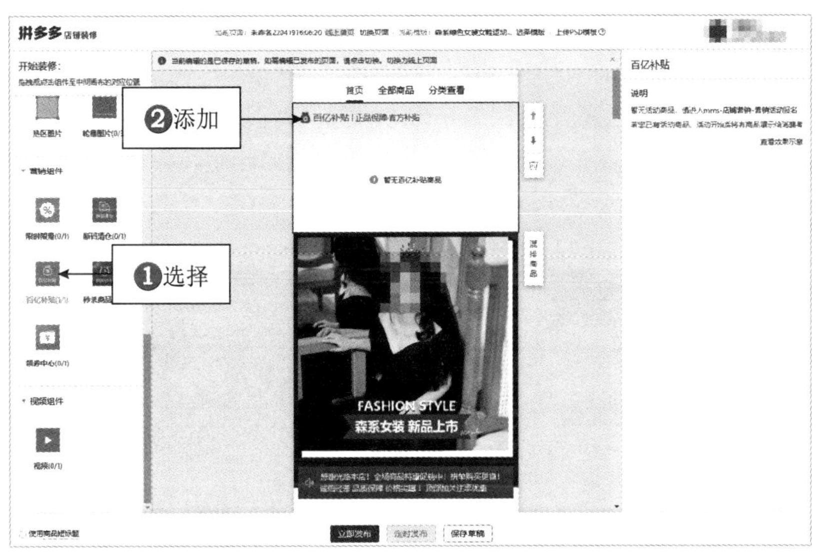

图 8-11　添加“百亿补贴”组件

在右侧的“百亿补贴”窗口中，直接单击“营销活动”超链接进入“百亿补贴”活动详情页面，可以查看具体的活动介绍和报名要求并参与报名，如图 8-12 所示。

图 8-12　“百亿补贴”活动详情页面

参与“百亿补贴”活动的商品，平台会在成本价的基础上给予一定比例的补贴，帮助消费者买到更具价格优势的品牌商品。针对参与活动的商品补贴款，商家可以自主选择发放形式，包括“推广红包”和“货款汇入”两种方式。图 8-13 所示为添加“百亿补贴”组件的店铺首页装修效果。

报名“百亿补贴”活动成功后，商家不仅可以获得相应标签，同时还将获得优先审核权和更高的审核通过率，以及在各频道、搜索和推荐场景中获得更大的加权权重。“百亿补贴”活动有以下频道流量入口。

- 拼多多 App 首页的不规则 Banner（原品牌特卖位置）。
- 拼多多 App 首页 Banner 的第一帧广告位（不定期）。
- 拼多多开屏广告（不定期），如图 8-14 所示。

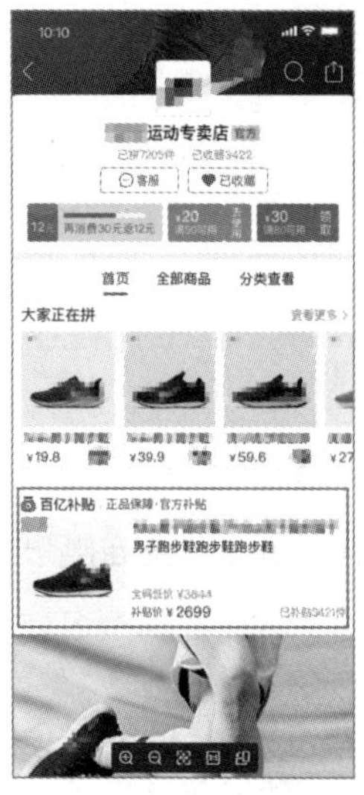

图 8-13 “百亿补贴”装修效果

图 8-14 拼多多开屏广告

- 站内优惠活动通知的消息推送。
- 通过什么值得买、快手、抖音、今日头条、微信朋友圈广告等热门 App 渠道，对活动商品进行官方免费曝光。

8.1.4 添加秒杀商品组件

“限时秒杀”活动的定位为“大流量和快速成单”，适用于有一定出货能力且需要快速积累销量的质优价好的商品。“限时秒杀”活动的流量入口位于拼多多 App 首页导航栏的第一个位置，不仅拥有千万级流量，而且转化率非常高，其频道页面如图 8-15 所示。

“限时秒杀”活动针对所有拼多多商家开放，报名门槛比较低，可以帮助商家提升商品的搜索排名，以及助力商品冲刺分类页排序，同时还会增加商品的个性化推荐权重。图 8-16 所示为店铺首页中的“限时秒杀”活动装修效果。

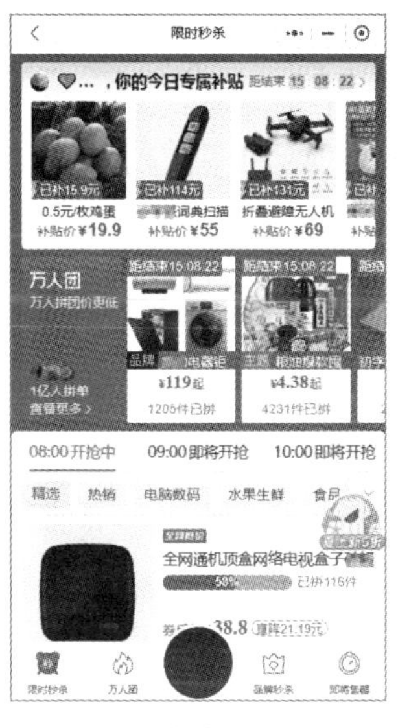

图 8-15　“限时秒杀”活动的频道页面

图 8-16　“限时秒杀”活动装修效果

在“拼多多店铺装修”页面左侧的“开始装修”窗口中，❶选择“营销组件”选项区中的“秒杀商品”组件；❷即可在店铺首页中添加“秒杀商品”组件，如图 8-17 所示。

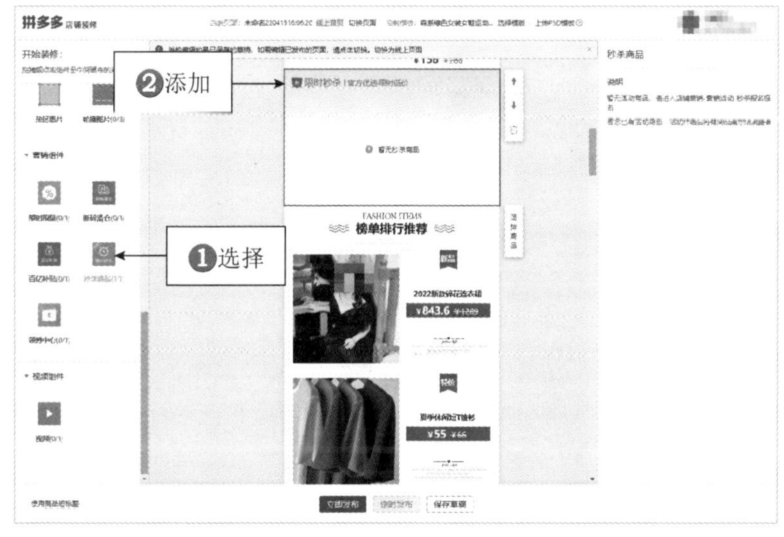

图 8-17　添加“秒杀商品”组件

在右侧的“秒杀商品”窗口中，直接单击“秒杀报名”超链接进入“限时秒杀”活动详情页面，可以查看具体的活动介绍和报名要求并参与报名，如图 8-18 所示。

图 8-18 “限时秒杀”活动详情页面

注意，“限时秒杀”活动对于商品有一些基本要求和审核标准，包括价格、标题、图片和库存等，具体要求商家可以进入活动详情页面查看。在“限时秒杀”活动详情页面的“活动介绍”选项卡中，商家可以在下方查看报名流程和相关注意事项（图 8-19），以及商品要求、审核标准和活动规则。

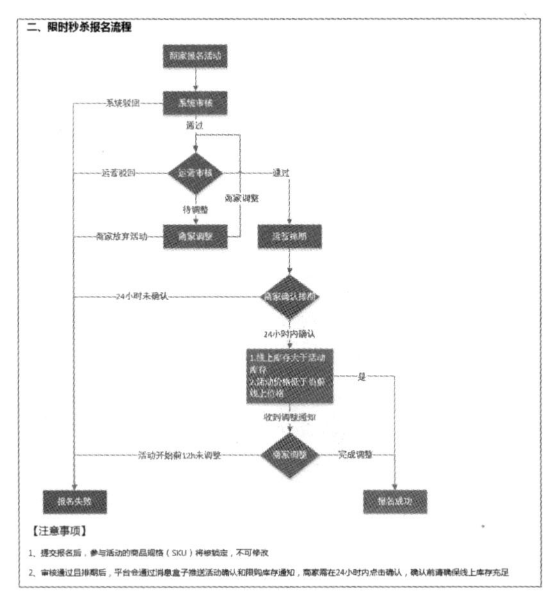

图 8-19 查看“限时秒杀”活动的报名流程和相关注意事项

8.1.5 添加领券中心组件

拼多多的“领券中心”活动在“个人中心”界面中有一个单独的频道入口，即“优惠券”，这里是平台商家为买家集中发放优惠券的地方，可以帮助买家买到更具性价比的商品，如图 8-20 所示。优惠券是拼多多商家最常用的营销工具，能够快速提升 GMV 和销售额，是商家打造爆款的“不二法宝”。图 8-21 所示为店铺首页中的“领券中心”活动装修效果。

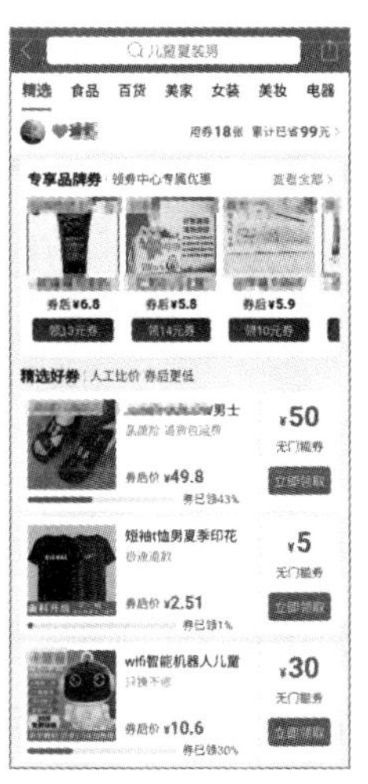

图 8-20 “领券中心”活动的频道页面

图 8-21 “领券中心”活动装修效果

在“拼多多店铺装修”页面左侧的“开始装修”窗口中，❶选择“营销组件”选项区中的“领券中心”组件；❷即可在店铺首页中添加“领券中心”组件，如图 8-22 所示。

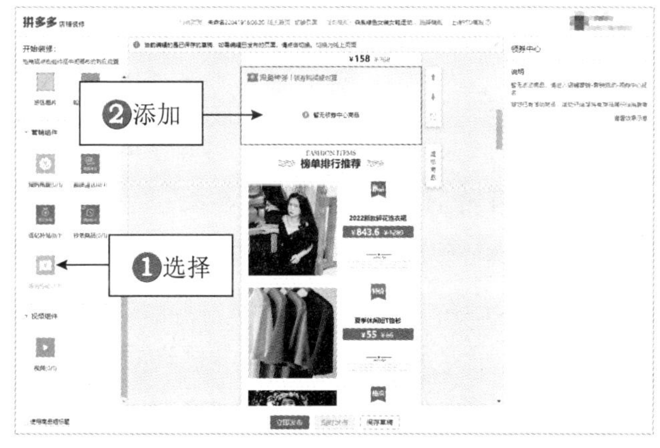

图 8-22 添加“领券中心”组件

在右侧的“领券中心”窗口中，直接单击“领券中心”超链接进入其活动详情页面，可以查看具体的活动介绍和报名要求并参与报名，如图 8-23 所示。

图 8-23 “领券中心”活动详情页面

需要注意的是，商家在报名“领券中心”活动前，先创建“领券中心券”，然后再去相关活动详情页面报名。进入拼多多商家后台的“创建优惠券”页面（店铺营销→营销工具→优惠券→去创建），将“优惠券类型”设置为“领券中心券”，如图 8-24 所示，并填写相应的优惠券信息来创建“领券中心券”。

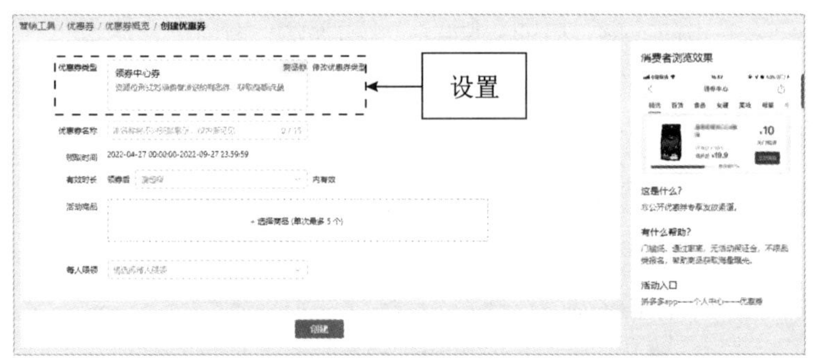

图 8-24 创建“领券中心券”

创建“领券中心券”后，在“领券中心”活动详情页面中单击“立即报名”按钮，选择相应的商品并报名参与活动。“领券中心”活动的审核时效为 48 小时，审核通过后即可上线活动。商家参与“领券中心”活动后，可以获得如下好处。

- 让商品获得更多展示资源位，以及获取精准流量。
- 助力新品推广，快速将新品打造为爆款。

- 帮助商家稳固爆款排名，提升市场竞争力。
- 刺激买家的购买欲望，提高店铺的整体销售额。

8.2 广告海报的设计技巧

商家在做店铺装修时，需要做好页面的整体规划，一个优质的店铺装修可分为五个板块：广告海报、优惠展示、活动主推商品、补充商品展示、品牌服务信息。不同板块的内容各有侧重，商家在设计时要考虑整体风格的一致性。

其中，广告海报设计是营销成功与否的关键，图片要突出商品信息，画面要营造活动氛围，同时设计风格要与店铺的装修风格一致，本节将介绍相关的设计技巧。

8.2.1 广告海报的视觉包装

好的广告海报决定了拼多多店铺在买家心目中的形象，是决定点击率的核心因素，也在一定程度上决定了店铺销售的结果。因此，店铺的广告海报设计是商品营销过程中非常重要的一环。

下面就来看看优秀的拼多多店铺广告海报应如何进行视觉包装。

（1）制作吸睛的文字效果：将文字处理成带有立体感和层次感的效果，或者使用光线特效来点缀文字，也可以进行字体创意设计等，让文字内容更加突出和聚焦，更有效地深入买家内心，如图 8-25 所示。

图 8-25　文字设计示例

（2）背景搭配简约唯美：广告海报的背景设计也相当重要，或简单大气，或使用唯美风景，主要看自己店铺和产品的风格来选择搭配。

（3）排版布局简洁明了：广告海报的主要排版原则是简洁明了、突出主题，常采用的排版方式包括居中排版、上下排版、左右排版等形式，将文案内容和图片内容划分开，通过创意的图文设计烘托出活动的氛围，带动店铺销售。如图 8-26 所示，采用左右排版的形式，打开页面后，首先映入眼帘的是左侧的主题文案，然后往右可以看到商品图片，而且整体版面看起来非常简洁明了。

图 8-26　简洁明了的海报排版示例

（4）色彩搭配对比协调：通过对海报的色彩进行搭配和组合，可以取得更好的视觉效果，通常可以运用互补色、对比色或者相近色的搭配方式，展现不同的视觉风格，相关示例如图 8-27 所示。

图 8-27　互补色（红色和绿色）的搭配示例

（5）运用光效突出主题：在设计产品海报时，可以运用光效处理来突出画面中的商品图片或者文案内容，快速吸引买家的眼光。

8.2.2　使用模板制作广告海报

拼多多商家后台中的“神笔马良”创意工具提供了强大的广告海报设计功能，商家无须使用其他第三方的作图软件，即可轻松做出各种精美的广告海报效果。“神笔马良”创意工具中包含了海量的各行业海报模板，下面介绍使用模板制作广告海报的操作方法。

（1）进入“神笔马良”的“创意制作”功能页面，在“营销海报制作”选项区中单击“选择模板”按钮，如图 8-28 所示。

（2）进入“海报制作→拼图模式”页面，商家可以根据行业属性、时令节日、促销活动、风格和色系等筛选模板，如选择“母婴玩具”行业，如图 8-29 所示。

图 8-28　单击“选择模板”按钮

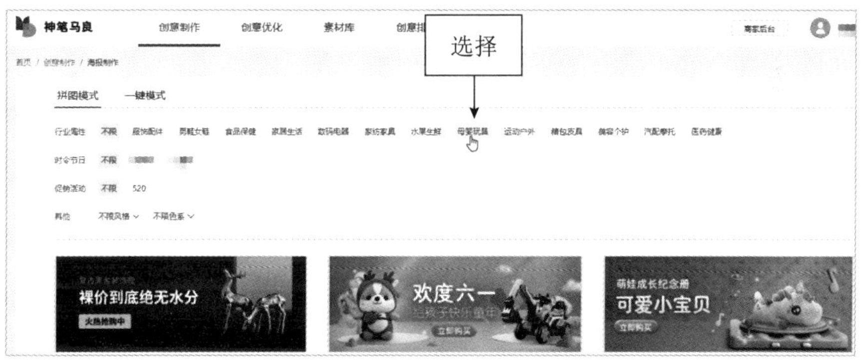

图 8-29　选择“母婴玩具”行业

（3）选择合适的模板后，单击“在线编辑”按钮，如图 8-30 所示。

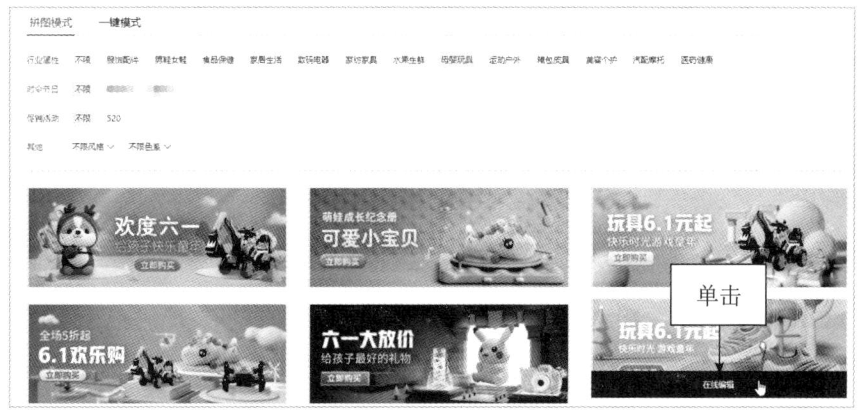

图 8-30　单击“在线编辑”按钮

（4）进入海报模板的编辑页面，在此可以修改和添加海报模板中的图文内容，如图 8-31 所示。

图 8-31　海报模板的编辑页面

（5）选择相应的“商品图片”图层，单击“删除”按钮，如图 8-32 所示。

（6）弹出信息提示框，单击“确认”按钮，如图 8-33 所示。

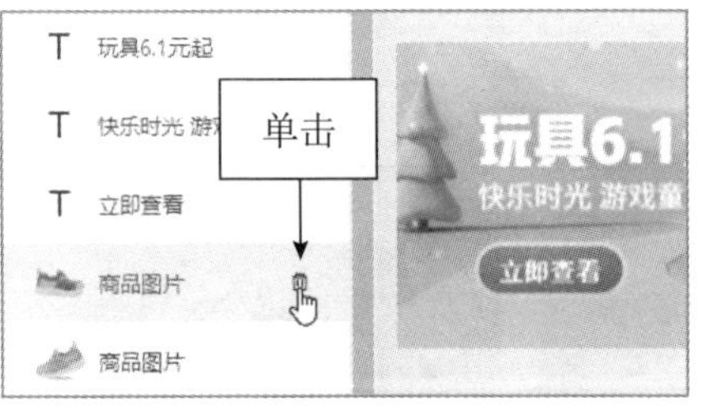

图 8-32　单击“删除”按钮

图 8-33　单击“确认”按钮

（7）删除对应的商品图片后的效果如图 8-34 所示。

（8）在预览窗口中，选中相应的商品图片，如图 8-35 所示。

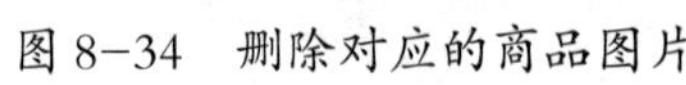

图 8-34　删除对应的商品图片

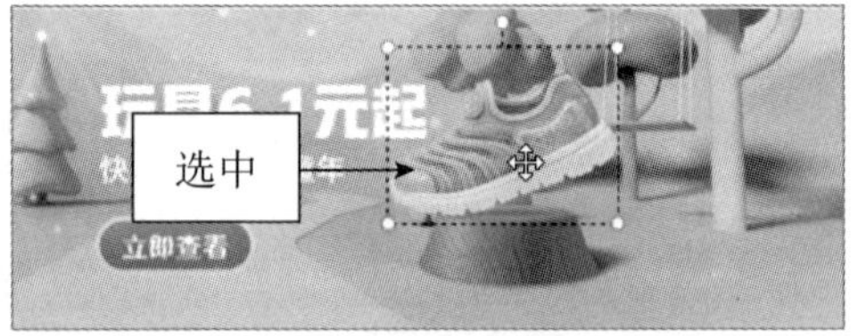

图 8-35　选中相应的商品图片

（9）在右侧的“图片设置”窗口中，单击“替换图片”按钮，如图 8-36 所示，从商品中选择或上传相应的素材图片（尺寸比例为 1 ： 1）。若图片大小不合适，会弹出“裁剪”对话框，需要适当裁剪图片。

（10）添加图片后，会自动进行抠图并替换原来的商品图片，如图 8-37 所示。

图 8-36　单击“替换图片”按钮

图 8-37　替换原来的商品图片

（11）在预览窗口中，适当调整图片的大小和位置，如图 8-38 所示。

（12）在左侧的“图层”窗口中，❶单击“添加图层”按钮；❷在弹出的列表框中选择“商品素材”选项，如图 8-39 所示。

图 8-38　调整图片的大小和位置

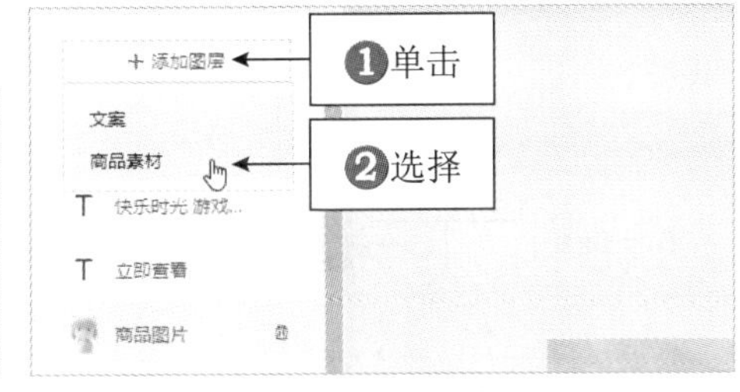

图 8-39　选择“商品素材”选项

（13）弹出“选择商品图片”窗口，从商品中选择或从本地上传相应的商品图片素材，在预览窗口中适当调整图片的大小和位置，即可完成海报的制作，效果如图 8-40 所示。

图 8-40　海报效果

8.2.3 一键制作优秀广告海报

在拼多多平台上，很多店铺都是由商家一人兼顾“客服＋运营＋美工”，或者美工不“给力”，导致做出的广告海报素材屡屡被系统驳回。而“神笔马良”创意工具的出现，不仅能够帮助商家高效、便捷地制作营销海报素材，而且还提供多种组合样式，让商家的广告图点击率更高，同时还能够有效提升素材审核的通过率。

使用“神笔马良”一键制作优秀广告海报的具体操作方法如下。

（1）进入“神笔马良”的“创意制作”功能页面，在“营销海报制作”选项区中单击“立即制作”按钮，进入“海报制作→一键模式”页面，单击“主推商品图片”选项区中的“选择”按钮，如图 8-41 所示。

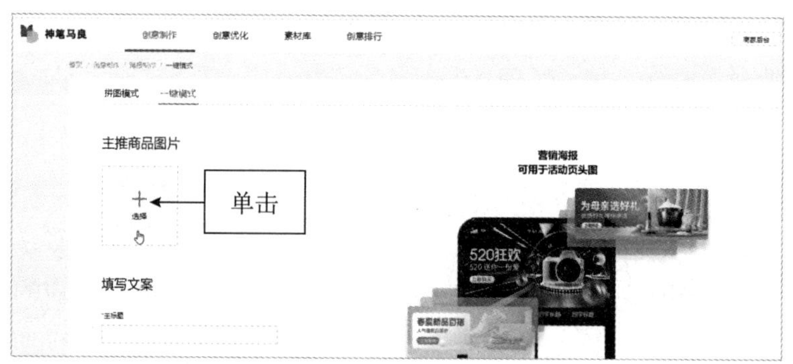

图 8-41　单击“选择”按钮

（2）弹出“选择商品图片”窗口，从商品中选择或从本地上传相应的商品图片素材，单击“抠图”按钮，如图 8-42 所示。

（3）可一键抠图后得到透明背景图，效果如图 8-43 所示。

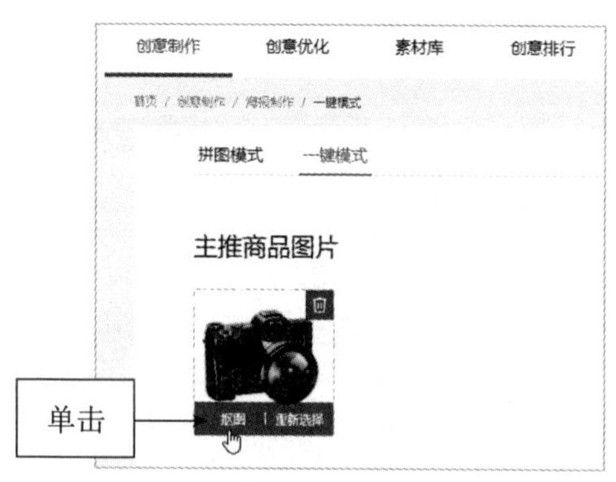

图 8-42　单击“抠图”按钮

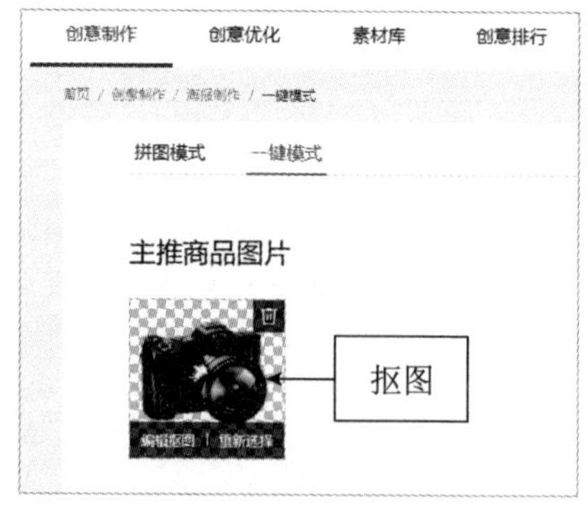

图 8-43　一键抠图效果

（4）在添加主推商品图片的同时，下方的“填写文案”选项区中也会自动填入相应的“主标题”“副标题”“点击按钮”文案，商家也可以根据需要修改文案内容，确认文案后单击“一键生成”按钮，如图 8-44 所示。

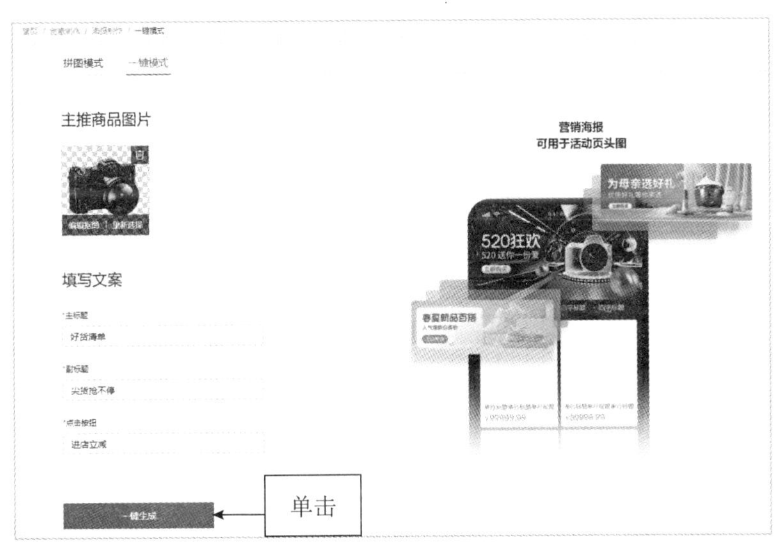

图 8-44　单击“一键生成”按钮

（5）进入“海报生成结果”页面，即可生成大量的海报效果，❶单击“在线编辑”按钮，还可以对相应的海报内容进行编辑处理；❷选中相应的海报效果图；❸单击“保存到素材库”按钮，即可保存做好的海报，如图 8-45 所示。也可以勾选“全选”复选框，同时保存所有的海报效果。

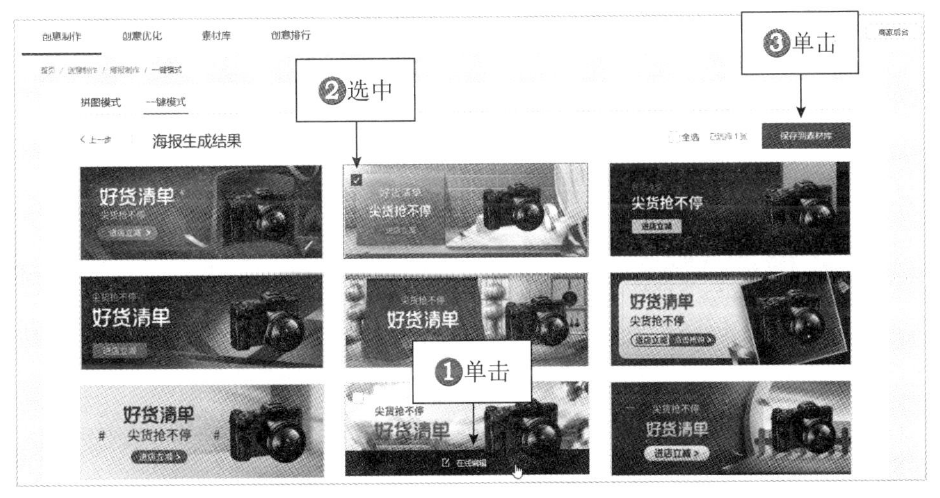

图 8-45　“海报生成结果”页面

8.3 其他页面的设计技巧

如果商家要举办促销活动，或者开通了明星店铺等推广计划，需要在店铺装修中设置对应的活动广告海报来吸引买家关注。

本节将介绍相关页面的广告海报设计技巧，帮助商家达到带动整个店铺销量提升的目的，也可以针对店铺中需要打造的爆款或新品进行单品集中引流，从而达到快速提升单品销量的目的。

8.3.1 明星店铺的装修技巧

明星店铺推广是商家在拼多多平台上的一个“闪亮名片”，非常适合大品牌和大商家，其主要优势如下。

（1）刺激买家的购买欲望。明星店铺推广不仅能够展示店铺海报，推广品牌，而且还能展示单品，推广热卖款，其装修效果如图 8-46 所示。有购买意愿的买家搜索某个品牌名，即可“霸屏”展示明星店铺广告，强力刺激买家的购买欲望。

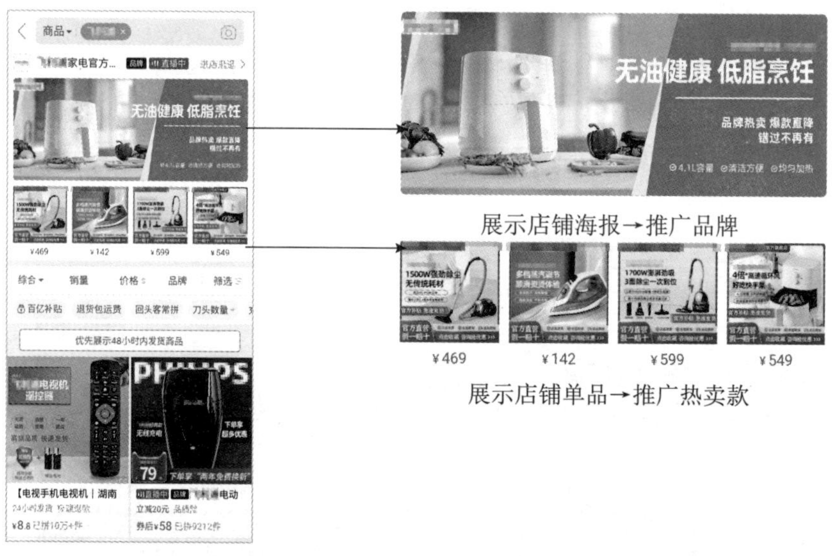

图 8-46 明星店铺装修效果示例

（2）个性化搜索逻辑下的高转化率。不同的买家使用不同的品牌词搜索时，都能够展现品牌的明星店铺推广广告位，同时根据个性化的搜索逻辑，展现不同的推广单品。

（3）抢占流量先机。商家参与明星店铺推广后，可以反复曝光品牌，让买家产生好奇心，主动去搜索品牌名，然后通过明星店铺广告来承接流量，避免精准流量被其他商家抢走。

（4）打造“品牌永动机”。使用明星店铺推广后，商家可以制作一些创意海报来让店铺品牌调性得到充分展示，同时还可以帮助店铺快速“圈粉”，有效引导买家收藏店铺，积累源源不断的自然流量。

店铺类型为旗舰店、专卖店、专营店的店铺可以申请明星店铺，以及创建明星店铺推广计划。在拼多多商家后台依次选择导航栏中的“推广工具→推广计划”选项，进入“拼多多营销平台”页面，在菜单栏中选择“推广→店铺推广→明星店铺”选项进入其页面，单击“新建计划”按钮，如图 8-47 所示。

图 8-47　单击“新建计划”按钮

进入“新建推广计划”页面，如图 8-48 所示，其中包括“推广计划”和“推广单元”两个模块，商家可以根据实际需求进行设置，完成明星店铺推广计划的创建。

图 8-48　“新建推广计划”页面

在“推广单元”模块的“创意”选项区中，选中“沉浸版”单选按钮，营造出沉浸式的创意图片装修效果，如图 8-49 所示。目前，创意有效期默认设置为 90 天，最高支持设置为 180 天。需要注意的是，如果创意图片中写明促销活动的时间信息，创意有效期也要与此时间设置一致。

图 8-49　选中“沉浸版”单选按钮

8.3.2　活动专题页面的制作

在拼多多商家后台的“店铺营销→店铺装修”页面的“专题页面”选项卡中，提供了丰富的组件和模板，可以帮助商家轻松搭建多商品集合的活动专题页面，下面介绍相关的操作技巧。

（1）进入“专题页面”选项卡，单击“新建页面”按钮，如图 8-50 所示。

图 8-50　单击“新建页面”按钮

（2）弹出“创建专题”对话框，❶在“专题名称”文本框中输入相应的名称；❷单击“确定”按钮，如图 8-51 所示。

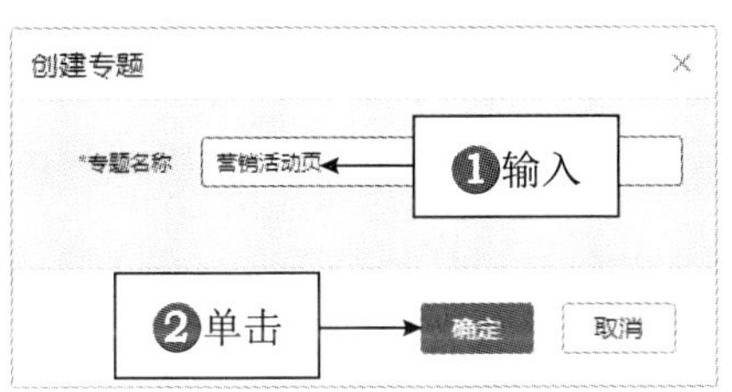

图 8-51　单击“确定”按钮

（3）进入“拼多多专题装修”页面，即可创建一个空白专题页面，❶在左侧“开始装修”窗口的“营销互动类”选项区中，选择“店铺优惠券”组件；❷即可在页面中添加该组件；❸在右侧的“店铺优惠券”窗口中单击“创建优惠券”超链接，如图 8-52 所示。

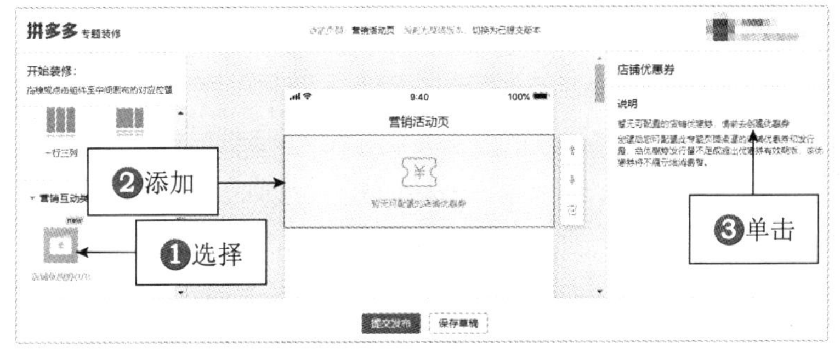

图 8-52　单击“创建优惠券”超链接

（4）进入“创建优惠券”页面，如图 8-53 所示，商家可以在此修改优惠券类型，以及设置优惠券的名称、领取时间、使用时间等选项。

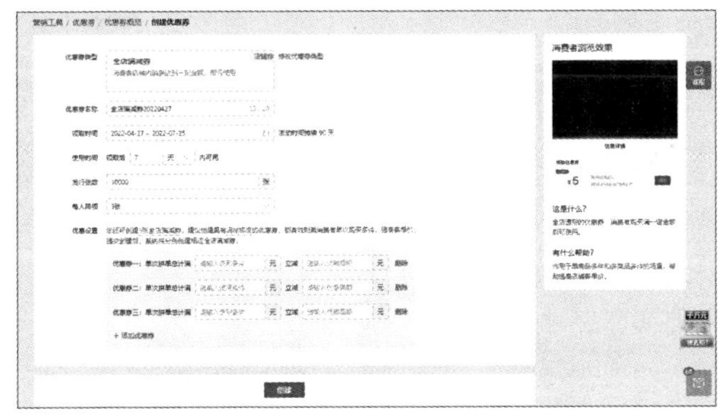

图 8-53　“创建优惠券”页面

商家创建优惠券后，即可将其应用到活动专题页面中。商家可通过该功能搭建一个布局清晰的营销活动页，不仅可以推广指定店铺中的热销爆款，而且还可以让系统根据买家喜好，通过个性化的推荐机制来抓取店铺内的商品，进行更精准的推广。

商家可以针对不同场景，将自己的商品拆分成多个商品集合页，如“好货提前抢”“尾货清仓”“爆卖特价”等营销活动页。然后根据不同的人群，投放个性化的创意和落地页商品，同时还可以测试商品的转化效率，在不同营销场景下获取利润。

8.3.3　创意广告的设计要点

高点击率的创意广告图必须要突出商品的利益点、服务优势和品牌元素，如“低至 9.9”“第 2 件半价”“1 元抢购”等利益点，或者“工厂直供”“退货包运费”等服务优势。商家可以将店铺的爆款商品主图放到创意广告图上，同时在点击后的落地专题页首屏中展现这个爆款。要制作高点击率的创意广告图，商家首先要注意创意图中各元素的排版布局，主要包括以下 5 个元素。

（1）品牌 Logo：品牌 Logo 一定要凸显，要让买家感知到这个品牌。

（2）图片布局：创意广告图中通常包含商品图片、模特图片、促销信息以及卖点文案等内容，商家可通过对这些内容进行合理布局来突出要表达的重点信息。图 8-54 所示为常见的创意广告图布局方式。

图 8-54　常见的创意广告图布局方式

> 专家提醒：商家可以参加“百亿补贴”“9.9 特卖”“限时秒杀”“断码清仓”等活动，从而突出创意广告图的活动氛围。同时，在创意广告图中设计一些按钮箭头图案，可以很好地增强图片的点击效果，让创意广告图更有吸引力。

（3）促销信息：在不同的店铺运营阶段，商家需要的促销信息也是不一样的，商家可以根据不同的节假日或者大促时期来进行调整，如图 8-55 所示。

图 8-55　创意广告图的促销信息示例

（4）卖点提炼：商家可以从价格、服务、效率、质量、稀缺性、便捷性、自身实力、附加值、产品丰富程度以及用户情感需求等角度，在创意广告图中打造店铺商品的差异化和优势卖点，如图 8-56 所示。

产品卖点：为母亲选好礼
提炼角度：用户情感需求

产品卖点：正品保障 售后无忧
提炼角度：服务、质量、实力

图 8-56　创意广告图的卖点提炼示例

> 专家提醒：如果商家的店铺主营产品是手机、空调、电视机或者冰箱等功能性产品，这些都属于标品。买家在购买这种标品类产品时，对于产品的品牌和性能通常都有一定的要求。因此，商家可以在主图或创意图中提炼产品的核心卖点，并展现品牌的正品和保障信息，即可吸引买家点击。

（5）构图方式：当商家设计好上面几个元素后，还需要使用合理的构图方式来提升广告图的美感，以及更好地向买家传达愉悦的营销信息，从而拉近商家与买家之间的距离，如图 8-57 所示。

❶三分线构图：信息的层次感更明确，同时突出重点信息

❷斜线构图：切割画面，同时使画面产生活力，突出表现商品的造型与色彩

❸对称构图：产生均衡、平稳的画面美感

图 8-57　创意广告图的构图示例

第9章 店铺首页：让买家对你的店铺流连忘返

商家对店铺首页进行装修设计时，可通过合理的图文排版、精美的装修图片以及高性价比的主推商品，提升店铺首页的转化率。拼多多不仅为商家提供了大量的装修模板，还提供了个性化的商品展示组件，能够帮助商家快速打造高转化率、高收藏率的店铺首页。

9.1 快速装修店铺首页

如何打造差异化、吸引眼球的店铺首页装修效果？

如何让买家对你的店铺产生深刻的印象？

如何将直播、推广、营销活动等渠道带来的粉丝留存下来？

这些问题都不用愁！使用店铺装修工具，即可一键打造能吸粉的店铺页面效果。本节介绍使用拼多多平台自带的店铺首页装修功能，让店铺装修不再是难题。

9.1.1 一键装修店铺首页

很多商家经常为店铺装修费神，不知道如何设计吸睛的店铺首页，其实可以使用拼多多的店铺装修工具，其中为商家提供了海量的精美店铺首页模板，一键即可完成装修，下面介绍具体的操作方法。

（1）进入拼多多商家后台的“店铺营销→店铺装修”页面，在“店铺首页”选项卡中单击“创建新页面”按钮，如图 9-1 所示。

图 9-1 单击“创建新页面”按钮

专家提醒：优秀的店铺首页装修效果，不仅能够吸引大量买家浏览和收藏店铺，而且还可以促进订单成交。商家使用拼多多的“一键装修”功能，不仅可以免去美工设计师的人力成本，而且还能够更加便捷、高效、专业地实现店铺装修。

（2）弹出“创建新页面”对话框，选择“一键装修”选项，如图 9-2 所示。除此之外，商家还可以选择“从模板新建”“上传 PSD 设计稿”“新建空白页面”等选项，通过不同的方式来进行店铺装修。

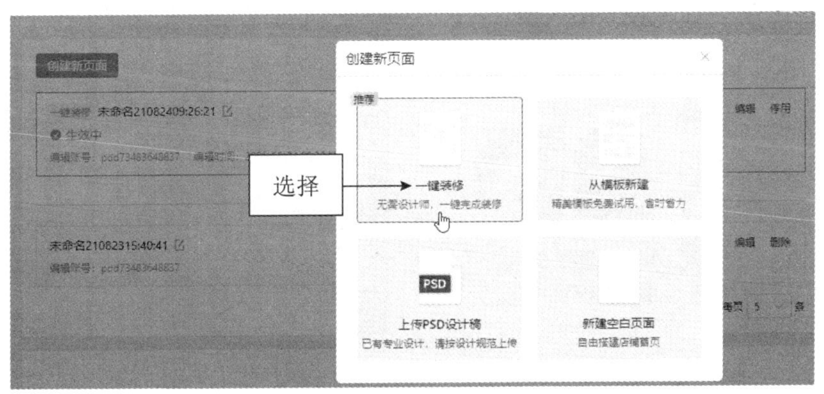

图 9-2　选择“一键装修”选项

（3）进入“拼多多一键装修”页面，商家可以在此设置商品展示方式、主标题和副标题，同时系统会根据这些设置自动为商家设计出多套店铺装修方案，如图 9-3 所示。

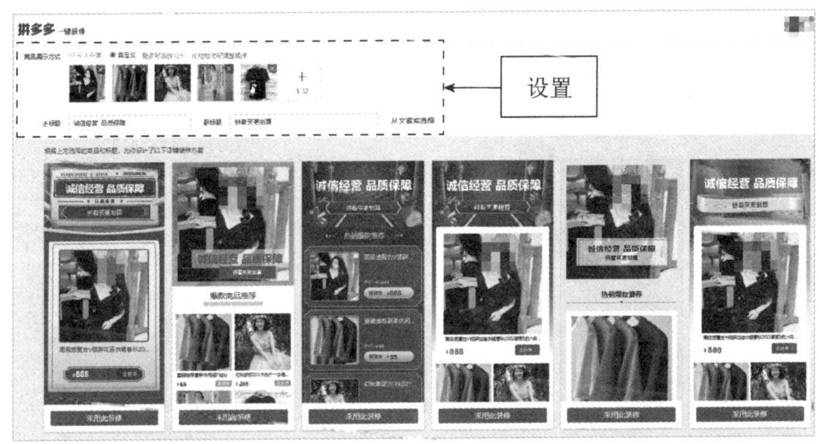

图 9-3　“拼多多一键装修”页面

（4）将鼠标指针移至相应的装修方案图上，在弹出的菜单中单击“预览”按钮，如图 9-4 所示。

（5）即可模拟出手机端的店铺首页，商家可以预览该装修方案的展示效果，如图 9-5 所示。单击“采用此装修”按钮，即可使用该装修方案对店铺首页进行装修。

图 9-4　单击“预览”按钮

图 9-5　预览装修效果

9.1.2　编辑店铺首页的图文

在“拼多多一键装修”页面中选择合适的装修方案后，单击“编辑”按钮，即可进入店铺首页的装修编辑页面，如图 9-6 所示。选择相应的标题文案，可以对其内容进行修改，如图 9-7 所示。

图 9-6　店铺首页的装修编辑页面

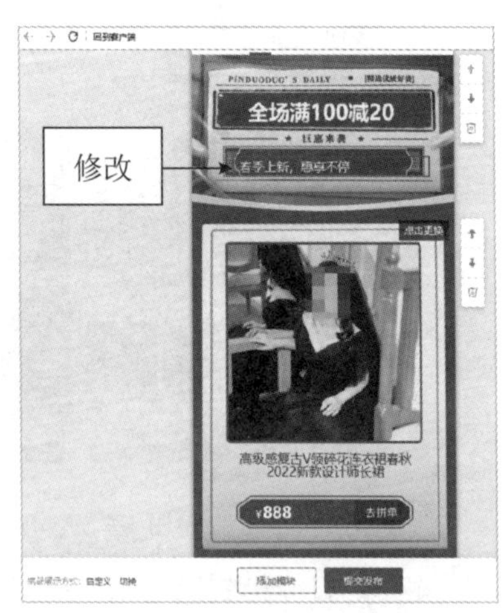

图 9-7　修改相应的标题文案

在相应的商品图片上单击“点击更换”按钮，弹出“通过商品选图”对话框，选择相应的商品图片，如图 9-8 所示。单击“确定”按钮，即可替换店铺首页的主推商品图片，如图 9-9 所示。

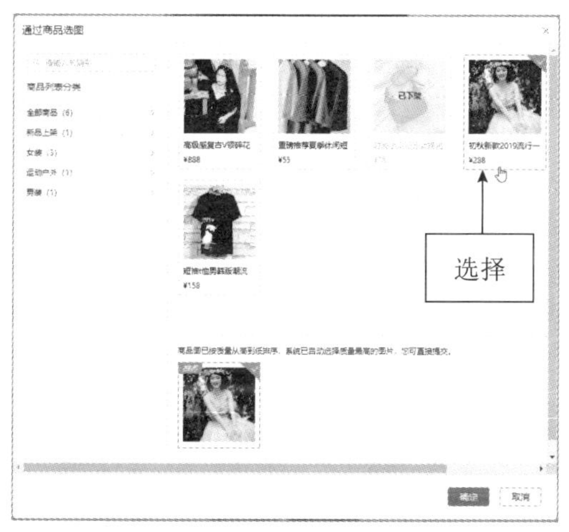

图 9-8 选择相应的商品图片

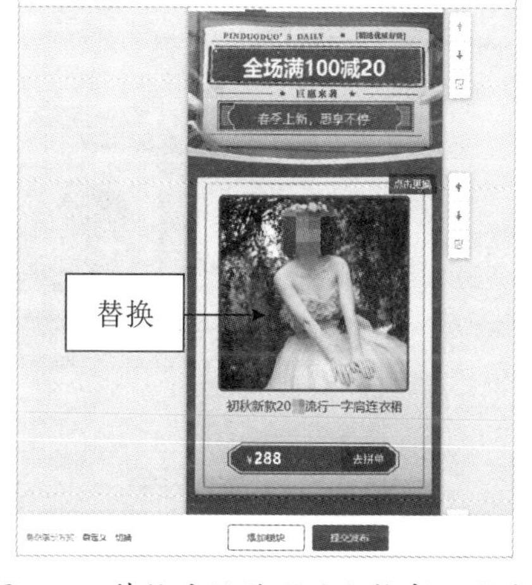

图 9-9 替换店铺首页的主推商品图片

9.1.3 在店铺首页添加模块

在店铺首页下方单击“添加模块”按钮，或者在底部工具栏中单击“添加模块”按钮，如图 9-10 所示。弹出“添加模块”对话框，在其中可以选择“一行一个”“一行两个”“一行三个”“大家都在拼”等商品排列模板，以及各种商品混排模板和图片，如图 9-11 所示。

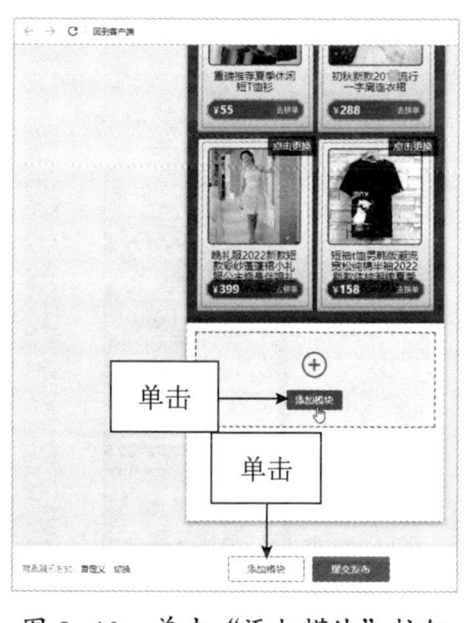

图 9-10 单击“添加模块”按钮

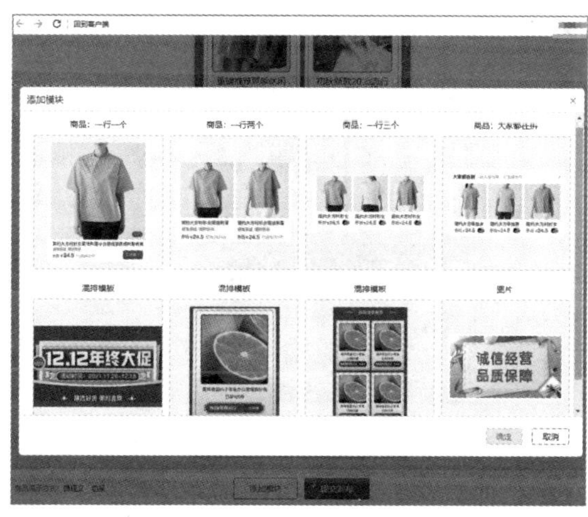

图 9-11 “添加模块”对话框

例如，选择“图片”模块，单击“确定”按钮，即可在店铺首页中添加一个“图片”模块，单击“添加图片”按钮，如图 9-12 所示。弹出“选择图片”对话框，选择相应的图片素材，如图 9–13 所示。

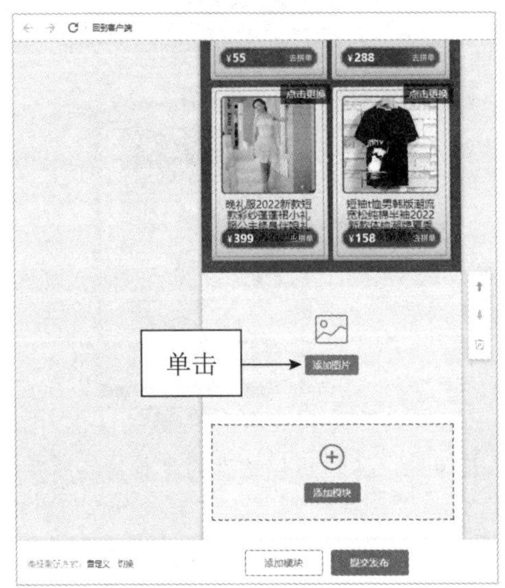

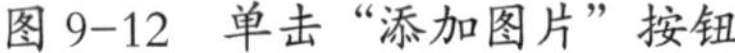
图 9–12 单击“添加图片”按钮

图 9–13 选择相应的图片素材

单击“确定”按钮，即可在店铺首页中添加相应的图片装饰元素，如图 9–14 所示。单击“提交发布”按钮，即可应用店铺首页装修方案，在右侧的手机屏幕中可以滑动查看店铺首页，预览装修效果，如图 9–15 所示。同时，商家还可以使用手机上的拼多多 App 扫码预览店铺首页装修效果。

图 9–14 添加相应的图片装饰元素

图 9–15 预览店铺首页的装修效果

9.1.4 设置首页商品的短标题

店铺中的商品标题通常是经过大量推广测试设计的，因此很多商家不敢轻易修改标题。但是店铺首页中展示的商品标题字数是有限的，如果标题字数太多则不能完全显示出来。

此时，商家可以利用店铺首页的装修功能，设置商品短标题，从而让商品信息直接、有效地触达目标用户，大幅提高商品点击率。设置首页商品短标题的具体操作方法如下。

（1）在“创建新页面”对话框中，选择“新建空白页面”选项，进入“拼多多店铺装修”页面，在此可以自由搭建店铺首页，如图 9-16 所示。

（2）在店铺首页中添加相应的图片和商品组件后，勾选左下角的“使用商品短标题”复选框，如图 9-17 所示。

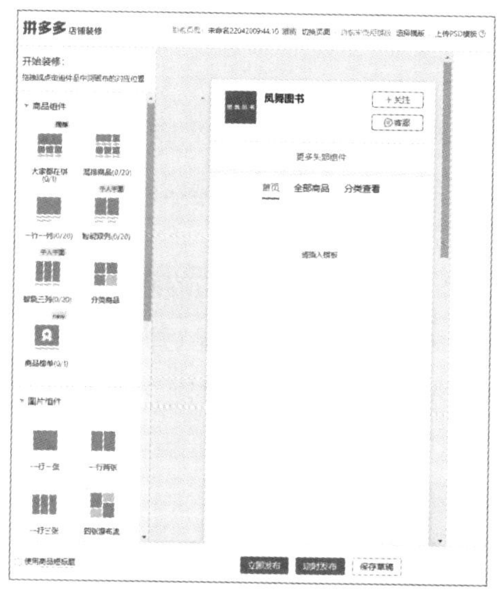

图 9-16 “拼多多店铺装修”页面

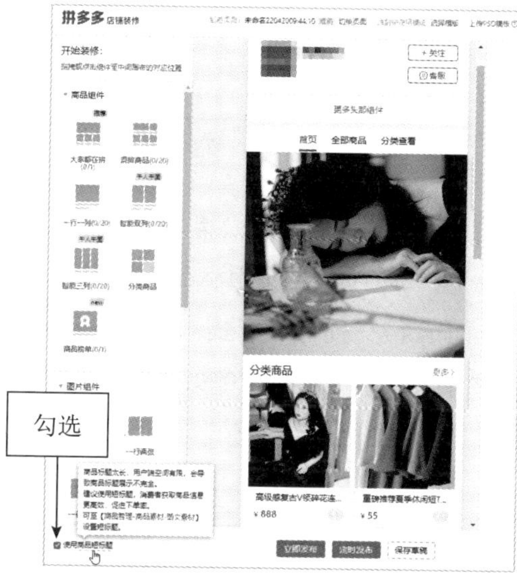

图 9-17 勾选“使用商品短标题”复选框

专家提醒：如果店铺首页中的商品之前没有设置过短标题，则会自动展示商品长标题，可以直接前往“商品管理→商品素材→图文素材”页面创建短标题。

（3）将鼠标移至“使用商品短标题”复选框的文字选项上，在弹出的提示框中单击“图文素材”超链接，单击“商品素材”页面的“图文素材”选项卡，❶在相应商品的“短标题”栏中单击“添加”按钮；❷在文本框中即可输入相应的短标题内容，如图 9-18 所示。

图 9-18　输入相应的短标题内容

除了要勾选“使用商品短标题”复选框外，店铺首页中添加的商品组件不能为“一行一列”的形式，同时还需要在“图文素材”中设置商品短标题，达到这三个条件后，商品才能以短标题的形式展现给买家，展示效果如图 9-19 所示。

图 9-19　店铺首页的商品标题展示效果

9.1.5 设置首页标题背景图

商家可以使用拼多多的店铺装修功能提升店铺首页的转化效果，给买家带来全新的认知，让自己的店铺在众多店铺中脱颖而出。其中，设置首页标题背景图就是一个不错的装修方法，下面介绍具体的操作方法。

（1）在“拼多多店铺装修”页面中，选择店铺首页的标题背景图，在右侧窗口中即可查看图片要求和图片建议，如图 9-20 所示。

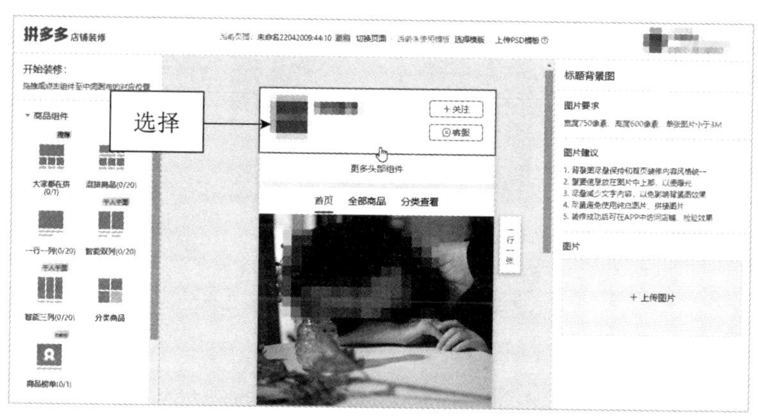

图 9-20 选择店铺首页的标题背景图

（2）在“标题背景图”窗口的“图片”选项区中，单击“上传图片”按钮，弹出“图片空间”对话框，选择相应的图片素材，如图 9-21 所示。

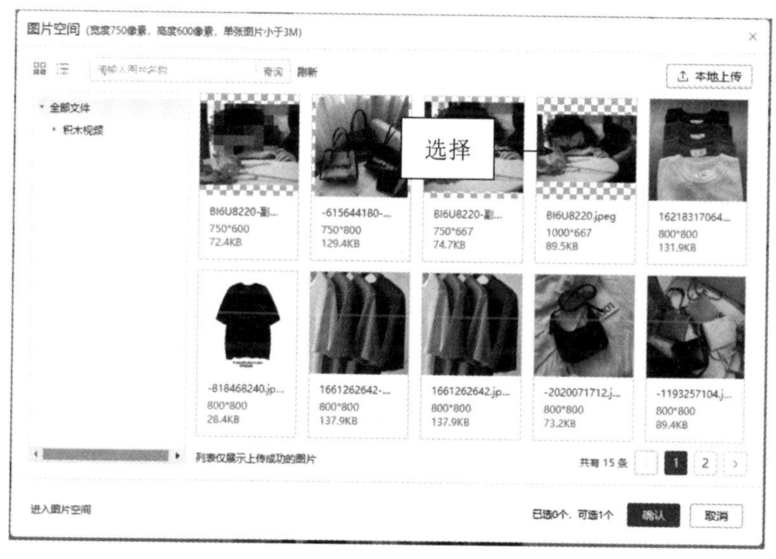

图 9-21 选择相应的图片素材

（3）弹出“裁剪”对话框，根据需要对图片的大小进行适当裁剪，如图 9-22 所示。

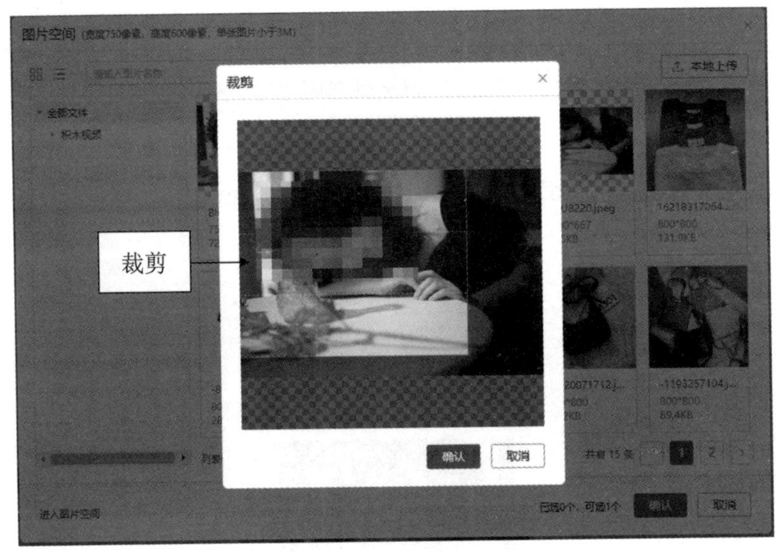

图 9-22　裁剪图片素材

（4）依次单击“确认”按钮，即可给店铺首页添加相应的标题背景图，效果如图 9-23 所示。

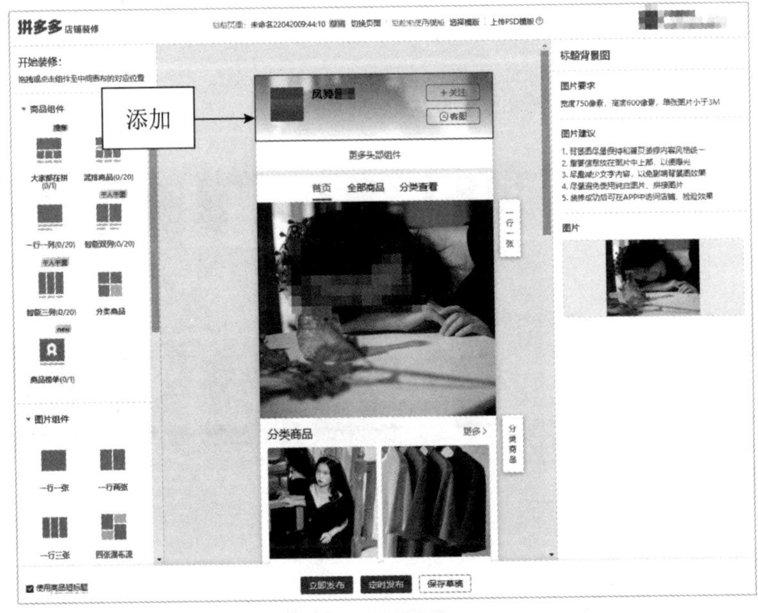

图 9-23　添加相应的标题背景图效果

9.2 店铺首页的图片设计

作为买家进入店铺第一眼就能看到的图片，商家需要在这个位置上放置最具有核心竞争力的商品图片，以及设置好店铺 Logo 和首页轮播图，这是店铺实力的展现。

9.2.1 店铺 Logo 的设计

Logo 是一家店铺的形象代表，众多广为人知的品牌店铺通常采用商品的品牌标识。Logo 的位置一般位于首页顶部搜索框的下方，比较显眼，也是符合消费者浏览习惯的位置。

图 9-24 所示为国美电器官方旗舰店的 Logo 展示效果。此外，在搜索店铺时，也可以看到 Logo 的身影，如图 9-25 所示。总之，它的出现就是为了大力推广店铺品牌，从而实现长久盈利。

图 9-24　国美电器官方旗舰店的 Logo

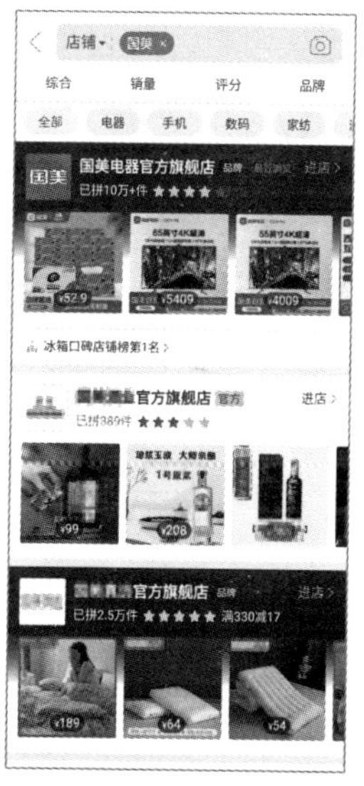

图 9-25　店铺搜索页面中的 Logo

拼多多店铺的 Logo 主要是为了吸引买家、留住买家，更多地从买家角度去考虑。网店的 Logo 同实体店的店招一样，就像一个店铺的“脸面”，对店铺的发展起着较为重要的作用，其主要作用如下。

（1）确定店铺属性：Logo 最基本的功能就是让买家明确店铺的名称、销售的商品内容，或者从 Logo 中了解到店铺的最新动态。

（2）提高店铺知名度：使用有特色的 Logo 可以增强店铺的昭示性，便于买家快速记忆，从而提高店铺的知名度。

（3）增强店铺信誉度：设计美观、品质感较强的 Logo，可以提升店铺形象，拔高店铺档次，从而增强买家对店铺的信赖感。

9.2.2　首页轮播图的设计

在拼多多店铺首页中，最先映入眼帘的是轮播图，商家最多可以放置四张图片进行轮播，买家点击轮播图后即可跳转到相应的商品详情页或者专题页面。

商家可通过首页轮播图推荐店铺中的热门商品和活动商品，从而提高商品的曝光量；也可以通过首页轮播图主推当季新款、爆款，从而提高商品的转化率，为店铺增加收益。

进入“拼多多店铺装修”页面，在左侧“开始装修”窗口的“图片组件”选项区中，❶选择“轮播图片”组件；❷在店铺首页中添加“轮播图片”组件；❸在右侧的“轮播图片”窗口中单击“上传图片”按钮，如图 9-26 所示。

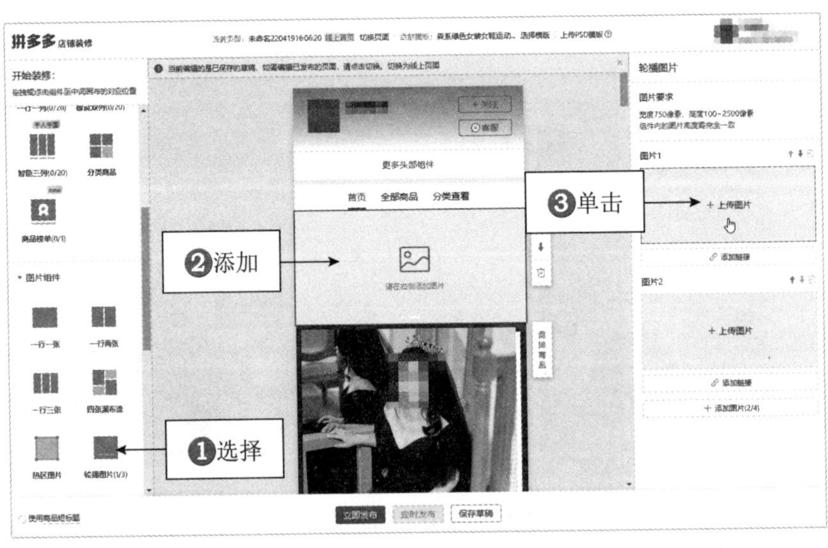

图 9-26　单击“上传图片”按钮

弹出“图片空间”对话框，商家可以选择已上传的商品图片，也可以单击“本地上传”按钮上传其他商品图片，注意图片的宽度为 750 像素、高度为 540 像素。如果图片尺寸不符合要求，在弹出的“裁剪”对话框中进行裁剪。

商家还可以单击“添加图片”按钮，添加更多的轮播图。单击图片下方的“添加链接”按钮，可以给轮播图添加相应的商品链接或营销活动页链接。图 9-27 所示为添加多张轮播图后的店铺首页装修效果。

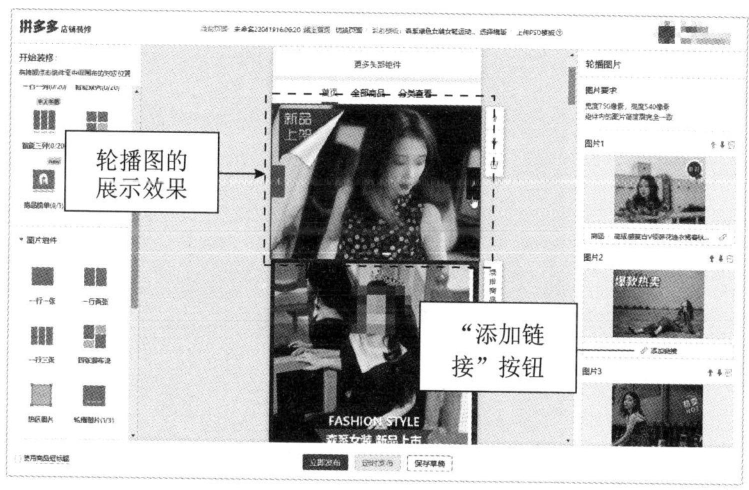

图 9-27 添加多张轮播图后的店铺首页装修效果

9.2.3 普通图片组件的设计

进入“拼多多店铺装修”页面，在左侧的“开始装修”窗口的“图片组件”选项区中，包括“一行一张”“一行两张”“一行三张”这三种普通的图片组件，商家可以选择相应图片组件将其添加到店铺首页中，也可以直接拖动相应的图片组件到店铺首页中的相应位置处，如图 9-28 所示。

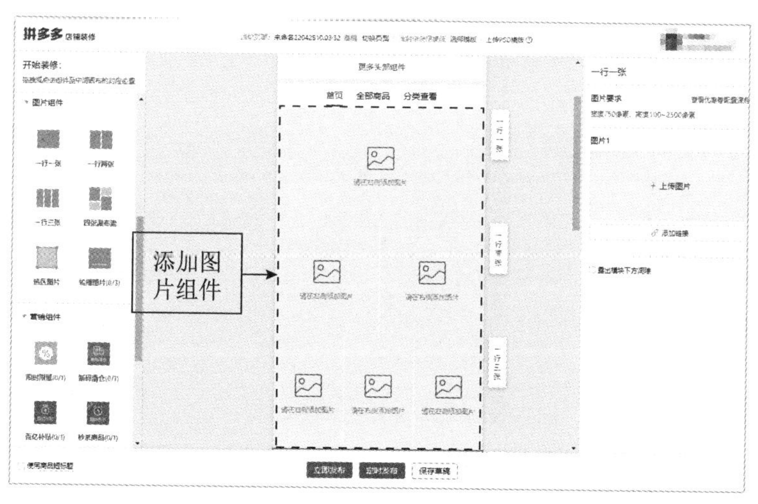

图 9-28 在店铺首页装修界面中添加多个图片组件

添加图片组件后，在右侧窗口中单击“上传图片”按钮，可以上传商品或广告图片；单击“添加链接”按钮，可以添加相应的商品详情页或活动专题页的链接。图 9-29 所示为使用各种普通图片组件进行店铺首页装修的效果。

图 9-29　普通图片组件的装修效果

9.2.4　瀑布流图片的设计

瀑布流是一种非常流行的页面布局形式，视觉表现为参差不齐的多栏布局效果，能够展现出琳琅满目的视觉感受。商家可以在“图片组件”选项区中选择“四张瀑布流”组件，即可轻松做出瀑布流的图片布局效果，如图 9-30 所示。

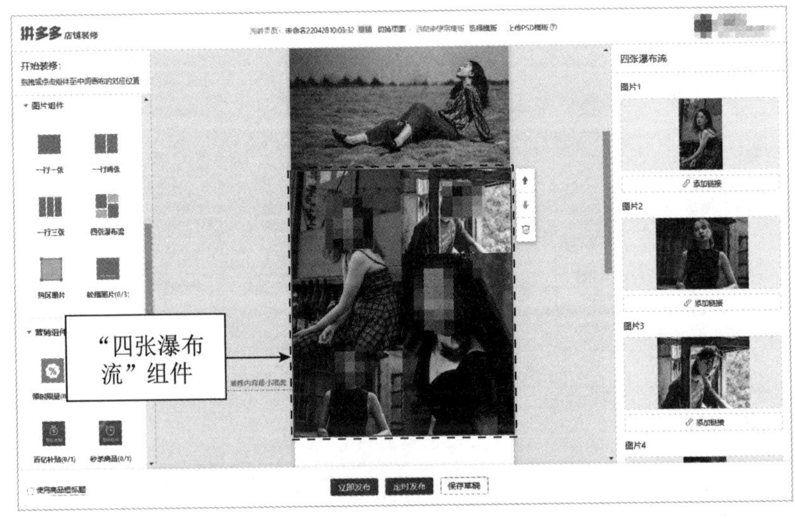

图 9-30　瀑布流的图片布局效果

9.2.5 热区图片组件的设计

热区图片主要针对单张图片，买家在店铺首页中点击该图片的不同区域时，可以跳转到不同的商品链接中，主要用于活动广告、商品分类等场景。在店铺首页中添加“热区图片”组件后，商家可以在图片上调整热区的大小，如图 9-31 所示。

图 9-31　调整热区的大小

单击热区上的“更换链接”按钮，或者单击“热区图片”窗口中对应热区下方的“添加链接”按钮，即可设置热区图片的链接。单击“添加热区”按钮，可以添加多个热区，单个“热区图片”组件中最多可以添加 10 个热区。

9.3 店铺首页的商品布局

商品组件是店铺首页视觉设计的基础元素，提升这些基础部分的设计和布局的美观度，可以让店铺的整体视觉效果更上一层楼。

9.3.1 混排商品的设计

商家可通过“混排商品”组件展示店铺中的主推商品或者新上架的商品。进入“拼多多店铺装修”页面，在左侧的“开始装修”窗口的“商品组件”选项区中，❶选择“混排商品”组件；❷在店铺首页中添加“混排商品”组件；

❸在右侧的“混排商品”窗口中单击“选择模板样式”按钮，如图 9-32 所示。

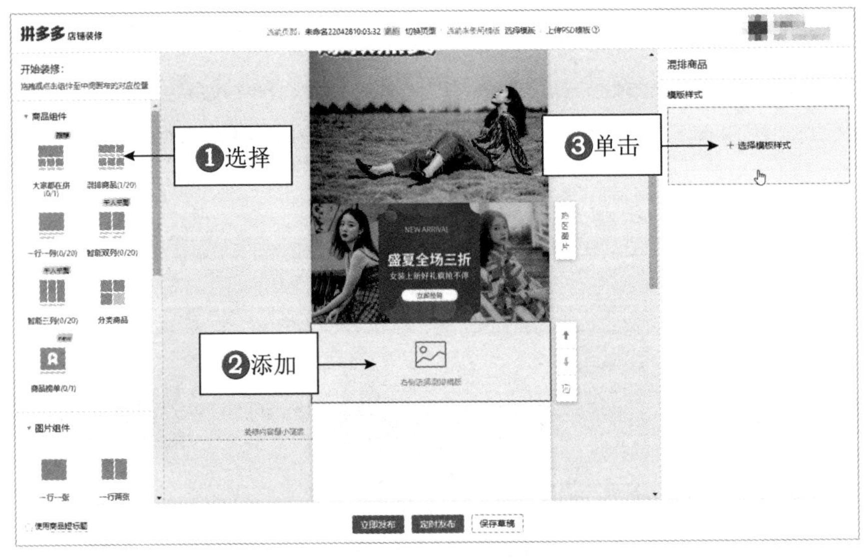

图 9-32　单击“选择模板样式”按钮

弹出“混排商品样式”对话框，❶选择相应的模板样式；❷单击“确定”按钮，即可在店铺首页中添加相应的“混排商品”组件模板，如图 9-33 所示。拼多多提供了大量的混排商品模板样式，商家可以根据需要进行搭配，满足店铺首页的装修设计要求。

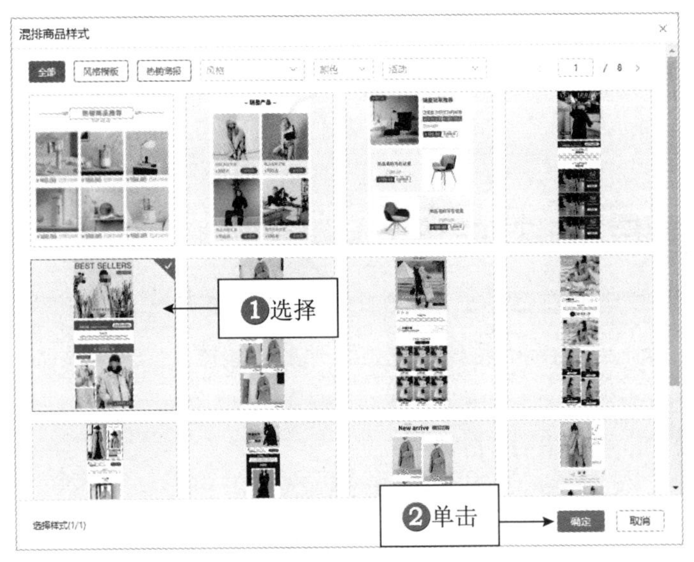

图 9-33　单击“确定”按钮

在右侧的“混排商品”窗口中，切换至“自定义”选项卡，单击“选择商品”按钮，即可更换模板中的商品图片，如图 9-34 所示。

图 9-34　更换模板中的商品图片

9.3.2　智能排列的设计

拼多多提供了“智能双列”和“智能三列”两种商品智能排列组件，商家可以根据自己的需求选择合适的组件添加到店铺首页中，用来对商品进行智能排版，效果如图 9-35 所示。

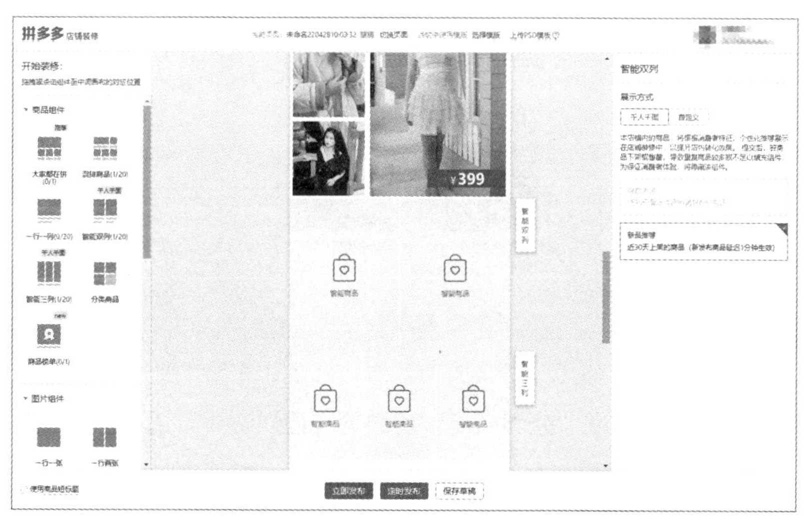

图 9-35　“智能双列”商品组件和“智能三列”商品组件的排版效果

以“智能双列”组件为例，在右侧的窗口中可以采用“千人千面”或“自定义”的商品展示方式。

● 如果选择“自定义”的展示方式，则需要手动添加商品，展示到首页对应的“智能商品”区域中。

● 如果选择“千人千面”的展示方式，则系统会根据用户画像，将店铺中的商品采用个性化推荐的方式，展示在店铺装修页面中，从而提高店铺的转化效果。

9.3.3 分类商品的设计

使用“拼多多店铺装修”页面中的“分类商品”组件，可以对店铺中的商品进行分类管理，每个分类最多可以展示 8 个商品。同时，商家还可以设置分类商品的排序规则，如按销量、新品上架时间及价格（从低到高或从高到低）等方式排序。图 9-36 所示为使用“分类商品”组件的店铺首页装修效果。

图 9-36　使用“分类商品”组件的店铺首页装修效果

另外，商家还可以在“分类商品”窗口的“模块背景”选项区中，单击“上传图片”按钮，上传与店铺装修风格一致的背景图，增强店铺的整体视觉感。

9.3.4 商品榜单的设计

使用“拼多多店铺装修”页面中的“商品榜单”组件，将根据店铺内商品的销量、收藏量、好评量等数据自动对其进行排序展示。图 9-37 所示为某店铺首页中的“商品榜单”组件装修效果。

图 9-37 某店铺首页中的“商品榜单”组件装修效果

但是，添加“商品榜单”组件需要店铺满足一定的条件，如店内的在售商品数必须达到 15 个以上，以及商家需要提升商品收藏量和销量。

9.3.5 商品列表页的设计

商品列表页可以方便买家查看店铺中的各类商品及信息，有条理的商品列表能够保证更多商品被访问，使店铺中更多的商品信息、活动信息被买家发现。尤其是买家从店铺主页进入商品页面，如果缺乏商品列表的指引，将极大地影响店铺的转化率。

商品列表的作用在于推销店铺内的人气爆款产品，为买家提供便捷、高效的购物体验。与其他的页面相比，商品列表页比较容易被商家忽视，因为它是过渡页。

在店铺视觉的打造中，商品列表设计也是一门十分讲究的学问。商品列表页设计得越漂亮、越符合普通大众的视觉审美，光顾的买家就越多。那么，线上店铺有哪些科学又美观的商品陈列方式呢？下面为大家一一介绍。

（1）同类分类法：即按照商品的类型分门别类。例如，一家售卖零食的店铺，将膨化类食品放在一起、坚果 / 炒货类食品放在一起、饼干 / 糕点类食品放在一起，用这样的方式，让买家对店铺的经营范围和具体商品一目了然，如图 9-38 所示。

（2）对比法：是指颜色的对比，这种排列方式最常用于服装类。有些喜好整洁的商家可能会选择将颜色相近的衣服放在一起，觉得这样看上去比较规矩也比较好看一些。可是同色系的衣物堆在一起可能会让买家一时判断不出这些服装的区别，有一些款式比较基础的服装可能被买家忽视。将颜色不同的商品放在一起对比可能会相对来说比较明显一些，买家也能够一眼判断出喜欢的类型。如图 9-39 所示，这些颜色不同的衣服放在一起，每一件都能呈现鲜明的特色，易于买家判断。

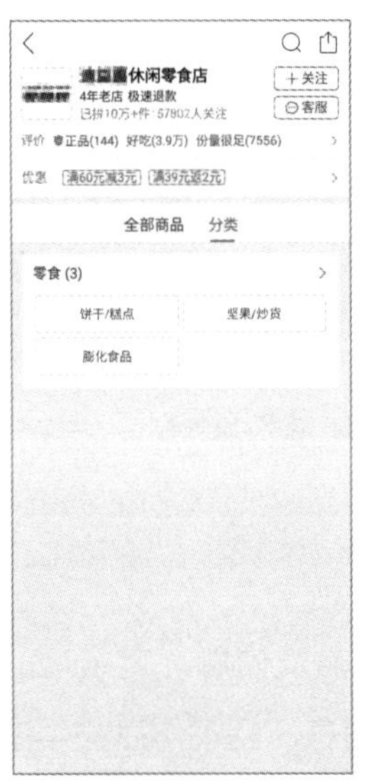

图 9-38　零食店铺的商品分类页

图 9-39　颜色不一样的衣服放置在一起

（3）突出重点法：在商品布置的过程中可能会出现“单看展示图片不知道商家想出售的商品是什么”的情况，那是因为陈列出来的图片中信息太多、太杂，没有突出售卖商品的特色，这是商家在设计商品分类页时必须避免的问题。

在拼多多店铺的商品列表页装修设计中，商家还需要考虑色彩和字体的风格，应该从整个首页装修的风格出发，定义商品列表页的色彩和字体。注意，商品列表不要使用太突兀的色彩，避免产生喧宾夺主的效果。

另外，店铺的分类导航可以帮助买家在最短的时间内找到他们需要的商品。分类导航部分如果设置得好，可以为购物的买家们节省很多时间。他们不需要把商品页面从上拉到下，而是直接通过导航找到需要的商品。

所以，商家一定要将这一部分整理清晰，不能出现任何逻辑混乱的问题。因为一旦商品分类出现问题，都会导致买家找不到自己想要买的商品。一般来说，分类导航的设置肯定是越详细越好，这样就能够面面俱到、照顾到买家的任何需求。但是，分类导航也不能设置得太多，否则太过烦琐就和没有导航时没什么区别了。

专家提醒：当然，分类导航上面除了按照商品种类分类以外，还需要有一些特殊模块，比如特价区的导航按钮、包邮区的导航按钮等。增加这些“让利”模块，能够促进店铺的浏览量与销售量。

9.3.6 店铺首页的布局设计

店铺首页布局主要是为了借助商品的展示来吸引买家的兴趣，然后给买家明确的指导，最后达到视觉营销的目的。首页布局得成功，能够使得买家在短时间内树立起对店铺的信任，同时也给买家购物提供方便。

店铺首页布局的主要作用如图 9-40 所示。此外，首页布局的作用还体现在客服、公告提醒等方面，其目的都是让买家的购物之旅更加顺畅、便捷。

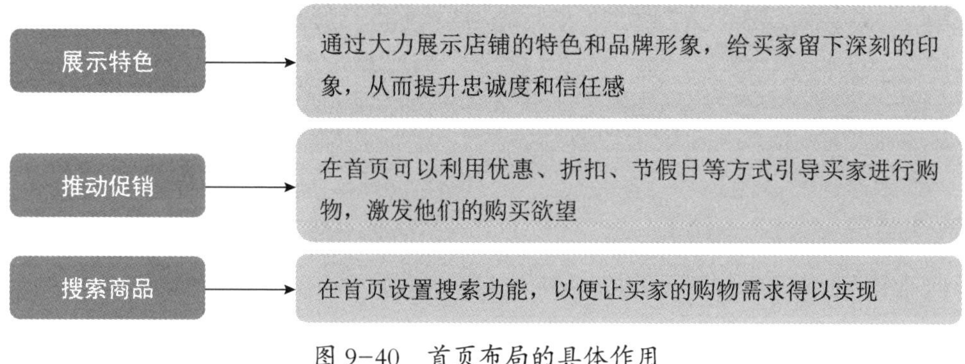

图 9-40　首页布局的具体作用

同时，商家在进行店铺首页的布局设计时，需要关注的指标有很多，如访问量（或访客量）、跳失率（或出店率）及从首页到商品详情页或分类页的点击率等，这些指标与商品销量和店铺的转化率密切相关。

在关注这些指标的过程中，商家可以了解到很多重要的信息，从而对店铺首页进行合理的布局。比如，从店铺首页到商品详情页的点击率，可以看出买家对哪种商品更为青睐，如果与首页主推的展示商品不一致，就可以将其换掉；而从首页到分类页的点击率，也可以看出买家喜欢浏览的商品类型，从而在首页进行重点展示。

第10章

商品详情：做好商品详情页装修，提高转化率

商品详情页的作用是对商品的使用方法、材质、尺寸及细节等方面的内容进行展示，还有些商家为了拉动店铺内其他商品的销量，或者提升店铺的品牌形象，还会在商品详情页中添加搭配套餐和品牌简介等信息，以此来树立和创建商品的形象，提升买家的购买欲望。

10.1 商品详情页的设计原则

商品详情页对于买家的浏览时间有直接影响，好的商品详情页装修能够提高买家的下单率，因此商家必须想方设法地设计出优质的商品详情页。本节将介绍商品详情页的设计原则，帮助商家理清思路，快速做出优质的商详页装修效果。

10.1.1 商品详情页的设计要点

好的商品详情页设计能够增加买家的浏览时间，以及提高买家的购买率。商家需要深入分析商品的特点来设计详情页的具体内容，并按照买家的浏览习惯通过详情页更好地将商品的各种信息罗列出来。

通常情况下，买家在商品详情页的浏览习惯可以看作是一个沙漏状的模型，如图 10-1 所示，买家从详情页的首屏开始自上往下浏览各个模块，越往下面的模块浏览的买家数量越少。因此，详情页中各模块的布局非常重要，好的详情页设计可以让商品的转化率得到有效提升。

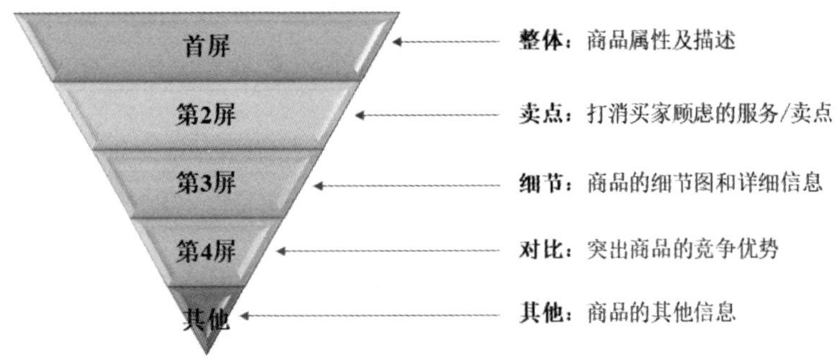

图 10-1 买家浏览习惯的沙漏状模型

在拼多多平台上，商家和买家进行商品交易的整个过程中，没有实物、营业员，也不能口述、不能凭感觉，此时商品详情页就承担起推销商品的所有工作。在整个的商品推销过程中都是非常静态的，没有交流、没有互动，买家在浏览商品时也没有现场氛围来烘托购物气氛，因此他们此时会变得相对理性。

商品详情页在重新排列商品细节展示的过程中，只能通过文字、图片和视频等沟通方式，这就要求商家在整个商品详情页的设计中注意一个关键点，那就是阐述逻辑：展示商品→描述商品→说服买家→产生购买。

10.1.2 商品详情页的图片要求

在拼多多平台上，大部分商家都会通过创意主图的推广来引流，因此都非常重视主图的设计。在这种情况下，虽然主图的点击率很高，但由于商品详情页的设计很差，从而导致商品转化率远远跟不上。这是很多商家经常遇到的问题，即使付出了大量的推广成本，但转化率却上不来。

要知道，商品详情页中的图文和视频内容相当于商品的简历，不仅是促进买家从浏览转化为购买行为的一个重要页面，同时也是展示商品细节和品牌魅力进而获得买家关注店铺和收藏商品的重要渠道。

在商品详情页中，买家购买商品时最主要看的就是商品展示的部分，在这里需要让买家对商品有一个直观的感觉。通常这部分以图片形式来展现，分为摆拍图和场景图两种类型，相关示例如图 10-2 所示。

图 10-2 商品详情页中的摆拍图（左）和场景图（右）示例

摆拍图主要用于表达出商品最真实的一面，通常采用白底图，且画面干净、简洁、清晰。场景图则用于烘托商品的氛围，让买家掌握更多的商品信息。因此，商家在设计图片时，首先要注意的就是图片的清晰度，其次是图片的配色合理不突兀，力求逼真而完美地表现出商品的特性。

10.1.3 商品详情页的字体要求

在商品详情页中，若图片的宽度为 375 像素，则文字的字体不能小于 12 号；若图片的宽度为 750 像素，则文字的字体不能小于 24 号。一旦字体达不到拼多多平台的标准，可能会无法提交商品，以及会影响买家的浏览体验。

表 10-1 为商品详情页常用的字体类型。需要注意的是，这些字体基本都是商用字体，需要收取版权费，商家在使用前一定要购买字体版权，或者使用其他的免费字体，避免产生不必要的麻烦。

表 10-1　商品详情页常用的字体类型

字体类型	字体特点	字体举例	应用场景
男性字体	粗犷、硬朗、稳重、有力量	汉仪菱心体简	体育用品、男性用品
女性字体	纤细、柔软、秀气、苗条、曲线	方正中倩简体	珠宝配饰、美妆产品或女性用品
中性字体	干净、简洁、精致、平静、中性美	微软雅黑	手机、计算机或商品说明
儿童字体	活泼、可爱、肥圆、呆萌、调皮	华康海报体	母婴用品、零食、玩具
文艺字体	舒适、文静、素雅、松弛、慢生活	文鼎习字体	服装、首饰、家具用品
书法字体	古典、洒脱、霸气、流畅	英章行书	游戏、酒类、旅游、电影

10.1.4　商品详情页的色彩搭配

在商品详情页中，运用色彩的目的是刺激买家的视觉感受，使其产生心灵共鸣。在进行商品详情页的色彩搭配设计时，商家需要控制好页面的主导色，并把握好主导色与其他次要色（衬托色和点缀色）的关系问题，如图 10-3 所示。

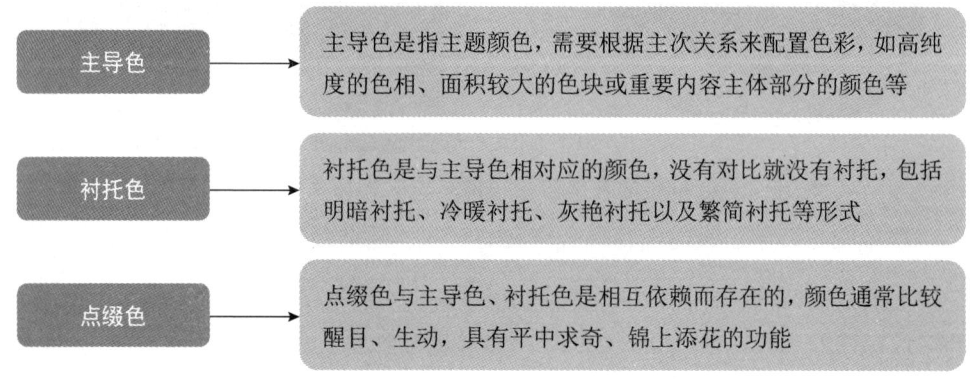

图 10-3　商品详情页的色彩搭配原则

通常情况下，商品详情页中的色彩不宜超过 3 种色相。其中，主导色在页面中的比例为 70%，衬托色的比例为 25%，点缀色的比例为 5%。因此，主导色的确定会影响整个商品详情页的格调。

图 10-4 所示的商品详情页图片采用“蓝色 + 白色 + 红色”的搭配方式，这种间隔配色的方式可以带来极强的视觉冲击力，非常容易吸引买家的眼球。

总之，颜色越少越好，会显得商品详情页更加成熟。当然，如果是大型的店铺活动或大促期间，则商家可以适当使用多色搭配来营造活跃的商品氛围感。

图 10-4　商品详情页的色彩搭配示例

10.1.5　商品详情页的排版技巧

一个完整的商品详情页通常包括微详情（商品轮播图）、客详情（商品卖点，也是买家最关心的内容）和详情页（商品的具体介绍）三个部分，其中微详情会影响点击率，而客详情和详情页则会影响转化率，三者的布局技巧如图 10-5 所示。

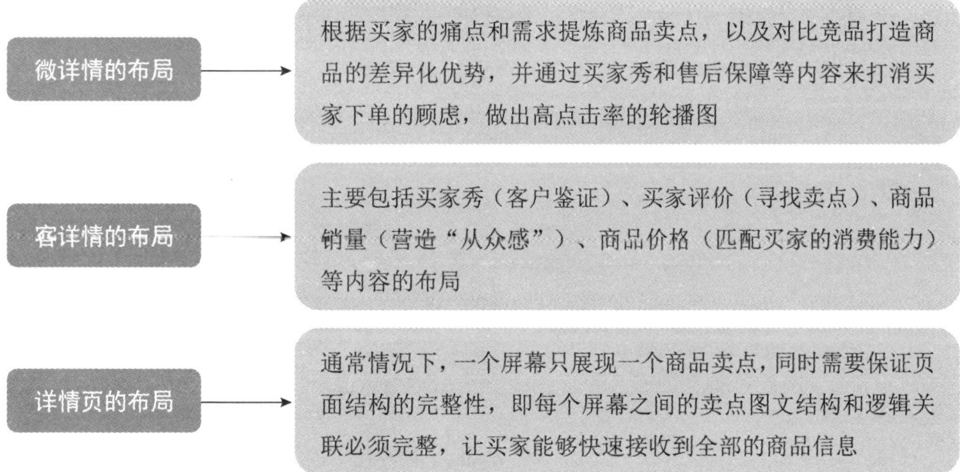

图 10-5　商品详情页各部分的布局技巧

在商品详情页中，一个屏幕是指当前市面主流手机屏幕的可视内容。一个屏幕只承载一个商品卖点，这样不仅简洁清晰、方便买家记忆，而且也符合多数人的审美。图 10-6 所示为详情页内容的常用排版结构。

55 结构：图片和文字各占一半

73 结构：图片占 70%，文字占 30%

262 结构：上方 20%和下方 20%为文字，中间 60%为图片

图 10-6　详情页内容的常用排版结构

10.2　商品详情页的装修设计

进入拼多多商家后台的“商品管理→商品列表→线上商品”页面，在相应商品的“操作”栏中单击“编辑”按钮或“发布新商品”按钮，如图 10-7 所示。

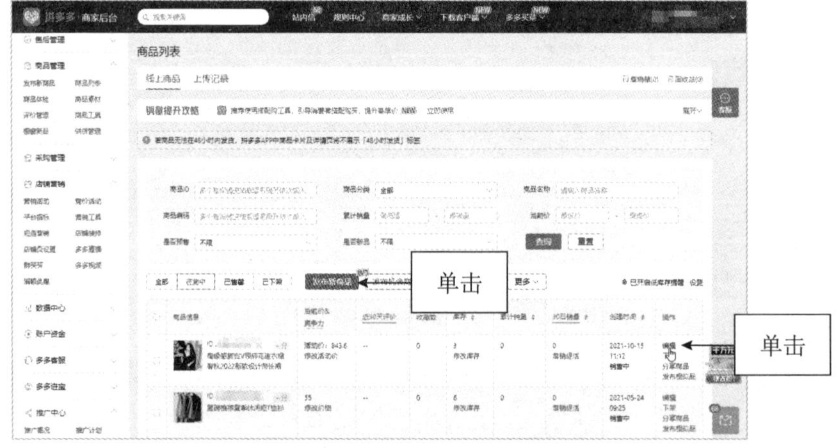

图 10-7　单击相应按钮

进入“编辑商品”页面，如果是发布新商品则选择商品类目后会进入“发

布新商品”页面。在“基本信息→商品详情”模块中即可预览详情页的装修效果，以及对详情页进行装修设计，如图 10-8 所示。

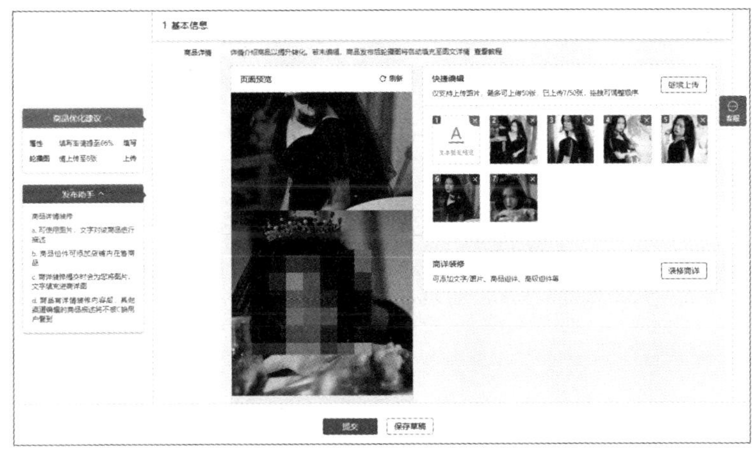

图 10-8　已发布商品的“商品详情”模块

10.2.1　商品详情页的快速编辑

以发布新商品为例，“商品详情”模块中没有任何装修内容，在“快捷编辑”选项区中，单击“上传图片”按钮，如图 10-9 所示。

图 10-9　单击“上传图片”按钮

弹出“图片空间”对话框，❶选择相应的商品详情页图片；❷单击“确认”按钮，如图 10-10 所示。

即可上传相应的详情页图片（最多可上传 50 张）内容，如图 10-11 所示。对于首屏的详情页图片，商家可以用商品海报突出其整体的特色，也可以使用场景图增加代入感，让买家对商品有一个全面的认知。

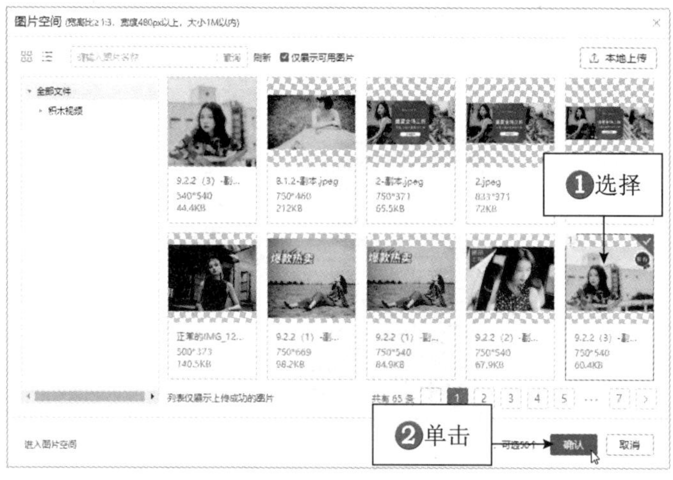

图 10-10　单击“确认”按钮

图 10-11　上传相应的详情页图片内容

10.2.2　图片内容的装修设计

在“商品详情”模块的“商详装修”选项区中，单击“装修商详”按钮，即可进入“装修商详”页面，在其中可以添加图文类、商品类和高级组件，并通过优质的商详页装修设计从本质上提升整体的支付转化率。

在“装修商详”页面中，在左侧“装修组件”窗口中的“图文类”选项区中，❶选择“图片”组件，选择或上传相应的商品图片素材后；❷即可将其添加到详情页中，如图 10-12 所示。商家可以筛选出 2 ～ 3 个主要的商品卖点放到商品详情页的二三屏中，集中吸引买家眼球。

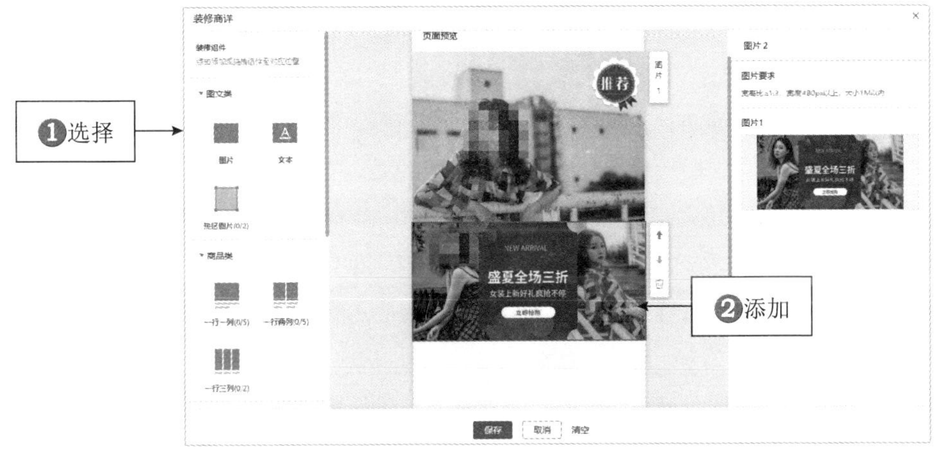

图 10-12　添加商品图片到详情页中

另外，商家也可以在爆款商品的详情页中添加“热区图片”组件，为新品、需清仓商品或店铺活动导流，如图 10-13 所示。

图 10-13　添加“热区图片”组件

10.2.3　文本内容的装修设计

商品详情页中的营销文案通常包括纯文字和图文结合两种展现形式。在“装修商详”页面中，在左侧“装修组件”窗口中的“图文类”选项区中，❶选择“文本”组件；❷在右侧窗口中设置相应的文本内容、字体、颜色、大小、对齐方式和背景颜色；❸即可在详情页中添加文本内容，如图 10-14 所示。

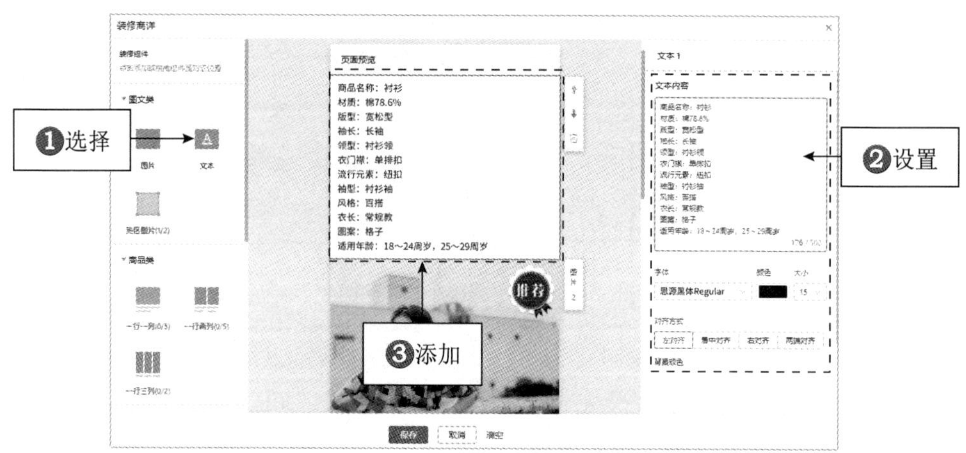

图 10-14　添加文本内容到详情页中

10.2.4　商品细节区的装修设计

“商品细节”组件主要用于展现商品的细节特色，注意图片的清晰度要高，同时添加相关的说明文案进行介绍。

在“装修商详”页面中，在左侧“装修组件”窗口的“高级组件”选项区中，❶选择“商品细节”组件，在弹出的列表框中选择相应的模板；❷即可添加“商品细节”组件；❸在右侧窗口中可以更换相应的图片和文本内容，如图 10-15 所示。

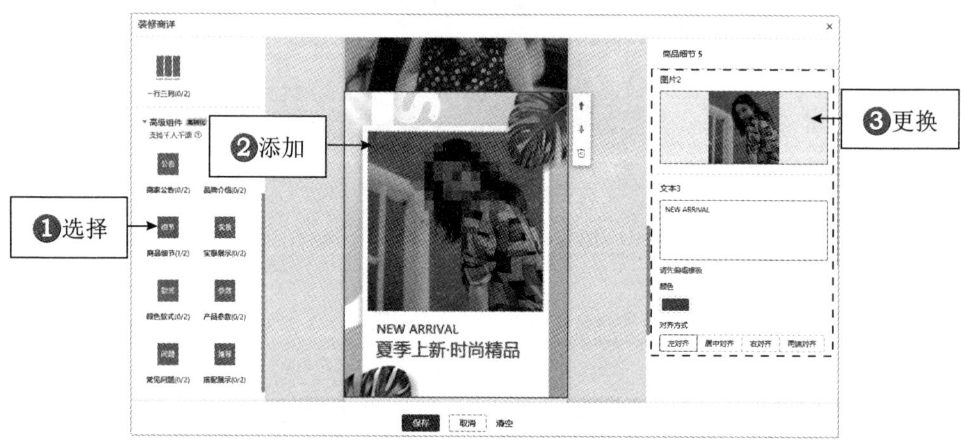

图 10-15　添加“商品细节”组件

在商品详情页面中，买家可以找到商品的大致感觉，通过对商品的细节进行展示，能够让商品在买家的脑海中形成大致的形象。当买家有意识地想要去购买商品时，商品细节区域的恰当表现就要开始起作用了。商品细节是加深买家了解这个商品的主要手段，买家熟悉商品会对最后的成交起到关键作用。

> 专家提醒：商品细节图只要抓住买家最想要看的部分进行展示即可，其他能去掉的就去掉。此外，过多的商品细节图展示，会让详情页显示的图片内容过多，而产生较长的缓冲时间，容易造成买家的流失。

10.2.5 实景展示区的装修设计

实景展示区主要用于放置商品的使用场景图，商家可以采用图文并茂的内容形式，突出商品的使用效果，刺激买家的购买欲望。

在“装修商详”页面中，在左侧“装修组件”窗口的“高级组件”选项区中，❶选择“实景展示”组件，在弹出的列表框中选择相应的模板；❷即可添加“实景展示”组件；❸在右侧窗口中可以更换相应的图片和文本内容，如图 10-16 所示。

图 10-16 添加“实景展示”组件

10.2.6 颜色款式区的装修设计

颜色款式区主要用于展示商品的SKU（Stock Keeping Unit，库存量单位）信息，丰富的商品颜色款式能够让买家产生“逛街”的感觉，同时营造出热销氛围。

在“装修商详”页面中，在左侧“装修组件”窗口的“高级组件”选项区中，❶选择“颜色款式”组件，在弹出的列表框中选择相应的模板；❷即可添加“颜色款式”组件；❸在右侧窗口中可以更换相应的图片和文本内容，如图 10-17 所示。

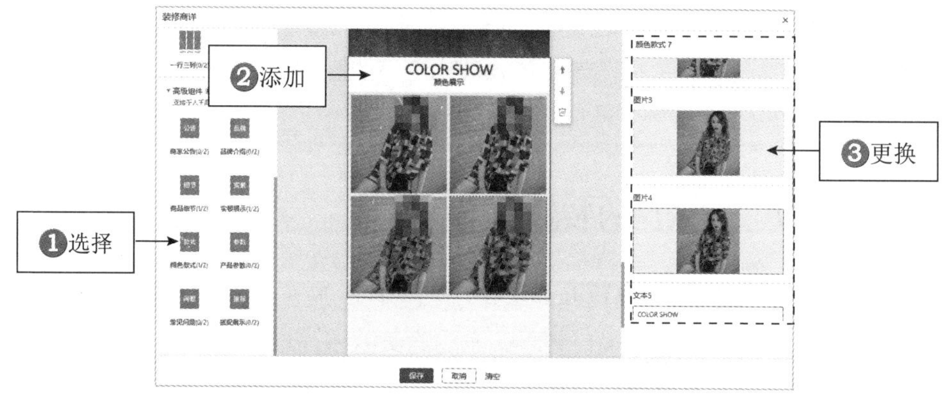

图 10-17　添加“颜色款式”组件

10.2.7　产品参数区的装修设计

产品参数区主要用于展示商品的主要参数信息，通常包括品牌、名称、材质、重量、产地等。在“装修商详”页面中，在左侧“装修组件”窗口的“高级组件”选项区中，❶选择“产品参数”组件，在弹出的列表框中选择相应的模板；❷即可添加“产品参数”组件；❸在右侧窗口中可以修改相应的文本内容，如图 10-18 所示。

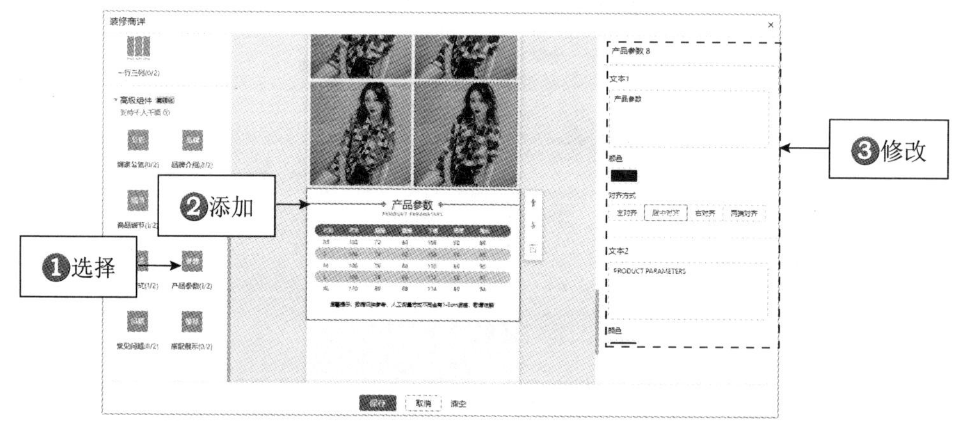

图 10-18　添加“产品参数”组件

对于服装类商品来说，产品参数是一个必填项，在这个模块中商家应该用客观的文字来描述商品，包括一些比较有特色的部分。在描述中一定要注意语句的真实性，从而与商品实物达成一致。

10.2.8 品牌介绍区的装修设计

品牌介绍区主要用于展示商品的品牌信息或者品牌理念，也可以运用明星效应和品牌标语，让买家更加深刻地认识到品牌的价值，从而对商品产生深切的信任感。

在“装修商详”页面中，在左侧“装修组件”窗口的“高级组件”选项区中，❶选择“品牌介绍”组件，在弹出的列表框中选择相应的模板；❷即可添加“品牌介绍”组件；❸在右侧窗口中可以更换相应的图片和文本内容，如图 10-19 所示。

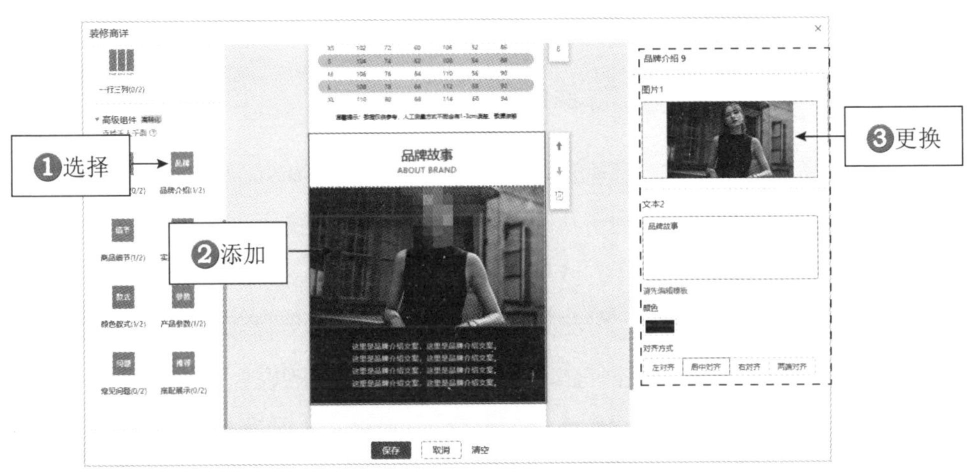

图 10-19 添加“品牌介绍”组件

商品详情页的装修设计比较复杂，一般内容比较全面，而且也会带上很多设计美观的图片。一般来说，在设计商品详情页时，无论是哪一个模块，商家都应该注重美观性，与图片搭配是一个十分正确的选择，将商品或品牌的介绍信息放入图片中，能够更好地吸引买家的注意力。

10.2.9 常见问题区的装修设计

常见问题区主要用于展示买家在购买或使用商品时，经常会碰到的一些问题，能够有效减轻店铺客服人员的工作压力。

在“装修商详”页面中，在左侧“装修组件”窗口的“高级组件”选项区中，❶选择“常见问题”组件，在弹出的列表框中选择相应的模板；❷即可添加“常见问题”组件；❸在右侧窗口中可以修改相应的文本内容，如图 10-20 所示。

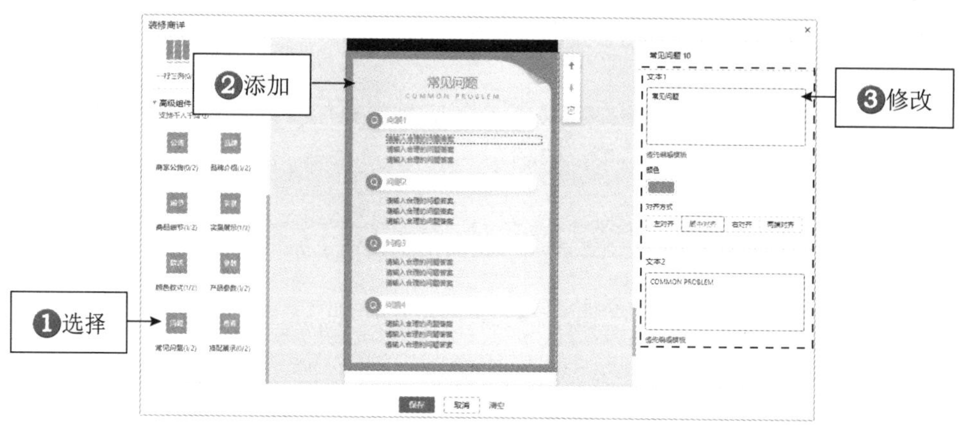

图 10-20　添加“常见问题”组件

10.2.10　搭配展示区的装修设计

在设计商品详情页时，商家还可以顺便推荐与商品相匹配的其他店内商品。到这一步，商家已经基本得到了买家的信任，因此开始占据主导权，引导其进行延伸购物，这就是详情页设计的技巧所在。

在“装修商详”页面中，在左侧“装修组件”窗口的“高级组件”选项区中，❶选择“搭配展示”组件，在弹出的列表框中选择相应的模板；❷即可添加“搭配展示”组件，如图 10-21 所示。在右侧窗口中可以更换相应的图片和文本内容。

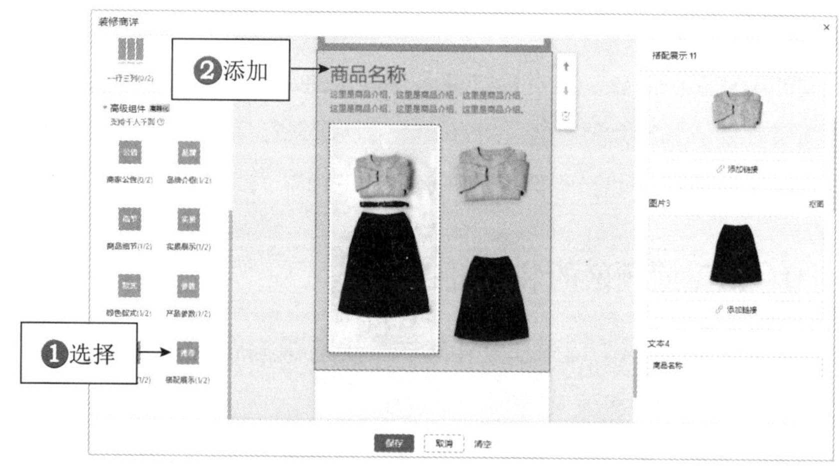

图 10-21　添加“搭配展示”组件

10.2.11　商家公告区的装修设计

商家公告区主要用于展示店铺或商品的公告信息，是发布店铺最新信息、促销信息或店铺经营范围等内容的区域。通过商家公告区发布内容，可以方便买家了解店铺中的重要信息。

在“装修商详”页面中，在左侧“装修组件”窗口的“高级组件”选项区中，❶选择“商家公告”组件，在弹出的列表框中选择相应的模板；❷即可添加“商家公告”组件，如图 10–22 所示。在右侧窗口中可以修改相应的文本内容。

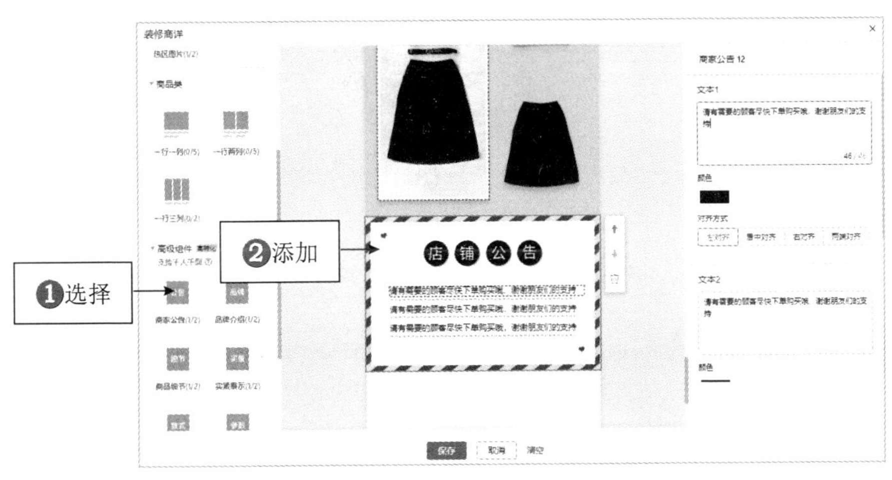

图 10–22　添加“商家公告”组件

在拼多多的店铺装修设计中，商家公告区是潜在买家了解你的店铺的一个重要窗口，同时也是店铺的一个宣传窗口。通过商家公告区，可以让买家迅速地了解你，同时商家也可以在此宣传店铺中的其他商品，或者针对物流发货等信息进行说明，一举多得。所以，设计好商家公告区对一个店铺而言就显得很重要。

10.2.12　关联销售区的装修设计

关联销售这种营销方式不但可以最大化地利用进店的流量价值，从而增加店铺的访问深度和商品曝光率，还可以提升转化效果和客单价。

关联销售也称为关联营销，即在一个商品的详情页中，同时在详情页的顶部或者底部放入其他的同类商品，或者是同品牌的其他单品，以及直接将流量导入三级分类页或店铺首页，从而增加店铺的整体销量。

在“装修商详”页面中，在左侧“装修组件”窗口的“商品类”选项区中，❶选择“一行三列”组件；❷即可添加“一行三列”组件；❸在右侧窗口中可以添加相应的商品链接和图片，如图 10-23 所示。

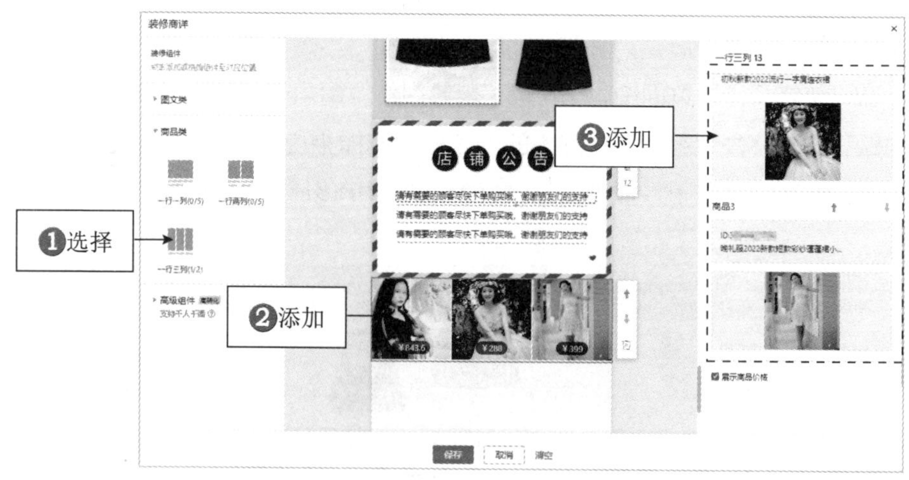

图 10-23　添加“一行三列”组件

专家提醒：另外，商家也可以进入拼多多商家后台的“商品管理→商品工具→商品关联推荐”页面，设置关联销售的商品。注意，店铺的在售商品数量必须超过三件，才可使用“商品关联推荐”功能。

关联营销可以用同类型商品来抓住买家最初的购买欲望，但需要注意以下事项。

（1）价格：关联的商品价格上下波动不宜过大。

（2）类型：关联商品的功能、样式、属性相似，可以用互补型或者类似型的商品，吸引买家的注意。类似型的商品就是同类款式，在商品详情页的关联销售区中加入几款价格和属性类似的商品，带动店铺的其他商品销量。互补型的商品，是指推荐的商品在功能上与当前商品能够产生互补作用，如买家想购买上衣，商家则可以搭配裤子来进行关联销售。